TRAITÉ
DE L'ENGAGEMENT
DES ÉQUIPAGES
DES BATIMENTS DU COMMERCE

PAR

J. A. FILLEAU

COMMISSAIRE-ADJOINT DE LA MARINE

Commissaire de l'Inscription maritime à Bordeaux

BORDEAUX

P. CHAUMAS-GAYET, LIBRAIRE

Seul Dépositaire en ce port des Cartes de la Marine impériale

Fossés du Chapeau-Rouge, 34.

1857

TRAITÉ
DE L'ENGAGEMENT DES ÉQUIPAGES
DES BATIMENTS DU COMMERCE.

TRAITÉ

DE L'ENGAGEMENT DES ÉQUIPAGES

DES BATIMENTS DU COMMERCE

PAR

J. A. FILLEAU

COMMISSAIRE-ADJOINT DE LA MARINE

Commissaire de l'Inscription maritime à Bordeaux

BORDEAUX

P. CHAUMAS-GAYET, LIBRAIRE

Seul Dépositaire en ce port des Cartes de la Marine impériale

Fossés du Chapeau-Rouge, 34.

1857

AVANT-PROPOS

Il n'existe pas d'ouvrage qui traite exclusivement de l'engagement des équipages des bâtiments du commerce. C'est après dix-huit années de pratique et de longues études que je me décide à traiter moi-même cette branche importante du droit maritime.

La spécialité du régime de l'inscription maritime (autrefois les classes) ayant donné naissance aux règles exceptionnelles de ce genre de contrat, j'ai dû faire précéder mon travail d'une introduction dans laquelle ce régime est exposé dans son entier.

Le corps de l'ouvrage est divisé en sept chapitres ainsi répartis :

Chapitre Ier. — *Principes généraux.*
— II. — *Armements.*
— III. — *Navires en voyage.*
— IV. — *Désarmements.*
— V. — *Du Capitaine.*
— VI. — *Considérations sur les diverses espèces d'engagement.*
— VII. — *De la conduite et du rapatriement.*

Il serait trop long d'énumérer ici tout ce que renferme chacun de ces chapitres ; cette énumération ne donnerait d'ailleurs qu'une idée très-imparfaite de l'ouvrage. Je me contente donc d'annoncer que, prenant pour point de départ la constatation de l'engagement des marins envers les capitaines et armateurs, je ne m'arrête qu'au moment où finit cet engagement, quels que soient les cas qui puissent se présenter, en rappelant les lois, ordonnances, règlements, instructions ministérielles, arrêts, jugements, etc., rendus sur la matière, et faisant suivre chaque texte de réflexions ou de commentaires propres à en faciliter l'application.

J'ai aussi puisé dans la législation anglaise d'utiles renseignements.

Cet ouvrage est publié spécialement :

Pour les armateurs, les capitaines et les marins en général ;

Pour les compagnies d'assurances maritimes et les courtiers maritimes ;

Pour le corps du commissariat de la marine, chargé de garantir les droits des gens de mer et de faire exécuter les obligations qu'ils contractent ;

Pour les syndics des gens de mer ;

Pour les consuls de France exerçant en pays étranger les fonctions attribuées au corps du commissariat de la marine ;

Pour les commandants des bâtiments de l'État, appelés par les règlements, et notamment par le décret du 15 août 1851, à vider les différends qui s'élèvent à bord des bâtiments marchands, dans les pays où il n'est pas possible de s'adresser aux commissaires de l'inscription maritime ou aux consuls.

J'espère aussi qu'il pourra être utilement consulté par les tribunaux, car l'engagement des marins du commerce donne lieu a de fréquentes contestations et à de nombreuses difficultés.

TRAITÉ
DE L'ENGAGEMENT DES ÉQUIPAGES
DES BATIMENTS DU COMMERCE.

INTRODUCTION.

§ 1er. — GÉNÉRALITÉS.

Définitions.

1. On entend par *bâtiments* ou *navires du commerce* les bâtiments de mer employés par des particuliers, et l'on comprend dans cette définition, non-seulement ceux dont on se sert pour transporter des marchandises ou pour une spéculation commerciale quelconque, mais encore les bâtiments de plaisance, les embarcations des pilotes lamaneurs, etc.

On doit aussi considérer comme bâtiments du commerce ceux qui, exerçant une navigation maritime, appartiennent à des administrations publiques. C'est ce qui résulte du décret du 2 messidor an XII, qui assujettit au rôle d'équipage les embarcations du service des douanes ayant manœuvres hautes; du décret du 19 mars 1852, qui, en imposant l'obligation du rôle d'équipage à tout bâtiment exerçant une navigation maritime, ne fait aucune exception pour ceux qui appartiennent à des administrations publiques (*voyez* Circulaire du ministre de la marine en date du 20 mars 1852); enfin du décret disciplinaire et pénal pour la marine marchande, du 24 mars 1852, lequel s'applique à tous les navires et bateaux appartenant à ces administrations, à l'exception des embarcations des douanes à manœuvres basses (*voyez* art. 3).

Le propriétaire d'un bâtiment de commerce en est le plus souvent l'armateur, mais il ne faut pas le confondre avec celui-ci : l'*armateur* est celui qui, à part toute question de propriété, se sert du bâtiment, le pourvoit du personnel et du matériel nécessaires pour un ou plusieurs voyages de mer et l'administre jusqu'à son désarmement.

Le Code de commerce ne considère que les propriétaires des bâtiments de mer, et c'est sur eux qu'il fait peser toutes les obligations qui résultent de ses dispositions, de même qu'il leur accorde tous les droits attachés à la qualité d'armateur, sans examiner s'ils gèrent ou ne gèrent pas eux-mêmes leur propriété. Mais il est évident que celui qui loue un navire pour l'armer est assujetti à ces obligations et subrogé à ces droits comme s'il en était propriétaire; que c'est à lui qu'il faut d'abord s'adresser en cas de recours à exercer contre le propriétaire ; enfin que celui-ci peut toujours répéter contre lui les dommages que sa responsabilité légale lui ferait encourir.

On nomme *équipage* l'ensemble des personnes chargées de la conduite et de la manœuvre d'un bâtiment.

L'équipage se compose généralement d'un *capitaine*, d'un *second*, d'un *lieutenant*, d'un *maître d'équipage*, et d'un certain nombre de *matelots*, *novices* et *mousses*, subordonné à la force du navire. Des chirurgiens, subrécargues, maîtres d'hôtel et cuisiniers complètent ce personnel.

Le capitaine est chargé de la conduite du bâtiment et commande à l'équipage.

Le second et le lieutenant sont les officiers du bâtiment;

le maître d'équipage occupe un rang intermédiaire entre eux et les matelots.

Les matelots, novices et mousses exécutent tout ce qui leur est commandé pour le service du bâtiment.

Le capitaine doit être muni d'une pièce appelée *rôle d'équipage*, énonçant le nom du navire, le port où il est attaché, ses folio et numéro d'enregistrement, son tonnage, le lieu et l'époque de sa construction, le nom du propriétaire et celui de l'armateur, le genre de navigation qu'il doit effectuer; enfin, les noms et prénoms, la filiation, le lieu et l'époque de la naissance, le domicile, le signalement, le quartier, les folio et numéro d'inscription, le grade au service, la qualité à bord du bâtiment, et les conditions d'engagement de toutes les personnes composant l'équipage.

Au bas de la pièce, le capitaine et l'armateur souscrivent l'obligation de se conformer à tout ce qui est prescrit par les règlements dont on exige d'eux l'exécution.

Elle est complétée par la mention de la revue de l'équipage passée par le fonctionnaire qui la délivre, et de l'autorisation donnée par ce fonctionnaire de s'en servir pour le voyage déclaré.

Telle est la définition générale du personnel d'un bâtiment de commerce. Mais, pour l'intelligence du sujet, il est nécessaire de donner un aperçu du régime de l'inscription maritime, qui, en assujettissant les gens de mer à servir sur les bâtiments de l'État toutes les fois que les besoins l'exigent, a motivé les exceptions au droit commun que l'on remarque dans les lois qui les concernent, soit qu'elles leur imposent des obligations particulières, soit qu'elles leur confèrent des droits dont ils jouissent à titre exclusif.

Nous espérons aussi que cet aperçu rendra un véritable service à l'institution, en offrant à ses adversaires les moyens de l'apprécier sûrement et de reconnaître que la loi qui demande aux gens de mer plus qu'aux autres citoyens, leur accorde, en échange, des avantages exceptionnels.

§ 2. — IDÉE DU RÉGIME DE L'INSCRIPTION MARITIME.

Comment les marins et ouvriers sont compris dans l'inscription maritime.

2. Il y a une inscription particulière des citoyens français qui se livrent à la navigation : tout individu qui, étant âgé de dix-huit ans révolus, a fait deux voyages au long cours, la navigation pendant dix-huit mois, ou la petite pêche pendant deux ans, est inscrit comme matelot et peut être requis pour le service des bâtiments de l'État s'il continue la navigation ou la pêche (1).

Il en est de même du marin étranger qui, marié à une Française, a rempli ces conditions (2).

Les charpentiers de navires, perceurs, calfats et voiliers

(1) Loi du 3 brumaire an IV, articles 1er, 5 et 10 ; ordonnance du 11 octobre 1836, article 232.

Il résulte de deux dépêches du ministre de la marine, en date des 27 mai 1841 et 18 février 1843, applicables aux individus qui sont inscrits par suite de voyages au long cours, que le marin peut, avant d'être envoyé au service, entreprendre un troisième voyage, dans le cas où les deux premiers voyages effectués ne compléteraient pas dix-huit mois de navigation.

L'inscription maritime comprend non-seulement les individus qui font la pêche en bateau, mais encore ceux qui pêchent à pied sur les grèves, avec filets. (Ordonnance du 31 octobre 1784, titre X, article 4; circulaire du 10 septembre 1853).

Pour ceux qui pêchent en bateau, une dépêche du 15 octobre 1840 considère comme deux années d'exercice l'inscription pendant vingt-quatre mois effectifs sur un rôle d'équipage.

(2) Arrêté du 11 fructidor an VIII.

employés dans les chantiers du commerce, sont aussi compris dans l'inscription maritime. Ils sont inscrits à dix-sept ans, après une année d'apprentissage (1) et levés à dix-huit ans (2).

Ces ouvriers n'étant assujettis qu'aux travaux à exécuter dans les ports et arsenaux, une ordonnance du 5 octobre 1844 (3) les a déclarés, ainsi que les mécaniciens, passibles de l'appel sur la flotte, en leur ouvrant, en compensation, des droits aux pensions réglées par la loi du 18 avril 1831.

Cette mesure, pleinement justifiée par la nécessité d'assurer le service de la flotte, avait aussi pour objet, en ce qui touche les ouvriers des quatre professions maritimes, de mettre leurs obligations au niveau des avantages qui leur sont accordés, puisqu'ils sont, comme les matelots, comptés numériquement en déduction du contingent de leur classe (4) ; elle se justifiait encore par l'application qui leur était faite de la loi du 18 avril 1831, sur les pensions de l'armée de mer. Toutefois, elle n'a pas reçu d'exécution, car l'ordonnance précitée était insuffisante pour changer aussi profondément leur condition, et surtout pour comprendre les mécaniciens dans l'inscription maritime. Cet état de choses est d'autant plus regrettable que la loi du 24 novembre 1848, en consacrant les avantages accordés aux ouvriers inscrits par l'ordonnance du 5 octobre 1844, c'est-à-dire en leur accordant, comme aux officiers-mari-

(1) Décret du 10 mars 1808. Ceux qui servent dans les arsenaux sont compris de droit dans l'inscription maritime, aux termes du décret. *Voir*, en outre, le décret du 10 mars 1855.

(2) Dépêche du 23 novembre 1853.

(3) Voir le rapport qui précède l'ordonnance.

(4) Loi du 21 mars 1832.

niers et matelots, la retraite à vingt-cinq ans de services (1), et en ne leur imposant pas les charges qui pèsent sur ces derniers, leur a fait une position évidemment trop avantageuse, eu égard à la nature de leur emploi.

Il n'y a pas de règles particulières touchant l'engagement des ouvriers travaillant pour le commerce; les choses restent, à cet égard, dans le droit commun. Mais, quand ils s'embarquent sur les navires marchands, leur inscription comme ouvriers se change en inscription comme marins, et ils sont, dès lors, assimilés de tous points aux gens de mer.

Circonscription maritime et administration.

3. Les marins sont immatriculés dans cinquante-huit quartiers et vingt-sept sous-quartiers, dont la direction est confiée à des officiers du commissariat de la marine compris sous la dénomination générale de commissaires ou d'administrateurs de l'inscription maritime. Les quartiers et sous-quartiers sont subdivisés en syndicats où sont placés des syndics des gens de mer relevant de l'administrateur du chef-lieu.

Il serait sans utilité de faire l'historique de ces fonctionnaires; mais, pour bien comprendre la nature de leurs attributions, il est nécessaire de remonter à l'ordonnance du 31 octobre 1784, dont plusieurs dispositions sont encore en vigueur.

Cette ordonnance avait divisé le territoire maritime en inspections, arrondissements, quartiers et syndicats, et elle avait établi :

Pour chaque inspection, quatre inspecteurs choisis parmi

(1) Voir l'article 38 du décret du 18 mars 1855, modifié par le décret du 22 décembre de la même année, sur la manière de supputer les services des ouvriers employés dans les arsenaux de la marine.

les capitaines de vaisseau retirés, et à la tête desquels figurait un inspecteur-général choisi parmi les officiers généraux de la marine ;

Pour chaque arrondissement, trente chefs des classes choisis parmi les capitaines ou les lieutenants de vaisseau retirés, auxquels elle avait adjoint un ou deux officiers retirés pris dans les grades subalternes de la marine ;

Dans chaque quartier, un commissaire des classes choisi parmi les commis des bureaux de la marine, et un trésorier des gens de mer ;

Dans chaque syndicat, un syndic des gens de mer, qui était à la fois sous les ordres du chef des classes et du commissaire.

Nous ne parlerons ni de l'inspecteur général, ni des quatre inspecteurs, dont les fonctions étaient à peu près des sinécures.

Le chef des classes et le commissaire, indépendants l'un de l'autre, avaient à peu près les mêmes attributions. Toutefois le chef des classes avait des pouvoirs plus étendus en ce qui concernait la police des classes ; et le commissaire, de son côté, s'occupait spécialement de la navigation marchande et de la comptabilité.

Cette organisation était vicieuse en ce que ses rouages, trop multipliés, ne pouvaient marcher sans frottements, et surtout en ce que la police des classes étant confiée à d'anciens officiers de vaisseau, le régime militaire suivait les gens de mer dans leurs foyers et au sein de leurs familles.

La loi du 7 janvier 1791 a supprimé ce fastueux étalage de personnel, qui ne témoigne que trop de cette tendance continuelle qu'ont les différents corps à s'absorber les uns les autres. Elle n'a conservé que les commissaires, auxquels elle a donné les attributions d'un ordre plus élevé, qui étaient départies au chef des classes (1).

Les trésoriers des gens de mer, aujourd'hui trésoriers des invalides, et à la tête desquels est placé un trésorier-général des invalides, à Paris, sont chargés cumulativement de la comptabilité de la caisse des invalides proprement dite, de la caisse des gens de mer et de celle des prises (2).

Définition des caisses des invalides, des gens de mer et des prises.

4. *La caisse des invalides* reçoit toutes les prestations qui lui sont dévolues par les lois et règlements, et acquitte les pensions, demi-soldes, gratifications aux gens de mer indigents, frais de service, etc. (3).

Les deux autres caisses sont des caisses de dépôt.

Celle des gens de mer reçoit :

1° Les appointements, suppléments, traitements et salaires dus aux officiers, officiers-mariniers, marins et militaires provenant des bâtiments de l'État et des navires du commerce, absents lors des payements ;

2° Les mois de famille (on entend par mois de famille la portion de solde que les marins au service délèguent à leurs familles) ;

3° La totalité des parts de prises acquises à bord des bâtiments de l'État, les parts dévolues aux absents, et éventuellement celles revenant aux présents dans les prises faites par les corsaires ;

4° Les gratifications dues aux marins et militaires absents ;

5° Les sommes également acquises par les absents pour

(1) Voyez arrêt de la Cour de cassation, du 15 décembre 1828.
(2) *et* (3) Règlement du 17 juillet 1816.

solde à terre et journées d'ouvriers, réduction de rations et indemnité pour pertes d'effets ;

6° Les produits de successions ;

7° Les produits de bris et naufrages (1).

Celle des prises est destinée à recevoir en dépôt le produit brut des prises faites par les bâtiments de l'État jusqu'à la clôture des liquidations administratives qui en déterminent l'application. Elle reçoit aussi, pour les armements en course, le produit des ventes provisoires de prises qui peuvent être opérées avant le prononcé des jugements de confiscation (2).

Le commissaire de l'inscription maritime est spécialement chargé de l'administration et de la surveillance des trois caisses (3).

Fonctions des commissaires et des consuls en matière d'engagement de marins.

5. La loi du 7 janvier 1791 a tracé, dans son article 13, les devoirs des commissaires de l'inscription maritime ; mais elle se borne à de simples énonciations ; et, en l'absence de toute législation postérieure, c'est encore à l'ordonnance du 31 octobre 1784 qu'il faut recourir pour connaître en détail la partie de leurs attributions qui se rattache à la matière que nous traitons.

Nous avons vu que l'autorité maritime délivrait les rôles d'équipage, sur lesquels étaient portées les conditions d'engagement de toutes les personnes composant l'équipage du bâtiment (4). A cet effet, les capitaines des navires en arme-

(1), (2) *et* (3) Règlement du 17 juillet 1816.

(4) Ordonnance du 31 octobre 1784, titres VII et XIV ; loi du 7 janvier 1791.

ment, conjointement avec leurs armateurs, lorsque ceux-ci sont sur les lieux (1), doivent présenter au bureau de l'inscription maritime du quartier les hommes qu'ils ont engagés, et faire connaître les conventions arrêtées entre eux à l'avance. Ces conventions, lues et expliquées à l'équipage, sont inscrites au rôle s'il n'y a pas de réclamation.

Les commissaires de l'inscription maritime ne peuvent exercer aucune autorité, en cas de contestation (2), mais ils doivent s'efforcer de concilier les parties, et prêter leur appui au matelot en cas de besoin.

Ajoutons aussi que les commissaires doivent formellement se refuser à sanctionner toute convention qui dérogerait aux actes considérés comme étant d'ordre public (3).

Les mêmes formalités sont observées à l'égard des matelots engagés dans le cours du voyage, soit que l'opération ait lieu en France, soit qu'elle ait lieu aux colonies ou à l'étranger. Dans ce dernier cas, ce sont les consuls qui remplissent les fonctions de commissaire de l'inscription maritime (4), et ils les exercent également dans toute leur plénitude lorsque les navires français sont armés à l'étranger (5).

Les gens de mer étant tenus d'exécuter leurs engagements sous peine d'être punis comme déserteurs, les commissaires sont chargés de faire rechercher les délinquants (6).

Aucun matelot embarqué ne peut être congédié sans

(1) Code de commerce, article 225.

(2) Ordonnance de 1784, titre XIV.

(3) Décret du 4 mars 1852; rapport qui précède le décret.

(4) Ordonnance de 1784, titre XIV.

(5) Ordonnance du 20 octobre 1833.

(6) Ordonnance de 1784, titre XVIII, article 23.

l'adhésion du commissaire ou du consul, qui devient alors juge de l'opportunité du débarquement (1).

Il doit être fait mention du motif du débarquement sur le rôle d'équipage (2).

Les commissaires de l'inscription maritime prononcent les peines de discipline encourues par les marins du commerce, et président le tribunal maritime commercial, lorsque le navire à bord duquel la faute ou le délit a été commis se trouve dans un port ou une rade de France, ou dans un port d'une colonie française (3).

Les consuls de France n'interviennent, tant pour l'application des peines de discipline que pour la présidence du tribunal maritime commercial, que lorsqu'il n'y a pas de bâtiment de l'État sur les lieux (4).

Pour assurer l'exécution de leurs ordres, les commissaires de l'inscription maritime ont à leur disposition un détachement de la gendarmerie maritime (5).

Enfin, au désarmement des bâtiments du commerce, les commissaires font la liquidation des salaires ou parts revenant à l'équipage et règlent les sommes à payer à la caisse des invalides, sans pouvoir cependant décider les contestations qui pourraient s'élever à raison de cette liquidation (6). Mais, ici encore, ils doivent, s'il y a lieu,

(1) Ordonnance de 1781, titre XIV; Pardessus n° 660; Décret-loi du 10 mars 1852.

Beaussant pense que l'article 270 du Code de commerce a abrogé, pour les ports de France, cette disposition de l'ordonnance de 1781. On démontrera, dans le cours de l'ouvrage, que cette autorisation est toujours indispensable.

(2) Arrêté du 5 germinal an XII.

(3) *et* (4) Décret disciplinaire et pénal pour la marine marchande, du 24 mars 1852.

(5) Ordonnance du 20 octobre 1820.

(6) Ordonnance de 1781, titre VII.

prêter leur appui aux matelots, autant dans l'intérêt de ceux-ci que dans celui de la caisse des invalides, qui s'alimente des retenues faites sur les salaires des marins du commerce; et, dans le cas où ces contestations porteraient sur des conventions dérogeant aux actes d'ordre public, ils devraient faire les démarches nécessaires pour en obtenir l'annulation, s'ils ne la requéraient eux-mêmes (1).

Différentes dénominations des marins. Mousses; novices; matelots.

6. Les marins figurent sur les matricules des quartiers sous les dénominations ci-après :

Mousses,
Novices,
Matelots,
Officiers-mariniers,
Maîtres au cabotage,
Capitaines au long cours,
Et pilotes lamaneurs.

Les fonctions de *mousse* et de *novice* sont les degrés par lesquels on arrive au titre de matelot, qui représente l'homme de mer sachant exécuter toutes les manœuvres ordonnées à bord d'un bâtiment.

Nous avons vu (n° 2) que, pour servir sur les bâtiments de l'État en qualité de *matelot,* le marin devait être âgé de dix-huit ans révolus.

Il doit être embarqué un mousse à bord de tout bâtiment ou embarcation ayant plus de deux hommes d'é-

(1) L'administration de la marine a le droit d'intervenir dans toutes les causes où il s'agit de loyers de matelots. (Voir les actes cités dans le rapport qui précède le décret du 4 mars 1852).

quipage et faisant la navigation ou la pêche maritime (1).

L'embarquement d'un second mousse est obligatoire à bord de tout bâtiment ayant vingt hommes d'équipage, non compris le premier mousse (2).

Un troisième mousse est embarqué sur tout bâtiment ayant trente hommes d'équipage, non compris les deux premiers mousses, et ainsi de suite, en continuant de calculer par dizaine complète (3).

Toutefois, à bord des bâtiments armés pour le long cours, le grand cabotage ou les grandes pêches, on peut embarquer, en remplacement des mousses, et dans la proportion ci-dessus déterminée, des novices ayant fait dix-huit mois de navigation avant l'âge de seize ans (4).

Les mousses, après avoir atteint l'âge auquel ils ne peuvent plus être embarqués en cette qualité, en exécution des règlements qui rendent leur embarquement obligatoire, sont souvent trop faibles pour trouver à s'engager comme novices, et c'est pour ne pas voir tarir cette source de recrutement maritime que l'on a consacré l'exception qui précède.

(1), (2) *et* (3) Décret du 23 mars 1852.

Les anciennes ordonnances édictaient une série de pénalités pour défaut d'embarquement de mousses. Mais, comme le fait remarquer avec raison une dépêche du 26 mars 1852, portant envoi du décret du 23, il appartient essentiellement à l'autorité maritime d'assurer l'exécution de cet acte, en comprenant, dans les rôles d'équipage des bâtiments, des mousses, ou des novices destinés à en tenir lieu, dans la proportion déterminée, et toute pénalité devient dès lors inutile. La dépêche ajoute que l'infraction consistant à laisser à terre ces jeunes marins, constituerait un débarquement punissable, aux termes de l'article 5 du décret du 19 mars 1852, de l'une des peines prévues par l'article 4 de ce décret.

(4) Décret du 23 mars 1852.

La petite pêche compte, pour sa durée effective, dans la supputation de ces dix-huit mois de navigation. (Dépêche du 7 mai 1852).

L'âge des mousses et novices est déterminé par l'art. 1er, ainsi conçu, du décret du 23 mars 1852 :

« Sera porté comme mousse, sur les registres de l'in-
» scription maritime et sur les rôles d'équipage des bâti-
» ments de l'État ou du commerce, tout individu âgé de
» de dix à seize ans révolus.

» Sera porté comme novice, sur les registres de l'in-
» scription maritime et sur les rôles d'équipage des bâti-
» ments de l'État ou du commerce, tout individu âgé de
» seize ans et plus, qui ne réunira point les conditions d'âge
» et de navigation exigées par l'art. 5 de la loi du 3 brumaire
» an IV pour être définitivement inscrit comme matelot. »

Il ne faudrait pas conclure de ces limites d'âge que tout individu âgé de dix à seize ans ne peut être embarqué sur un bâtiment du commerce qu'en qualité de mousse, sans avoir égard à sa capacité ;

Que tout individu âgé de seize à dix-huit ans ne peut non plus être embarqué qu'en qualité de novice, quel que soit son mérite.

Cette classification ne concerne que le service de l'inscription maritime proprement dit.

Il était nécessaire, en effet, en ce qui touche les mousses, et dès lors qu'on admettait en principe que, dans l'intérêt du recrutement de la flotte, il en serait placé sur tout bâtiment du commerce, de fixer l'âge auquel ils pourraient être embarqués sous cette dénomination ; car le métier de marin exige que celui qui commence à l'exercer soit aussi jeune que possible, afin qu'il s'habitue de bonne heure à la vie de bord et aux dangers de la mer. La fixation de l'âge des novices s'explique aussi par la faculté laissée, en faveur de certaines expéditions, de remplacer les mousses par des novices.

Enfin les dénominations de mousse et de novice, telles qu'elles sont établies par le décret, ne sont que des qualifications d'ordre, des titres officiels basés sur l'expérience, car on a rarement l'aptitude de novice avant l'âge de seize ans, et, à plus forte raison, celle de matelot ; comme aussi l'on voit peu d'individus mériter le titre de matelot avant l'âge de dix-huit ans.

Mais ce serait méconnaître l'esprit de la loi que de penser qu'elle a entendu entraver les capacités précoces par les démarcations qui précèdent. Elle n'a pas voulu davantage obliger le mousse à rester mousse jusqu'à seize ans, et le novice à rester novice jusqu'à dix-huit, qu'elle n'a imposé aux armateurs l'obligation de n'employer comme matelots, c'est-à-dire avec jouissance de la paye attribuée à ce grade, *tous les individus définitivement inscrits ;* et il résulte de ce qui vient d'être dit :

1° Qu'en ce qui touche les dénominations donnant droit à un salaire plus ou moins élevé à bord d'un bâtiment du commerce, il n'y a pas d'âge obligatoire ;

2° Qu'en conséquence, un mousse, c'est-à-dire un marin âgé de moins de seize ans, peut être embarqué comme novice et même comme matelot, si l'on juge devoir lui en accorder la paye ; et qu'un novice, c'est-à-dire un marin âgé de moins de dix-huit ans, peut *à fortiori* être embarqué comme matelot, quand on lui reconnaît la capacité voulue (1).

Toutefois, si la limite d'âge fixée pour les mousses et pour les novices n'est pas obligatoire à l'égard des marins qui trouvent à s'engager dans une position supérieure, il faut reconnaître qu'ils ne peuvent revendiquer que le titre

(1) Voyez Valin, tome Ier, page 678.

qui leur est donné par la loi. Ainsi, lorsque l'équipage est engagé *à la part*, tous les matelots qui le composent doivent être consultés sur l'admission, comme unité de novice ou de matelot, d'un jeune homme qui ne serait pas âgé de seize ans révolus ou qui n'aurait pas rempli les conditions d'âge et de navigation exigées pour être compris dans l'inscription maritime. Mais, en l'absence de contestation, toute autre cause d'éviction ne nous paraîtrait pas conforme à l'esprit de la loi.

Une question se présente ici, c'est celle de savoir si un capitaine, maître ou patron, peut embarquer un mousse âgé de moins de dix ans.

Si cet embarquement est demandé comme exécution de l'obligation d'avoir un nombre de mousses proportionné à la force de l'équipage, il est évident qu'il ne peut être accordé, car la loi, dans ce cas, ne permet aucune interprétation.

Mais si, le navire ayant d'ailleurs le nombre de mousses réglementaire, un capitaine, maître ou patron demande, par exemple, à embarquer avec lui son fils âgé de moins de dix ans, nous ne pensons pas qu'on puisse le lui refuser, et il n'y a dès lors aucune raison pour ne pas l'autoriser à recevoir les enfants au-dessous de dix ans qui lui sont confiés par leurs parents (1).

Officiers-mariniers; capitaines au long cours; maîtres au cabotage et pilotes.

7. Les officiers-mariniers sont ceux qui, ayant été levés ou ayant pris volontairement du service, ont obtenu, dans l'armée navale, les grades de quartier-maître, second maître et premier maître de timonerie, de manœuvre ou de canon-

(1) Voyez dépêche du 28 septembre 1852.

nage, correspondant, dans l'armée de terre, à ceux de caporal, sergent et adjudant sous-officier. Les ouvriers-navigants obtiennent aussi les grades de quartier-maître, second maître et maître de charpentage, de voilerie ou de calfatage; le grade de maître ne correspondant ici qu'à celui de sergent-major.

Les voyages de mer sont compris sous les dénominations de petit cabotage, grand cabotage et long cours.

Les *maîtres au cabotage* peuvent indistinctement commander pour le grand et le petit cabotage (1).

Les *capitaines au long cours* ont seuls qualité pour commander des bâtiments affectés à la navigation de long cours.

Les uns et les autres sont commissionnés par le ministre de la marine, après avoir satisfait à un examen public, dont les matières sont respectivement déterminées, sur la théorie et la pratique de la navigation.

Pour se présenter à l'examen, dans les deux cas, il faut avoir la qualité de Français, être âgé de vingt-quatre ans révolus (2) et réunir soixante mois de navigation, dont douze mois sur les bâtiments de l'État autres que les bâtiments de servitude, les stationnaires et le vaisseau-école (3).

Les candidats doivent produire aussi des certificats de

(1) Ordonnance du 25 novembre 1827. Un décret-loi du 20 mars 1852 permet aux marins âgés de vingt-quatre ans et réunissant soixante mois de navigation, dont douze mois de service sur les bâtiments de l'État, de commander des embarcations armées au bornage, c'est-à-dire qui ne s'éloignent pas de leur port d'attache de plus de quinze lieues.

(2) Avant le 1er juillet de l'année du concours. (Dépêche du 15 septembre 1848).

(3) Dépêches des 21 mai 1848, 26 février 1850 et 11 mars 1856.

bonne conduite délivrés par les maires de leurs communes, et des certificats d'aptitude délivrés par les capitaines sous les ordres desquels ils ont navigué. Ces pièces sont visées par le commissaire de l'inscription maritime (1).

Les capitaines au long cours ne peuvent être appelés au service qu'avec le grade d'enseigne de vaisseau (2) ; les maîtres au cabotage, avec celui de quartier-maître de 1re classe, s'ils ont un an de commandement ; et avec celui de quartier-maître de 2e classe, s'ils ne réunissent pas cette condition (3).

Les *pilotes* sont chargés de diriger les navires à leur entrée dans les ports et rades, et à leur sortie. Ils doivent avoir satisfait à un examen, ou plutôt à un concours (car leur nombre est limité), auquel ils ne sont admis à se présenter qu'autant qu'ils ont vingt-quatre ans révolus et qu'ils réunissent six ans de navigation, dont deux campagnes de trois mois au moins chacune sur les bâtiments de l'État (4).

Cet examen repose sur la manœuvre, la connaissance des marées, des bancs, courants, écueils et autres empêchements qui rendent difficile l'entrée et la sortie des rivières, ports et havres où ils sont établis. Il est utile que les pilotes soient, en outre, examinés sur les dispositions générales à tous les règlements de pilotage et sur les règlements particuliers des stations dans la circonscription desquelles ils exercent.

Telles sont les classes de citoyens dont se compose l'inscription maritime et qui, à l'exception des pilotes, dont

(1) Circulaire du 28 février 1849 ; ordonnance du 7 août 1825.

(2) Loi du 3 brumaire an IV.

(3) Loi du 21 juin 1836.

(4) Décret du 12 décembre 1806.

la vie n'est qu'une longue guerre contre les éléments, sont tenus de servir sur les bâtiments de l'État, toutes les fois qu'ils en sont requis, jusqu'à l'âge de cinquante ans (1). Mais, avant de se former une idée exacte de cette réquisition, il faut voir comment elle s'opère et comment le législateur a su en tempérer la rigueur.

Appréciation des ordonnances de 1689 et 1784, et de la loi du 3 brumaire an IV, concernant les classes.

8. L'ordonnance du 15 avril 1689 renfermait, dans son titre huitième, un code complet de tout ce qui se rattachait aux classes, aujourd'hui l'inscription maritime (2). Nous ne l'examinerons pas en détail ; nous nous bornerons à faire remarquer que, sous l'empire de l'ancienne législation, la classe était uniquement déterminée par l'année de l'enrôlement ; que le tour de service était réglé d'avance ; que le marin, appelé ou non appelé, était censé au service pendant l'année où sa classe devait marcher ; qu'il n'y avait aucune distinction entre les hommes mariés et les garçons, quant à l'appel et à la durée du service ; qu'on ne laissait pas chez eux les marins inexpérimentés pour ne prendre que les meilleurs ; ce qui se déduit clairement des articles 2, 3, 4, 14, 17 et 23 du titre Ier, des articles 1, 3, 6, 7, 12 et 24 du titre II, de l'article 5 du titre III, et de l'article 7 du titre V.

L'ordonnance du 31 octobre 1784 n'a rien laissé de ce système en déclarant, dans son préambule, « que le mode » de levée établi par l'ordonnance de 1689 n'était plus suivi » depuis longtemps et qu'il ne pouvait plus l'être. »

(1) Loi du 3 brumaire an IV.

(2) C'est la loi du 3 brumaire an IV qui a substitué à la dénomination de classes celle d'*Inscription maritime*.

Certes, nous sommes le premier à reconnaître que tant de légalité avait ses inconvénients; qu'en ce qui concerne le tour de service, il était facile de le régler d'avance, lorsque la France était en guerre et qu'elle entretenait, pour la protection des grands établissements coloniaux qu'elle possédait alors, des flottes considérables, mais que cela ne fut plus possible quand, après le traité d'Utrecht, elle eut tout perdu; quand elle fut obligée de désarmer et de réduire son matériel naval à quatre ou cinq bâtiments (1). Que pouvait-on faire, dans ce cas, des classes dirigées sur les arsenaux? On ne trouvait pas à les employer et on n'avait pas les moyens de les payer; on les laissa dans leurs foyers.

Mais ce n'était pas une raison pour changer toutes les bases de l'institution, lorsque, plus tard, on a senti le besoin de reconstituer la marine; et, si l'ordonnance de 1784 a quelque mérite de détail, on peut dire qu'elle a faussé l'établissement de Colbert, savoir :

1° En permettant de restreindre la répartition des hommes levés à la circonscription particulière des arrondissements ou même à celle des quartiers, au lieu de l'établir sur la généralité du territoire maritime : d'où cette conséquence que, pour des besoins pressants, les quartiers les plus rapprochés du port où se faisait l'armement étaient les plus imposés;

2° En concentrant les opérations des levées dans le quartier, au lieu d'atteindre les marins partout où ils se trouvaient : d'où cette conséquence que ceux qui étaient absents du quartier échappaient toujours à la réquisition (2).

(1) *La Marine française en* 1849, par M. Girette, état D.
(2) Voyez Écrits de Boursaint, page 46.

3° En laissant dans le vague le plus absolu l'époque où les gens de mer seraient appelés sur la flotte : d'où cette double conséquence que les meilleurs marins étaient employés au commerce et absents au moment des levées, et que, tous, ils n'avaient jamais de tranquillité ;

4° En ne fixant pas, d'une manière générale, le temps pendant lequel les marins levés devaient rester au service : d'où cette conséquence qu'ils pouvaient être congédiés ou conservés arbitrairement ;

5° En accordant des faveurs aux gens mariés, ce qui provoquait des mariages contractés dans le seul but de l'exemption ;

6° Et surtout en permettant de choisir dans les quartiers l'espèce d'hommes dont on avait besoin, ce qui ouvrait la porte à l'arbitraire et punissait le mérite au lieu de le récompenser (1).

La loi du 3 brumaire an IV a marché sur ces errements. Elle a distribué les matelots en quatre catégories :

Les célibataires,
Les veufs sans enfants,
Les hommes mariés sans enfants,
Et les pères de famille ;

chaque catégorie ne devant être mise en réquisition qu'après entier épuisement de la précédente ; elle s'est abstenue de donner des indications sur l'époque et la durée des appels, et n'a pas défendu de choisir les hommes à lever parmi les meilleurs du quartier, suivant les demandes des ports, quand il y aurait des marins à marcher avant ceux-ci.

Nous nous hâtons d'ajouter, cependant, que les mentions

(1) Voyez le titre XII de l'ordonnance, et notamment les articles 1, 3, 13 et 14.

et les oublis de la loi du 3 brumaire an IV, n'ont pas été suivis de grands inconvénients jusqu'en 1815, parce que l'état de guerre qui s'est prolongé pendant vingt-cinq années ne comportait aucune exception. Mais, avec la paix, ce fâcheux état de choses s'est reproduit et a duré encore dix-huit ans.

Ici nous réclamons quelque attention. Il s'agit d'exposer le système de la levée permanente et de démontrer que ce genre de levée est, à peu de chose près, ce qu'était la mise en réquisition des classes de service en 1689.

Exposé du système de la levée permanente.

9. Nous avons dit que, d'après cette ordonnance, chaque classe connaissait l'époque de son entrée en service ; qu'il n'en était pas ainsi d'après celle de 1784 ; que, sans cesse sous le coup de la loi, les matelots n'avaient ici aucune donnée, ni sur l'époque de leur appel, ni sur la durée de leur embarquement ; que, de la distinction en garçons et en pères de famille, et de la faveur accordée à ces derniers, résultaient des mariages prématurés dont la conséquence, en temps de guerre, était de les arracher à leurs femmes et à leurs enfants.

La loi du 3 brumaire an IV n'a donc été, en quelque sorte, que la reproduction de l'ordonnance de 1784, et, jusqu'en 1835, on peut dire qu'il n'y eut aucune règle fixe et équitablement établie pour la levée des gens de mer.

En 1835... (Mais ici laissons parler M. Marec, ancien directeur du personnel au ministère de la marine) :

« La décision prise en 1835 (9 avril) a consacré le régime
» nouveau de la levée permanente, mesure simple et fé-
» conde en résultats utiles, véritable consécration du prin-
» cipe de l'égalité des charges pour le service de la flotte ;

» car, laissant de côté les catégories à peu près impraticables du décret de brumaire, elle range indistinctement
» tous les inscrits, hommes mariés, veufs ou célibataires,
» sous le même niveau, sauf à l'autorité à adoucir, par des
» décisions administratives, par des sursis, par des tempéraments, en un mot, employés avec prudence et équité,
» ce que l'application absolue du principe aurait parfois de
» trop rigoureux. Mais ce qui constitue surtout l'essence de
» la levée permanente, c'est que son action continue atteint, partout où il se présente à son retour, l'inscrit dont
» le tour de marcher est arrivé pendant son absence. C'est
» là principalement, car tout ce qui est juste obtient l'approbation des masses, ce qui la recommande aux yeux
» de la population maritime et garantit la conservation de
» son existence.

« Appliquée, dans l'origine, aux marins naviguant au
» long cours ou au grand cabotage, qui n'avaient point encore servi à l'État, la levée permanente fut successivement étendue aux hommes ayant moins de deux, trois et
» quatre années de service. Restreinte dans son exercice,
» lorsque ses produits tendent à dépasser les besoins des
» ports militaires, elle fait arriver successivement sur la
» flotte toute la portion jeune et active de nos gens de mer.
» Elle répartit, aussi équitablement que possible, sur tous,
» les charges du service, dont aucun n'est exempté, même
» à titre provisoire, à moins de motifs parfaitement valables. »

Voilà, en peu de mots, le système de la levée permanente expliqué. Il ne nous reste plus qu'à en faire connaître l'application.

Déjà, en 1833, une dépêche ministérielle avait fait disparaître toute incertitude au sujet de la durée du service des inscrits maritimes appelés sur les bâtiments de l'État, en disposant qu'ils devraient y servir pendant trois années consécutives (1). La levée permanente a consacré ce principe et s'exerce, en temps ordinaire, sur les gens de mer âgés de vingt à quarante ans, jusqu'au grade de quartier-maître inclusivement (2).

Arrivés au grade de second maître, ils sont définitivement attachés au service militaire et reçoivent, même lorsqu'ils sont dans leurs foyers ou qu'ils se livrent à la petite pêche ou au petit cabotage, une solde de disponibilité qui leur assure le bénéfice de la continuation d'activité, en ce qui touche au droit à la pension de retraite. Toutefois, quand ces officiers-mariniers obtiennent l'autorisation de naviguer au long cours ou au grand cabotage, ils cessent de jouir de leur solde de disponibilité, et, par conséquent, de l'avantage attaché à cette position (3).

Si les marins sans service à l'État ne suffisent pas aux besoins de la flotte, on requiert ceux qui ont servi pendant trois ans, en commençant par les plus anciennement congédiés; on appelle ensuite ceux qui ont plus de trois années de service, et, à service égal, on procède encore en commençant par les plus anciennement congédiés. A cet effet, après avoir opéré sur les présents, on opère sur les

(1) Cette mesure est applicable aux ouvriers. (Circulaire du 14 février 1854).

(2) Circulaire du 18 janvier 1843.

Une autre circulaire, du 16 novembre 1854, prescrit également de diriger sur les ports militaires les ouvriers âgés de vingt à quarante ans, sans service à l'État, qui ne sont pas employés dans les chantiers du commerce, et même ceux qui, arrivés à l'âge de vingt ans révolus et sans service à l'État, sont employés dans ces chantiers, lorsque les arsenaux renferment des ouvriers levés d'office.

(3) Décret du 27 décembre 1851, article 8.

marins en cours de voyage, au fur et à mesure de leur rentrée en France et quel que soit le port où ils abordent.

Ici donc, plus d'incertude sur l'époque de l'appel et sur la durée du service. Le marin sait qu'à l'âge de vingt ans, il devra servir pendant trois ans sur les bâtiments de la flotte, et qu'il ne pourra être appelé de nouveau qu'après entier épuisement des marins sans service et de ceux qui, ayant trois années de présence sur la flotte, auront été congédiés avant lui.

Plus de mariages anticipés pour se soustraire aux levées.

Plus de ces rigueurs inévitables par suite desquelles, lorsqu'un armement avait lieu, les levées portaient toujours sur les hommes présents et n'atteignaient que rarement les meilleurs marins, constamment embarqués sur les bâtiments du commerce.

Plus de catégories d'hommes en matelots de 2e ou 1re classe, gabiers, canonniers, etc.

Plus de faveurs pour des gens qui n'ont pas servi ou qui n'ont pas montré suffisamment d'aptitude, parce que des commandants en crédit réclament des hommes de choix.

Plus de ces envois au service arbitraires et sans contrôle.

Plus d'accusations contre les commissaires auxquels il n'appartient plus de lever les hommes par leurs noms, mais par leur temps de service.

Plus d'arbitraire enfin. La loi pour tous, rigoureuse peut-être, mais juste.

Certes, un aussi beau résultat mérite bien la consécration du pouvoir législatif!

Ainsi, nous voilà revenus en 1689, et même en 1673 (car l'édit de création porte cette date); et si l'application de la levée permanente diffère du mode d'appel *des classes de service*, elle possède le même germe de légalité. On pratiquait la justice il y a cent quatre-vingts ans comme on la pratique aujourd'hui !

Jamais peut-être un semblable éloge n'avait été fait de l'administration de l'illustre Colbert.

Nous n'aurions garde de dire, cependant, qu'il sera possible d'en venir à ce point de ne plus appeler les marins qui auront fait un certain temps de service, cinq ou six années par exemple, et que, d'un autre côté, il ne se présentera pas des circonstances telles qu'un grand désarmement, qui obligeront à congédier les gens de mer avant l'expiration du terme de trois années, et sauf à les rappeler à une époque prochaine. Mais, dans le premier cas, tout citoyen se doit à la défense du pays ; dans le second, le marin congédié avant l'expiration de trois années aura toujours la certitude acquise qu'il ne sera levé qu'après ceux qui n'auront pas de service ou qui en auront moins que lui, et, à service égal, après les plus anciennement congédiés. On ne saurait mieux comprendre la mise en pratique de l'égale répartition des charges. Plus équitable que l'ordonnance de 1784 et que le décret de l'an IV, la levée permanente, issue de l'ordonnance de 1689, est une institution qui fait le plus grand honneur à celui qui en a conçu l'idée.

Nous terminons ici l'exposé des obligations des marins inscrits. Ils sont tous, sans exception, assujettis à la levée permanente et ne peuvent se faire remplacer. Voyons maintenant quelles sont les compensations du service personnel qui leur est demandé et de la discipline particulière à laquelle ils sont soumis.

Énumération des compensations du régime de l'inscription maritime.

10. Il n'y avait, dans le principe, aucune limite d'âge à l'appel des marins classés. Fixé à 60 ans par l'ordonnance

du 31 octobre 1784, ramené à 56 par la loi du 7 janvier 1791, cet âge a été définitivement arrêté à 50 ans par la loi du 3 brumaire an IV, et nous avons vu que les matelots et quartiers-maîtres de 20 à 40 ans étaient seuls compris dans la levée permanente.

Tout matelot peut se faire rayer des matricules un an après sa renonciation dûment notifiée. Toutefois, s'il appartenait à une classe du recrutement non libérée, sa renonciation n'aurait d'autre effet que de changer sa condition d'inscrit maritime en celle de jeune soldat affecté à l'armée de mer, et il resterait au service, en cette qualité, jusqu'à la libération de sa classe (1).

Il faut remarquer aussi que cette faculté de renonciation aux professions maritimes est restreinte au temps de paix, et demeure sans effet si la guerre éclate avant l'expiration d'une année, à compter du jour où le marin a renoncé et en a fait la déclaration (2). Il n'est même pas permis aux gens de mer embarqués sur les bâtiments de l'État de renoncer à la navigation à la suite d'une punition justement infligée, parce que cette faculté deviendrait subversive de toute discipline militaire (3).

La loi du 3 brumaire an IV veut que le marin qui a renoncé à la navigation, soit réinscrit au grade et à la paye qu'il avait avant sa radiation, s'il se décide ensuite à naviguer. C'est là un avantage qui témoigne de la bienveillance extrême du gouvernement pour la classe des gens de mer, car il est évident que le matelot renonciataire qui reprend la navigation, ne s'est fait rayer des matricules que pour se

(1) Dépêche du 27 septembre 1841.

(2) Loi du 3 brumaire an IV.

(3) Dépêche du 27 septembre 1841.

soustraire aux obligations de son état. Cependant, s'il est possible de pardonner à celui qui vient franchement se faire réinscrire, il devrait y avoir des peines sévères contre les renonciataires qui se livrent clandestinement aux professions maritimes, ou qui, naviguant sous des qualifications empruntées, telles que maîtres d'hôtel, cuisiniers, etc., comme c'est le plus souvent le cas, sont reconnus exercer, à bord des bâtiments sur lesquels ils se trouvent, le métier de matelot.

Les inscrits maritimes déduits du contingent de leur classe, en vertu du § 2 de l'article 14 de la loi du 21 mars 1832, confèrent à leurs frères l'exemption prévue par le § 6 de l'article 13 de cette loi, soit qu'ils servent sur les bâtiments de l'État, soit qu'ils naviguent au commerce ou qu'ils n'aient pas d'emploi, mais seulement jusqu'à la libération de la classe à laquelle ils appartiennent (1).

Nous n'hésitons pas à dire que le département de la marine a laissé trop facilement prévaloir ce mode d'opérer, car il semble que les inscrits maritimes devraient conférer l'exemption par le fait seul de leur condition, à moins qu'ils n'aient renoncé. Cela serait d'autant plus juste qu'ils sont toujours appelés de nouveau après la libération de leur classe, et que leur service est forcé, tandis qu'il n'en est pas tout à fait de même des officiers, qui confèrent cependant l'exemption pure et simple. Cette observation est également applicable aux frères des marins qui, ayant obtenu au tirage un numéro élevé, n'ont pas été déduits du contingent de leur classe, puisque, pouvant être requis à chaque instant, ces derniers sont toujours censés en activité de service.

(1) Instructions du ministre de la guerre, du 18 mai 1840 et du 20 janvier 1855. Voir cette dernière à la page 114 du *Bulletin officiel de la Marine* de 1855, 1er semestre.

Ajoutons cependant que le département de la guerre est déjà entré dans la voie de l'amélioration que nous réclamons, en décidant :

1° Que la disposition qui précède s'applique aux inscrits maritimes non déduits d'un contingent, qui sont embarqués sur les bâtiments de l'État en temps de guerre. (Instruction du 17 février 1855. — *Bulletin officiel de la Marine*, 1855, page 114).

2° Que tout inscrit maritime déduit ou non déduit du contingent d'une classe, décédé en activité de service, ou réformé, ou admis à la retraite, soit pour blessures reçues dans un service commandé, soit pour infirmités contractées dans l'armée de mer, doit également conférer à son frère le droit à l'exemption prévue par le § 7 de l'article 13 de la loi du 21 mars 1832. (Même instruction).

Cette exemption s'applique même aux frères des inscrits maritimes à titre provisoire (mousses, novices et apprentis marins), aussi bien qu'à ceux des inscrits maritimes à titre définitif (capitaines au long cours, maîtres au cabotage, pilotes, officiers-mariniers, matelots et ouvriers). (Instruction du 17 mars 1855. — *Bulletin officiel de la Marine*, 1855, page 167).

Toutefois, en ce qui touche l'exemption prévue par le § numéroté 6 de la loi du 21 mars 1832, les apprentis-marins ne la confèrent qu'autant qu'ils sont liés au service en vertu de la loi du recrutement, soit comme appelés, soit comme engagés volontaires. (Même instruction).

Les inscrits maritimes sont dispensés de tout service public autre que celui de l'armée navale, des arsenaux de la marine et de la garde nationale de l'arrondissement de leur quartier (1). Lorsqu'ils sont embarqués, c'est-à-dire

(1) Loi du 3 brumaire an IV.

placés sur un rôle d'équipage, ils ne sont pas même assujettis au service de la garde nationale sédentaire (1).

Ils sont dispensés de la tutelle pendant la durée de leur service.

Ils ont trois mois, à compter de leur retour en France, pour se pourvoir en cassation des jugements en dernier ressort rendus contre eux pendant leur absence, lorsqu'ils ont été absents du territoire français en Europe, pour cause de navigation, sans avoir acquis ou fixé leur domicile, soit dans les colonies françaises, soit en pays étranger (2).

Il reçoivent une éducation gratuite dans les écoles d'hydrographie que le gouvernement entretient dans la majeure partie des quartiers, et nul autre qu'eux ne peut être admis dans ces écoles.

Enfin, si le matelot doit, pour la défense de son pays, un service personnellement exigible, et si la totalité des marins est dans l'obligation d'y contribuer, tandis que, dans l'armée de terre, le contingent ne représente même pas la moitié des jeunes gens qui ont concouru au tirage, nous remarquerons :

1° Que le jeune soldat abandonne sa charrue, son clocher et sa famille pour sept années, et que le matelot, habitué d'ailleurs à vivre loin de chez lui, ne change pas de milieu et revient après trois années de service ;

2° Qu'au lieu d'oublier son état, il fait au service des progrès qui lui permettent de se présenter aux examens de maîtres au cabotage et de capitaines au long cours.

Passons à un autre ordre de compensations.

Les deniers de poche du soldat sont insignifiants ; la

(1) Circulaire du 14 décembre 1816.

(2) Décret du 2 septembre 1793.

solde des matelots au service s'élève de 80 cent. à 1 fr. 45 cent. par jour. Il ne gagnent pas davantage en naviguant au commerce, où ils usent beaucoup plus d'effets d'habillement, où le travail est plus pénible, où enfin ils perdent leurs gages pendant tout le temps qui marque l'intervalle du passage d'un bâtiment sur un autre.

La nourriture à bord des bâtiments de l'État est composée avec tous les soins désirables.

La solde du matelot au service lui appartient en propre; il acquitte lui-même le prix des effets d'habillement qui lui sont délivrés, et il est à remarquer que ces effets sont de bonne qualité, que l'on s'est appliqué à en resteindre le nombre autant que possible, et qu'ils ne sont jamais perdus pour lui, tant on a pris soin de leur donner la forme des vêtements que portent généralement les marins.

Les gens de mer ont droit aux prises auxquelles ils ont participé pendant la durée de leur service. (Arrêté du 9 ventôse an IX).

Ils peuvent déléguer le tiers de leur solde à leurs familles.

L'article 31 de la loi du 3 brumaire an IV voulait qu'il fût « accordé un secours par mois à chacun des enfants des » deux sexes, au-dessous de l'âge de dix ans, de tout » marin en activité de service; » mais cette disposition n'avait pas été exécutée.

Un décret du 20 mars 1854 porte « qu'il sera accordé » un secours de 3 fr. par mois, pendant trois mois, à chaque enfant de l'un ou de l'autre sexe, au-dessous de l'âge » de dix ans, des quartiers-maîtres et matelots congédiés » comme ayant trois ans de services, ou par mesure administrative (circulaire du 11 avril 1854), qui seront appelés » de nouveau sur les bâtiments de la flotte; » et bien que cette mesure ait été prise à l'époque des grandes levées nécessitées par la guerre ; les termes généraux du rapport qui précède le décret ne permettent pas de la considérer comme transitoire, d'autant plus qu'elle repose sur un texte qui n'a jamais été rapporté.

Quant aux ouvriers, lorsqu'ils sont levés d'office et mariés ou pères de famille, leurs femmes reçoivent le quart en sus de la solde fixe qui leur est attribuée ; et le secours de 3 fr. ci-dessus mentionné peut en outre être accordé à leurs enfants, s'ils sont levés dans les mêmes conditions que les marins. (Lois du 3 brumaire an IV, articles 55 et 56. — Circulaire du 2 novembre 1854.)

Nous ne parlerons pas des délégations payées aux familles des marins embarqués sur les bâtiments de l'État présumés avoir péri, lesquelles se continuent pendant une, deux et trois années, suivant la destination de ces bâtiments; du secours équivalent accordé aux femmes et enfants des marins qui n'auraient pas souscrit de délégations; de l'indemnité de deux mois de solde accordée dans le même cas aux ascendants des marins célibataires (1); nous laissons de côté, sciemment et peut-être aussi parce qu'il nous en échappe, toutes les autres compensations dont jouissent les marins au service, et nous arrivons à l'établissement des invalides.

Les limites de cette introduction ne nous permettent pas de reproduire ici les beaux passages des écrits de Boursaint, où le système est si éloquemment exposé; nous nous bornons à y renvoyer le lecteur, en faisant seulement remarquer que, si la levée permanente a beaucoup d'analogie avec le tour de service des classes de 1689, de même la caisse des invalides est dans les idées du jour; et nous en attestons le discours de M. Thiers sur l'assistance publique,

(1) Ordonnance du 11 octobre 1836, articles 154, 155 et 156.

dans lequel ce grand écrivain déclare que la libéralité, pour ne rien perdre de son prix, ne doit pas affecter les mœurs ou les habitudes de ceux auxquels elle s'adresse. Or, c'est le propre de la caisse des invalides, qui porte ses secours à domicile.

Il ne peut être ici question des pensions régies par la loi du 18 avril 1831 (1), et qui sont accordées :

Aux marins ayant 25 ans de service sur les bâtiments de l'État ;

A ceux qui y ont reçu des blessures graves et incurables, suite d'événements de guerre ou d'accidents éprouvés dans un service commandé ou requis ;

A ceux qui ont contracté sur la flotte des infirmités également graves et incurables, lorsqu'elles sont reconnues provenir des fatigues ou des accidents du service.

Il ne peut être question non plus des pensions des veuves ou orphelins de marins décédés en jouissance de la pension de retraite, ou en possession de droits à cette pension ;

De celles pareillement accordées aux veuves ou orphelins de marins qui ont été tués dans un combat, ou qui ont péri dans un service commandé ou requis ;

De celles des veuves ou orphelins de marins qui ont péri sur les bâtiments de l'État, ou dans les colonies, et dont la mort a été causée, soit par des événements de guerre, soit par des maladies contagieuses ou endémiques, aux influences desquelles ils ont été soumis par les obligations de leur service ;

De celles des veuves ou orphelins de marins qui sont

(1) Un décret impérial du 4 août 1855 a augmenté de 105 fr. le maximum et le minimum de la pension de retraite des grades inférieurs à celui d'officier.

morts des suites de blessures reçues, soit dans un combat, soit dans un service commandé ou requis. *(Même loi)*. (1).

Il ne s'agit que des pensions réglées d'après la loi du 13 mai 1791 et les actes subséquents, lesquelles sont payées aux marins inscrits, à leurs veuves ou orphelins, quelle que soit d'ailleurs la durée de leur service à l'État, et quand même ils n'auraient jamais servi.

Au moyen d'une retenue appropriée au genre de navigation qu'ils exercent et à l'espèce d'engagement qu'ils souscrivent en s'embarquant sur les bâtiments marchands, retenue dont le taux ne peut jamais excéder 3 p. 100 des salaires, les gens de mer ont la certitude de trouver, dans leurs vieux jours et à leur porte, au bureau du trésorier des invalides de leur quartier, la demi-solde attribuée au grade qu'ils avaient ou qu'ils auraient eu au service, supposant le cas où ils n'y auraient pas été appelés. Il en est de même des capitaines qui, s'ils ont fait du service avant l'obtention de leur brevet, ne font pour ainsi dire jamais partie des levées une fois reçus, et qui ne sont même admis sur la flotte qu'à titre de faveur.

Les demi-soldes sont acquises aux marins à 50 ans d'âge et après trois cents mois de services mixtes à l'État, sur les bâtiments du commerce et sur les bateaux de pêche (2). Leur taux varie depuis 8 fr. jusqu'à 31 fr. 25 cent. par mois (3).

Les demi-soldiers ont droit en outre à un traitement de

(1) Voir la loi spéciale du 3 mai 1856.

(2) Loi du 13 mai 1791 ; ordonnance du 9 octobre 1837.

Il faut avoir six ans de service à l'État pour faire admettre comme durée effective le temps d'embarquement sur les bateaux de pêche ; autrement, ce temps de navigation ne compte que pour trois quarts de sa durée.

(3) Budget du département de la marine pour 1853.

2 ou 3 fr. par mois, suivant la classe à laquelle ils appartiennent, pour chacun de leurs enfants au-dessous de 10 ans (1).

A 60 ans d'âge, ou pour cause d'aggravation d'infirmités, ils obtiennent un supplément de 6 ou 9 fr. par mois, suivant la classe (2).

Avec les suppléments et les traitements pour enfants, la moyenne des demi-soldes était, au 1er janvier 1852, d'environ 205 fr. par an (3).

Les veuves ayant droit à la pension, d'après la loi du 13 mai 1791, reçoivent la moitié de la demi-solde dont leur mari était titulaire ou qu'il aurait pu obtenir, plus le traitement mensuel de 2 ou 3 fr. dont il est parlé plus haut (4).

Les orphelins de père et de mère ont droit, jusqu'à l'âge de 14 ans accomplis, chacun au tiers de la demi-solde que son père avait obtenue ou à laquelle il aurait eu droit (5).

A défaut de veuves ou orphelins, les ascendants des marins tués dans les combats reçoivent chacun le tiers de la demi-solde qui aurait été accordée à son fils (6).

Indépendamment de ces demi-soldes, suppléments, traitements et pensions aux veuves, orphelins ou ascendants, une somme de 200,000 fr. est affectée, chaque année, en secours :

1° Aux familles des marins qui périssent sur les bâtiments de l'État ou en naviguant au commerce ;

2° Aux marins et ouvriers qui sont obligés d'abandonner,

(1) Loi du 13 mai 1791.
(2) Ordonnance du 5 octobre 1814.
(3) Budget de 1853.
(4) Loi du 13 mai 1791.
(5) *et* (6) Loi du 13 mai 1791.

avant l'accomplissement de la durée légale, l'exercice de leur profession, soit par accident, soit par maladie ou toute autre cause digne d'intérêt ;

3° Aux veuves et orphelins des officiers, marins et ouvriers qui meurent sans avoir accompli entièrement les conditions voulues par la loi pour léguer à leurs familles un droit à la pension ;

4° Aux anciens pensionnaires aveugles ou mutilés, ou tombés dans le dénûment par des maladies ou autres causes, et dont la pension a été réglée sous l'empire de lois moins favorables que celle de 1831 (1).

Les demi-soldes des capitaines au long cours et des maîtres au cabotage sont réglées par l'ordonnance du 10 mai 1841.

Les pensions sur la caisse des invalides sont incessibles et insaisissables, sauf les restrictions posées par l'article 30 de la loi du 18 avril 1831.

Dans les ports et quartiers, le payement des demi-soldes et pensions est justifié par des états de revue que dressent les commissaires de l'inscription maritime, ce qui épargne aux titulaires les formalités et les frais d'un certificat de vie.

Il est un certain nombre de pensionnaires qui sont payés tous les mois, sur mandats d'à-comptes ; par ce moyen et par quelques autres facilités, l'administration les préserve, autant qu'il est en son pouvoir, de la nécessité de recourir à des emprunts onéreux (2).

Ainsi, pour le marin, pas de misère absolue ; moins de souci du lendemain que dans les autres classes de la société. S'il meurt avant d'avoir des droits à la demi-solde, il suit la loi commune ; s'il tombe infirme, il est secouru par la

(1) Budget de 1855.— En 1850, 4,551 personnes ont pris part à ce secours.

(2) Budget de 1855.

caisse des invalides ; à 50 ans d'âge et après trois cents mois de navigation mixte, le pain de sa vieillesse lui est assuré. Remarquons aussi que la jouissance de la demi-solde ne le prive pas de l'exercice de la navigation ou de la pêche.

Mais ce n'est pas tout : la loi a fixé, pour ses engagements avec les particuliers, des règles spéciales qui tendent toutes à lui assurer le prix de ses labeurs, tout en sauvegardant les intérêts des commerçants, qui, pour exposer leur fortune, réclament, de leur côté, une protection non moins bienveillante. Telle est la matière du traité que nous offrons au public.

Réflexions générales sur l'inscription maritime.

11. Un dernier mot sur le régime de l'inscription maritime.

Nous pensions, nous aussi, avant de nous livrer à l'étude approfondie nécessitée par cet exposé, que le marin obéissait à une loi oppressive, et nous nous proposions d'appeler l'attention sur des réformes qui nous paraissaient indispensables. Mais, en y réfléchissant davantage, nous nous sommes convaincu, non-seulement qu'il n'y avait rien à modifier à cet égard dans la législation, mais encore que si la classe des gens de mer est assujettie à un service rigoureux, elle est, de toutes celles qui ne peuvent vivre qu'en travaillant, la moins malheureuse et celle dont l'existence est le mieux assurée. Aussi est-il à remarquer que ce ne sont jamais les marins eux-mêmes qui ont réclamé contre les lois qui les régissent, mais, le plus souvent, des personnes auxquelles les choses de la marine étaient tout à fait étrangères (1).

(1) Dans la session de 1831, un député représentait l'inscription maritime comme une presse perpétuelle et arbitraire.

Le personnel de la flotte se recrute de deux manières : par l'inscription maritime et par le recrutement ordinaire (pour un tiers environ).

Dans le premier cas, nous avons dit que les marins appelés sur les bâtiments de l'État ne changeaient pas de profession ;

Dans le second cas, les jeunes gens affectés à l'armée de mer ne changent pas seulement de profession, mais ils sont placés sur un élément qui répugne même à la majeure partie d'entre eux, car on doit les choisir dans les cantons littoraux ; à défaut, dans les départements limitrophes (1) ; et il est évident que s'ils n'ont pas embrassé la carrière de la marine, c'est parce qu'ils n'en avaient pas la vocation.

A ce sujet, nous ferons remarquer que la légalité n'est pas toujours là où on la cherche, ce mode de recrutement étant au moins aussi violent que le serait l'inscription maritime sans ses compensations.

Or, supposons que, l'inscription maritime étant supprimée, l'armée navale se recrute, comme l'armée de terre, par le tirage au sort.

Si le contingent était réparti indistinctement sur tous les départements, il n'y aurait que fort peu de marins de profession sur les bâtiments de l'État.

Si, au contraire, on le formait de préférence sur les côtes, on n'obtiendrait pas, à beaucoup près, le nombre de marins que produit l'inscription maritime ; et les jeunes gens non marins des cantons littoraux ou limitrophes, qui, déjà, pourraient récriminer contre l'exception dont ils sont l'objet, auraient le droit de s'en plaindre avec bien plus de raison que les inscrits maritimes n'ont le droit de se plaindre

(1) Durat-Lasalle ; *Législation des armées de terre et de mer.*

des obligations tempérées qui résultent de leur profession.

Ainsi, d'un côté, infériorité marquée dans le personnel; de l'autre, arbitraire et chances amoindries de bon service. Il suffit donc de ce simple rapprochement pour montrer tout le mérite de l'inscription maritime.

Qu'a-t-on dit encore de l'institution?

On a dit qu'elle était un obstacle à l'accroissement du personnel des gens de mer.

L'état de guerre que nous venons de traverser a fait justice de cette assertion, car il a produit un grand nombre de nouveaux inscrits, et prouvé une fois de plus que tout le secret de l'accroissement du personnel maritime repose sur l'extension des armements commerciaux.

On a dit qu'il conviendrait de fixer une durée d'embarquement sur les bâtiments de l'État, après laquelle, *en temps de paix*, le matelot ne pourrait plus être levé.

Cette durée serait-elle inférieure à la moyenne du service actuel? serait-elle augmentée? ou bien resterait-elle ce qu'elle est aujourd'hui?

Elle ne pourrait être inférieure, car il n'est pas à supposer que la France entretienne, en temps de paix, plus de bâtiments armés qu'il n'est nécessaire, et, si elle était inférieure, il en résulterait d'ailleurs que, toutes les fois qu'il y aurait à donner un peu de développement à la force maritime, il faudrait, pour justifier la levée des marins ayant fait leur service, déclarer cette levée commandée par le cas de guerre, ce qui n'est pas admissible.

Dans le second cas, augmenter la durée du service, ce serait obliger l'État à entretenir une armée navale plus imposante que ne l'exigeraient les circonstances; et c'est bien assez que, pour sauvegarder le principe de la levée permanente, il reçoive tous ceux qui se présentent de bonne volonté et se contente d'appeler les marins qui sont encore sans services (1).

Dans le troisième cas, le chiffre restant le même, le service, en temps de paix, serait fait en une seule fois au lieu de l'être en deux ou trois fois; mais cette innovation, loin d'être accueillie avec faveur, serait, au contraire, une charge plus lourde et plus antipathique.

Enfin, le chiffre fixé serait-il celui de cinq années déjà proposé? Eh bien! si l'on veut consulter les registres de la levée permanente, on trouvera certainement que les marins âgés de 20 ans et sans services à l'État en 1835 n'avaient pas fait en moyenne (2), à la fin de 1854, c'est-à-dire dans la période de temps où ils pouvaient être requis, plus de cinq années de service, bien que les levées aient pris une grande extension à partir de 1853, en prévision de la guerre, qui a été déclarée le 27 mars 1854.

Les auteurs de la proposition étaient-ils bien fixés, au surplus, sur la portée de leur expression « en temps de paix. » Ne faut-il pas, pendant la paix, se préparer à la guerre? Et quelle que soit l'aptitude des marins ayant déjà servi, ne faut-il pas, avant de les opposer à l'ennemi, les exercer de nouveau aux manœuvres des bâtiments de l'État, au service militaire, et, avant tout, les faire arriver sur la flotte, opération toujours trop longue, quoiqu'elle se fasse

(1) Nous ferons observer que, sans avoir égard au nombre des marins qui se présentent de bonne volonté, il est nécessaire de ne jamais suspendre l'action de la levée permanente pour les marins sans services, parce que c'est le seul moyen de trouver dans l'inscription maritime un personnel redoutable, déjà plié à la discipline et exercé au combat.

(2) Nous disons *service moyen*, parce qu'il y a des positions exceptionnelles, telles que l'embarquement sur un bâtiment faisant une longue campagne, etc., qui ne permettent pas toujours de débarquer les marins après l'expiration de leur temps de service.

avec la plus grande célérité ? Rappelons-nous nos désastres maritimes ! Ce n'est pas le courage qui nous a manqué, mais l'entente du service et l'habitude de la discipline.

Les conseils-généraux ont demandé, à plusieurs reprises, que les autorités locales fussent consultées sur l'opportunité de la levée d'un marin.

Cette formalité devient inutile dans l'application de la levée permanente.

Mais nous ne saurions nous arrêter à réfuter tout ce qui a été dit à ce sujet. Il y a trois parties intéressées au maintien de l'inscription maritime : les matelots, le commerce et l'État.

Les matelots, aussi longtemps qu'ils conserveront les avantages que leur ont accordés les lois et règlements, repousseront toujours l'idée de supprimer l'institution, parce qu'ils savent que, sans l'institution, il n'y aurait plus pour eux ni privilèges, ni bonne paye au service, ni demi-soldes, ni secours, ni protection particulière de la part des agents de la marine.

Les armateurs ne s'opposeront pas non plus à sa conservation, parce que la police spéciale des inscrits maritimes est la meilleure garantie des engagements que les matelots contractent avec eux.

L'État seul pourrait y trouver des inconvénients, parce qu'il est dans l'obligation de procurer de l'emploi aux matelots, soit en recevant ceux qui, faute d'occupation, se présentent volontairement, soit en encourageant la navigation, ce qui n'est pas toujours conciliable avec les ressources financières. Mais l'histoire est là qui nous avertit d'accroître le personnel maritime ; et, quand nous avons sous les yeux l'exemple de l'Angleterre, qui, malgré toutes ses ressources, cherche encore à former de nouveaux matelots, la France ne peut renoncer à une de ses plus belles institutions.

L'inscription maritime n'a passé par aucune des phases du raccolage, de la circonscription militaire et du recrutement actuel. Elle est, depuis bientôt deux siècles, organisée à peu près comme à son origine. C'est que les idées mères ne se modifient point ; c'est que celle-ci ne renfermait, à l'époque de son application, aucun germe de réforme.

Répétons-le :

Un mode de recrutement qui ne s'exerce que sur des hommes de bonne volonté, dès lors qu'ils ont la faculté de se soustraire à ses conséquences par la renonciation à la navigation ; qui consiste à ne rien changer ni à leurs mœurs, ni à leurs habitudes, à leur donner sur la flotte une paye à peu près équivalente à celle qu'ils recevraient au commerce, à les protéger dans mille occasions, à les entretenir dans leur vieillesse, ce mode de recrutement ne doit pas être abandonné. On ne pourrait lui préférer aucun de ceux qui ont été adoptés jusqu'ici pour l'armée de terre, quand bien même on arriverait, sous le rapport de l'aptitude, à des résultats aussi satisfaisants, puisque, sans donner lieu à aucune dépense, il tient à tout instant à la disposition du pays une réserve ayant déjà fait au moins trois années de service, c'est-à-dire la portion la plus redoutable du personnel de l'inscription maritime.

CHAPITRE Ier.

PRINCIPES GÉNÉRAUX.

SECTION Ire. — DÉFINITIONS.

Définition générale de l'homme de mer.

12. Si le marin, par le fait de sa profession, est soumis à un régime exceptionnel, le domaine de la mer lui est, en compensation, exclusivement réservé, et nul ne peut faire son métier de la navigation ou de la pêche maritime qu'en s'assimilant à lui.

« La législation maritime a toujours eu en vue (dit le » ministre de la marine au préfet du Finistère, dans une » dépêche du 7 mai 1852) d'assurer le bénéfice des choses » de la mer aux individus qui supportent les charges de » l'inscription maritime. »

Ce privilége exclusif, les marins l'exercent non-seulement sur toutes les eaux salées, mais encore sur les fleuves, rivières et canaux affluant directement ou indirectement à la mer, jusqu'aux points où l'action de la marée se fait sentir, et, pour ceux où il n'y a pas de marée, jusqu'aux lieux où les bâtiments de mer peuvent remonter (1).

Toutefois, en ce qui touche la pêche fluviale, si le marin

(1) Loi du 3 brumaire an IV; décret-loi du 21 février 1852, article 1er; décret-loi du 10 mars 1852, article 1er.

Les limites de l'inscription maritime ont été fixées par quatre décrets du 4 juillet 1853, pour les arrondissements maritimes de Cherbourg, Brest, Lorient et Rochefort. Voir, pour l'arrondissement de Toulon, l'ordonnance du 10 juillet 1835.

inscrit peut seul l'exploiter jusqu'aux limites ci-dessus indiquées, il doit, à partir du point où les eaux cessent d'être salées, se soumettre aux règles de police et de conservation établies pour cette pêche (1).

Le marin gagne sa vie, soit en conduisant une barque ou un bâtiment dont il est lui-même propriétaire ou locataire, soit en s'engageant pour faire partie de l'équipage des bâtiments qui sont sous la direction d'autrui.

Dans le premier cas, il rentre dans la catégorie des armateurs, et il ne peut être ici question de lui qu'au point de vue des obligations qu'il contracte envers ceux qu'il emploie. Voyons les conditions dans lesquelles il se trouve lorsqu'il fait partie de l'équipage d'un bâtiment :

D'après les principes du droit commun, le maître est cru sur son affirmation, pour la quotité des gages (1781, Code Napoléon) ;

L'ordonnance du mois d'août 1681 (art. 1er, titre IV, livre III) et celle du 31 octobre 1784 (art. 12, tit. XIV) voulaient, au contraire, qu'à défaut de conventions écrites, les matelots fussent admis à faire preuve par serment des conditions de leur engagement, et ces conditions sont aujourd'hui constatées par une pièce authentique (le rôle d'équipage). (2).

Le maître est cru sur son affirmation, pour les à-comptes donnés pour l'année courante (1781, Code Napoléon) ;

(1) Il résulte d'une circulaire du 8 décembre 1852 (*Bulletin officiel de la marine*, 2e semestre, 510), que le point de cessation de la salure des eaux dans les fleuves et rivières affluant à la mer est fixé à marée haute de pleine ou nouvelle lune, au lieu de l'être au point où se font sentir les plus hautes marées, comme sont fixées les limites de l'inscription maritime.

(2) Tous ces points étant traités dans l'ouvrage, on se borne ici à des énonciations.

Défense est faite de donner des à-comptes aux marins embarqués sans en avoir obtenu l'autorisation des commissaires de l'inscription maritime, en France et aux colonies, et des consuls de France, en pays étranger; et encore faut-il que les à-comptes soient remis en présence de ces fonctionnaires (1).

Le maître est cru sur son affirmation, pour le payement des gages de l'année courante (1781, Code Napoléon);

Les gages des marins ne peuvent être payés, comme les à-comptes, qu'en présence et avec l'attache des agents ci-dessus dénommés (2).

Ajoutons que la loi a tracé, pour l'engagement des marins, des règles particulières, par exemple celle qui déclare leurs salaires insaisissables, et qu'elle n'en a tracé aucune pour le louage des domestiques et ouvriers.

Enfin, les serviteurs et domestiques peuvent être reprochés comme témoins (283, Code de proc. civ.);

L'audition des gens de l'équipage comme témoins est au contraire prescrite par l'article 247 du Code de commerce.

D'un autre côté, d'après les principes du droit commun, les obligations que contractent les uns envers les autres les maîtres et les domestiques ou ouvriers peuvent se résoudre en dommages et intérêts (1142, Code Napoléon);

Les matelots (3) sont tenus d'exécuter en personne le service qu'ils ont promis, sous peine d'être punis comme déserteurs, et ceux qui les ont loués ne peuvent les renvoyer avant le terme de leur engagement, sans l'autorisation du commissaire ou du consul (4);

(1), (2) *et* (4) Tous ces points étant traités dans l'ouvrage, on se borne ici à des énonciations.

(3) Comme dans toutes les publications de l'espèce, nous emploierons souvent le mot *matelots* pour désigner l'ensemble de l'équipage.

Les manquements des domestiques ou ouvriers envers leurs maîtres ne donnent pas lieu à l'application de peines spéciales ;

Ceux des matelots envers les capitaines ou officiers du navire sont sévèrement réprimés par la loi, et il importe de remarquer, à ce sujet, qu'elle ne punit que les faits intéressant le bâtiment (1).

De ces rapprochements, il faut donc conclure :

Que si les matelots sont gens à gages, ils ne doivent point être considérés comme des domestiques ;

Qu'ils sont attachés au service du navire sur lequel ils s'embarquent, et non pas à la personne des officiers qui les commandent, et que, s'ils doivent à ces derniers une subordination complète, ils ne leur sont soumis qu'à raison de ce service.

Il faut dire aussi, pour compléter ce qui précède, que la loi ne punit exceptionnellement que les manquements envers les chefs du bâtiment, et non pas ceux qui pourraient être commis envers le propriétaire ou l'armateur, qui cependant répond des loyers.

Différentes espèces d'engagement des marins.

13. Les conditions d'engagement des équipages diffèrent suivant les usages des lieux où sont armés les bâtiments et suivant le genre de navigation auquel ces bâtiments sont affectés. Elles peuvent se classer en deux catégories bien distinctes : engagements à salaires fixes, et engagements à la part des profits éventuels de l'expédition. Les premiers se subdivisent en engagements au mois et engagements au

(1) Voir le décret disciplinaire et pénal pour la marine marchande, du 24 mars 1852.

voyage ; les derniers, en engagements au fret et engagements au profit.

L'*engagement au mois* est celui par lequel les marins s'engagent à faire le service d'un bâtiment pendant un temps déterminé, moyennant une certaine somme qui leur est payée par mois.

L'*engagement au voyage* est celui par lequel ils s'engagent pour un voyage ou une campagne, moyennant une somme qui leur est payée pour tout le voyage ou pour toute la campagne, quelle qu'en soit la durée.

L'*engagement au fret* est celui par lequel ils s'engagent pour un temps déterminé, moyennant une part qui leur est attribuée dans le fret opéré par le bâtiment.

L'*engagement au profit* est celui par lequel ils s'engagent pour une expédition, pour un voyage ou pour un temps déterminé, moyennant une part dans les produits ou les bénéfices réalisés pendant la durée de leur embarquement.

Quelle que soit la nature de leur engagement, les matelots sont soumis à la même police et à la même discipline; la loi ne fait, à cet égard, aucune distinction.

SECTION II. — EMBARQUEMENT DES MARINS SUR LES BATIMENTS DE COMMERCE.

Formation de l'équipage et constatation de l'engagement.

14. « Il appartient au capitaine de former l'équipage et » de choisir et louer les matelots et autres gens de l'équi- » page ; ce qu'il fera, néanmoins, de concert avec les ar- » mateurs, lorsqu'il sera dans le lieu de leur demeure. » (Code de commerce, 223).

Cette disposition, prise dans l'ordonnance de 1681, se retrouve dans la majeure partie des lois que suivaient les nations commerçantes antérieurement à cette ordonnance; elle a donc pour elle la consécration du temps. S'il est nécessaire, en effet, que le capitaine choisisse lui-même les hommes auxquels il doit commander, afin que, les connaissant bien, il sache au juste ce qu'il doit attendre de leurs services, on ne peut, d'un autre côté, refuser à l'armateur le droit de se les faire présenter, car c'est l'armateur qui, en fin de compte, acquitte les gages, qui répond des fautes et délits de l'équipage (1), comme il répond des faits du capitaine (2); c'est lui qui est la partie la plus intéressée au succès de l'expédition; et il est, dès lors, de toute équité qu'il soit consulté sur le choix des marins engagés et surtout sur la quotité des loyers. C'est toujours ainsi, d'ailleurs, que l'on opère dans la pratique : chaque fois qu'il est délivré un nouveau rôle d'équipage, la soumission dont nous avons parlé dans l'introduction est signée par le capitaine et par l'armateur, ou, si l'armateur n'est pas sur les lieux, par la personne qui le représente dans le port; et l'on suit en cela l'opinion de Valin, qui, lorsqu'un armement est effectué par le ministère d'un commissionnaire ou correspondant, pense que le capitaine doit concerter l'engagement de son équipage avec ce mandataire.

Remarquons toutefois à ce sujet, que, d'après les termes du Code, l'engagement de l'équipage serait parfaitement valable avec la signature seule du capitaine, en l'absence de l'armateur et à défaut de réclamation de la part du commissionnaire auquel celui-ci aurait transmis ses pouvoirs.

Lorsque le navire est sur son départ, un jour est fixé

(1) 1384, Code Napoléon.
(2) 216, Code Napoléon.

pour la revue du commissaire de l'inscription maritime, qui, après avoir vérifié les pièces dont les marins sont porteurs et s'être assuré que rien ne s'oppose à leur embarquement, les inscrit sur le rôle d'équipage avec les conditions de leur engagement (n° 5).

Il y a toutefois des circonstances où les capitaines ont beaucoup de peine à réunir leurs hommes pour les présenter à jour fixe au commissariat de la marine, et nous croyons, en conséquence, devoir faire remarquer que, lorsqu'elles se présentent, rien ne s'oppose à ce que les gens de l'équipage soient inscrits sur le rôle au fur et à mesure qu'ils sont engagés, sauf à ne faire courir leurs salaires et à ne compter le temps de leur navigation qu'à dater du jour où ils commencent leur service. Les capitaines ne sont pas, dès lors, exposés à voir s'éloigner d'eux impunément, le lendemain, l'homme qu'ils ont engagé la veille, puisque l'inscription sur le rôle d'équipage a eu lieu, et qu'aux termes de l'article 3 du décret-loi du 24 mars 1852, les gens de mer, à partir de cette inscription, tombent sous l'application de la législation spéciale qui ne leur permet pas de rompre d'eux-mêmes leur engagement.

Il existe, dans les grands centres de commerce maritime, des individus qui, désignés par les matelots sous le nom de *marchands d'hommes*, s'occupent de recruter les équipages des bâtiments du commerce. Cette profession n'est d'aucune utilité lorsqu'elle s'applique aux matelots sans emploi, car ceux-ci se tiennent ordinairement sur le port, où ils ont connaissance de tous les mouvements de la rade, et n'ont pas besoin d'intermédiaires pour se présenter aux capitaines ou aux armateurs des navires en armement. Elle ne trouve en réalité de raison d'exister que lorsqu'il n'y a pas de gens de mer inactifs dans le port, et que les équipages des navires en armement ne peuvent être formés qu'en débauchant des marins déjà embarqués, soit par l'offre de certains avantages, soit en nourrissant les griefs vrais ou supposés que ceux-ci pourraient invoquer pour demander leur débarquement. Mais, dans ce cas, elle devient un foyer d'indiscipline, de désertion, etc., qui doit la faire réprouver par tous les moyens possibles, d'autant plus qu'elle présente encore l'inconvénient, par la rétribution que demandent aux deux parties les agents de ces sortes de placements, de réduire la solde des gens de mer et de faire peser sur le commerce maritime un impôt dont il doit être affranchi. Si d'ailleurs, pour des motifs que nous n'apercevons pas, on jugeait utile d'informer, les matelots, des navires en armement, et les armateurs, des gens de mer sans emploi, il suffirait d'ouvrir, au bureau de l'inscription maritime, deux registres distincts dont les parties intéressées pourraient prendre connaissance à toute réquisition.

Le rôle d'équipage seul fait foi des conditions d'engagement de l'équipage d'un navire armé.

15. Les dispositions que nous avons fait connaître (nº 5) au sujet du rôle d'équipage, semblent contrariées par l'article 250 du Code de commerce, ainsi conçu :

« Les conditions d'engagement du capitaine et des hom-
» mes d'équipage sont constatées par le rôle d'équipage ou
» par les *conventions des parties.* »

En effet, cet article, isolé des autres dispositions qui régissent la matière, donne à penser que les parties ont la faculté d'arrêter des conventions sans les faire porter *toutes* sur le rôle d'équipage, et que, même il leur est permis de les constater indistinctement, soit par le rôle d'équipage, soit de toute autre manière.

Il suffira de quelques explications pour montrer qu'il n'a rien été changé, sous ce rapport, à ce qui se pratiquait avant la promulgation du Code.

Le rôle d'équipage, créé par l'édit de 1673, ne consistait que dans l'obligation, pour le capitaine, « de remettre, sous » peine de 300 liv. d'amende, au greffe de l'amirauté du » lieu où il faisait son armement, un rôle exact de son » équipage, visé et certifié par le commissaire des classes ; » et conséquemment cette mesure ne concernait que la police des classes et la police de la navigation.

L'ordonnance du 15 avril 1689, en reproduisant cette disposition, n'y a rien ajouté en ce qui touche la constatation de l'engagement des gens de mer, dont les intérêts étaient suffisamment sauvegardés par l'article ci-après de l'ordonnance du mois d'août 1681 :

« Les conventions des maîtres avec les gens de leur équi- » page seront rédigées par écrit et en contiendront toutes » les conditions, sinon les matelots en seront crus à leur » serment. » (Art. 1er, tit. IV, liv. III).

La retenue opérée, à partir de 1709, sur les salaires des marins, et réglementée dans toutes ses parties par l'édit de juillet 1720, commandait diverses mesures propres à en assurer le recouvrement : l'édit prescrivit, par l'article 7, titre VI, de mentionner sur les rôles d'équipage les salaires fixes ou éventuels accordés aux matelots; et par l'article 18 du même titre, il fut ordonné :

« Aux capitaines, maîtres et patrons, à leurs officiers- » mariniers, matelots et autres, de *déclarer au juste*, aux » officiers chargés du soin des classes, les conditions de leurs » engagements avec leurs armateurs, à peine, pour les con-

» trevenants, de perdre ce qui leur reviendrait pour leur » voyage, avec injonction aux armateurs de faire les mêmes » déclarations, à peine de 100 liv. d'amende en cas de con- » travention. »

Plus tard, l'ordonnance du 31 octobre 1784 (1) disposa (tit. XIV, art. 9) :

« Les capitaines des navires en armement qui présente- » ront au bureau des classes les gens de mer par eux en- » gagés pour former leurs équipages, *présenteront en même » temps les conventions qu'ils auront faites avec eux, re- » lativement à leurs salaires ou parts,* lesquelles seront » rédigées par acte public, ou sous seing privé, en double » original, dont l'un demeurera au pouvoir desdits gens » de mer; ou, s'ils ne savent pas écrire, lesdites conven- » tions seront portées sur le livre de bord, tenu conformé- » ment à ce qui est prescrit par l'ordonnance de 1681 et » paraphé par le lieutenant de l'amirauté.

» Art. 10. *Les commissaires des classes feront faire » lecture desdites conventions en présence des gens de » l'équipage, et en feront note sur leurs livrets, si aucun » d'eux ne réclame;* ces notes seront certifiées et signées » par le capitaine du navire et *par lesdits commissaires, » qui noteront pareillement les salaires sur les rôles » d'équipage,* et liquideront au désarmement les retenues » pour les invalides de la marine, relativement auxdites » conventions.

» Art. 12. A défaut des conventions rédigées par acte » public ou sous seing privé en double original, *les notes » des livrets feront foi en justice* dans les contestations

(1) Cette ordonnance a force de loi, nonobstant le défaut de preuve d'enregistrement aux parlements. (Décret-loi du 4 mars 1852. — Voir arrêt de la Cour de cassation, du 13 février 1852. — *Bulletin officiel de la marine*).

» qui pourront s'élever entre les capitaines et maîtres et » les gens de leurs équipages, relativement à l'exécution » de leurs conventions respectives; et au cas que lesdits » capitaines et maîtres aient négligé de faire faire lesdites » notes sur les livrets, les matelots en seront crus à leur » serment. »

Nous avons vu (n° 5) que toutes ces formalités sont applicables aux marins embarqués en cours de voyage, suivant l'article 13 de ladite ordonnance.

Ainsi, aux termes de l'ordonnance de 1784, aucune convention pour l'engagement des gens de mer ne devait être faite à l'insu du commissaire, qui en donnait lecture à l'équipage, en prenait note sur les livrets (1), et portait enfin les salaires sur le rôle du bâtiment, ce qui revient à dire qu'il y inscrivait aussi les conventions qui sont la base des salaires.

Cela posé, si l'on considère que, depuis sa création, le rôle d'équipage a été obligatoire pour toute navigation maritime ;

Que le Code de commerce lui-même prescrit au capitaine d'avoir à bord son rôle d'équipage (art. 226) ;

On en conclut nécessairement que ce Code n'a pu autoriser les parties à stipuler des conditions d'engagement qui ne seraient pas mentionnées sur les rôles d'équipage, et que, par conséquent, l'article 250 a un autre sens que celui qu'il paraît avoir, pris isolément.

Locré ne s'arrête pas à la lettre de cet article; il s'attache plutôt à combattre la disposition de l'ordonnance de 1681, qui permettait aux matelots de faire preuve de leurs con-

(1) Le livret est tombé en désuétude, comme formant superfétation avec les matricules et les rôles d'équipage, dont il n'était que la reproduction.

ventions par serment (1), et conclut « *qu'à défaut de rôle* » *d'équipage,* les parties doivent être regardées comme » s'en étant rapportées à l'usage des lieux. » Puis il ajoute « qu'il ne pourra jamais s'élever de contestation sur la quo- » tité des loyers, parce qu'il y aura toujours, pour la déci- » der, ou un rôle d'équipage, ou une convention écrite, ou » une convention tacite formée par l'usage. »

Il dit aussi, dans un autre passage, que, sous le régime de l'ordonnance de 1681, on s'en rapportait au rôle d'équipage (2), et que, *si le matelot n'avait pas passé la revue,* son salaire était réglé sur le prix commun du lieu où l'engagement avait été fait.

En définitive, bien que la pensée de l'auteur ne soit pas très-nettement exprimée, il résulte cependant de ses explications que l'article 250 doit être interprété en ce sens, que les conditions d'engagement des gens de mer sont en principe constatées par le rôle d'équipage, et que ce n'est qu'à défaut de cette pièce, c'est-à-dire lorsque le navire n'est pas encore armé, qu'il peut y être suppléé par des conventions particulières.

Remarquons enfin que la loi du 7 janvier 1791, rappelée n° 5, a non-seulement conservé aux commissaires de l'inscription maritime le droit exclusif de constater l'engagement des marins embarqués sur les bâtiments du commerce, mais qu'elle est encore plus explicite à cet égard que l'ordonnance de 1784 elle-même, imbue des suscepti-

(1) On doit croire que Locré a été trompé lorsqu'en donnant les motifs pour lesquels la preuve par serment n'a pas été conservée, il dit des matelots : « espèce d'hommes dont l'immoralité est presque générale. » Il n'y a pas de classe, au contraire, qui ait de meilleurs sentiments que celle-ci, dont la vie n'est qu'une suite non interrompue de privations, de souffrances, de dangers et d'abnégations.

(2) Valin, Commentaires sur l'article 10, titre Ier, livre II.

bilités de l'amirauté et des attaques que Valin avait dirigées contre le pouvoir des commissaires des classes.

La loi du 7 janvier 1791 porte, en effet : « Ils (les com-
» missaires) seront chargés de l'expédition et de la déli-
» vrance des rôles d'équipage, *de la certification de tous*
» *extraits de pièces nécessaires pour constater* l'état des
» gens de mer et *leurs conventions avec leurs armateurs.* »

Ainsi, rapproché de la législation antérieure, l'article 250 du Code de commerce ne peut recevoir d'autre interprétation que celle qui résulte des explications données par Locré. Son rapprochement de l'article 192, § 4, portant que « les gages et loyers de l'équipage sont constatés par
» les rôles d'armement et désarmement arrêtés dans les
» bureaux de l'inscription maritime, » et qui eût dispensé de toute autre preuve (car il implique la mention auxdits rôles de toutes les conditions d'engagement), est trop concluant pour qu'il soit rien ajouté à cette dissertation.

Nous conclurons, en conséquence, de ce qui précède :

1° Que, si l'engagement a lieu et reçoit son exécution avant l'inscription du marin sur le rôle d'équipage, les contestations qui pourraient s'élever à raison de cet engagement seront décidées suivant les conventions des parties, et, à défaut, suivant l'usage des lieux ;

2° Que toute convention qui, après cette inscription, n'y serait pas mentionnée, ne pourrait être invoquée en justice, soit que les conditions qu'elle ne relaterait pas aient été faites antérieurement, soit qu'elles aient été faites postérieurement à ladite inscription, et quand même les conventions ainsi soustraites à l'examen de l'autorité maritime ou des consuls auraient été passées devant notaire (1) ; car,

(1) Il y a lieu de remarquer, en effet, que si, aux termes de l'article 10, titre XIV, de l'ordonnance du 31 octobre 1784, les conventions pour l'enga-

aux termes des actes précités, le rôle d'équipage doit reproduire toutes les conditions d'engagement des gens de mer embarqués ;

3° Que de cette obligation de mentionner toutes les conditions d'engagement sur les rôles d'équipage, et de la teneur de l'article 192 du Code de commerce, il découle nécessairement que le rôle d'équipage, quand il est ouvert, fait aujourd'hui seul foi desdites conditions (1).

Quoi qu'il en soit, nous avons des raisons de penser que les conventions arrêtées entre les équipages et les armateurs ne sont pas toujours déclarées sans réserve à l'autorité qui délivre les rôles d'équipage, et c'est pour fournir les moyens de combattre et de réprimer cette irrégularité, souvent une fraude, que nous sommes entré dans tous ces détails. Nos appréhensions sont, au surplus, corroborées par les annotations de M. Rogron, qui, en avançant que

gement des gens de mer devaient être constatées par acte public ou par acte sous seing privé en double original, et que si, rédigées dans cette forme, elles faisaient foi en justice, aux termes de l'article 12, c'était à la condition qu'en vertu de l'article 11, elles fussent *présentées au commissaire, qui en donnait lecture à l'équipage et les portait sur le rôle.* Le rôle d'équipage, lorsqu'il avait été ouvert, faisait donc, en définitive, seul foi desdites conventions.

En ce qui touche les actes notariés, nous ne voulons pas contester la parité d'authenticité entre l'acte passé devant notaire et le rôle d'équipage dressé par le commissaire; mais il était nécessaire de constater que les conventions déclarées à l'autorité maritime peuvent seules être admises comme expression de l'engagement des marins embarqués sur les bâtiments du commerce, parce qu'il s'agit ici d'un contrat qui n'a de force qu'autant qu'il a été soumis à l'examen d'un fonctionnaire spécialement désigné à cet effet par la loi.

(1) Ainsi, le décret disciplinaire et pénal pour la marine marchande, qui ne s'applique qu'aux individus portés sur le rôle d'équipage (art. 3) ne pourrait être invoqué pour faire exécuter des conventions qui n'y seraient pas mentionnées, car elles seraient irrégulières.

les conventions des parties peuvent servir, concurremment avec le rôle d'équipage, à déterminer les conditions d'engagement, n'a pas craint de jeter ainsi le désordre dans cette partie de la législation.

Les équipages ayant tout intérêt à ce que les conditions de leur engagement soient, sans restriction, constatées par le rôle du bâtiment, puisque l'article 192 du Code de commerce ne reconnaît pas d'autre justification de leurs loyers (1), et qu'ils pourraient même être condamnés à les perdre, aux termes de l'édit de 1720, voyons ce que les armateurs pourraient valablement objecter pour se soustraire à cette obligation.

Objecteraient-ils que les rôles d'équipage ne sont pas établis de manière à permettre d'y mentionner toutes les conditions qui peuvent être faites, suivant le genre de navigation;

Que les commissaires s'opposeraient sans doute à les mentionner toutes, etc.

Quant au format et à la contexture du rôle, rien n'empêche de les modifier; il suffirait pour cela d'une démarche auprès du département de la marine.

L'objection tombe d'ailleurs devant l'usage établi d'annexer les conventions au rôle d'équipage lorsqu'elles sont un peu compliquées.

En ce qui touche l'opposition des commissaires, il faudrait distinguer.

Ils ne refusent certes pas d'insérer les conditions qui sont conciliables avec les lois et règlements. C'est ainsi que le commerce maritime s'étant plaint, lors de l'enquête sur la

(1) Si Rogron avait seulement rapproché l'article 250 de l'article 192, il se serait convaincu, sans autre recherche, qu'il n'y a pas d'autre sens à prêter au premier de ces articles que celui que nous lui avons donné.

cherté de la navigation, de ne pouvoir contracter avec les matelots des engagements d'une durée suffisante pour le succès de ses expéditions, le ministre de la marine prescrivit, par une circulaire du 22 novembre 1827, de faire, lorsqu'il y aurait lieu, sur les rôles d'équipage, une mention spéciale de la clause par laquelle les marins s'obligeraient à suivre, dans toutes les escales, le navire sur lequel ils seraient embarqués.

Mais quand il s'agit de clauses dérogeant aux prescriptions d'ordre public et d'intérêt général, le commissaire qui refuse de les consacrer obéit à l'un de ses premiers devoirs (1) ; et l'on doit considérer comme telles, c'est-à-dire comme non susceptibles d'être modifiées par des conventions particulières (2), toutes les dispositions de nos lois qui, assurant des moyens d'existence aux marins et à leurs familles, et atténuant, autant que possible, les effets du rude métier de la mer, ont pour objet d'encourager la navigation et d'augmenter le nombre des marins.

Nous avons sous les yeux un acte du gouvernement de la Grande-Bretagne par lequel cette puissance assujettit l'engagement des équipages de la marine marchande à des formalités nombreuses et protectrices, et leur accorde des avantages et des garanties de toute sorte, en déclarant, dans son préambule, que la « prospérité, la force et la » sûreté du Royaume-Uni et des possessions de S. M. dé- » pend principalement d'une réserve de marins nombreuse » et constamment disponible, et que, dès lors, il importe » d'augmenter le chiffre des matelots et de leur procurer

(1) Rapport du décret du 4 mars 1852.

(2) Code Napoléon, article 6.

Le décret du 4 mars 1852 indique les principales dispositions qui doivent être considérées comme étant d'ordre public.

» l'encouragement et la protection qui leur sont dus (1). »

Lorsque l'Angleterre en agit ainsi, la France abandonnerait-elle ses marins à l'égoïsme de la spéculation !

Or, les conventions non déclarées à l'autorité maritime ne pouvant avoir d'autre but que de déroger aux lois d'ordre public, puisque, si elles n'y dérogeaient pas, il serait inutile de les soustraire à son appréciation, il faut en conclure une dernière fois qu'elles sont nulles devant le rôle d'équipage, et qu'elles peuvent même donner lieu à des peines, si elles ont pour effet d'amoindrir les salaires.

Comment sont constatés les engagements des marins dans un port où il n'y a pas d'autorité française.

16. Lorsqu'un matelot est engagé en pays étranger, dans un port où il n'y a pas d'autorité consulaire, l'article 13, titre XIV, de l'ordonnance du 31 octobre 1784 prescrit au capitaine de faire porter les conditions d'engagement sur le rôle d'équipage au premier port où il trouvera une autorité maritime.

Dans ce cas, d'ailleurs assez rare, les contestations qui se rapporteraient à la période comprise entre l'embarquement des marins et l'accomplissement de cette formalité, ne pourraient être décidées que par l'usage ou par les conventions des parties; et nous trouvons ici la preuve que l'article 250 du Code de commerce, loin de présenter une idée de parité entre le rôle d'équipage et les conventions des

(1) « Whereas the prosperity, strength and safety of the United-Kingdom » and her Majesty's dominions, do greatly depend on a large, constant and » ready supply of seamen; and it is therefore expedient to promote the » increase of seamen and to afford them all due encouragement and protection ». (7 and 8 Victoria, cap. 112. — *The Master Mariner's Handbook*, 1852, » page 116). »

parties, pour constater l'engagement des matelots, ne peut avoir eu en vue, en mentionnant ces dernières, que les circonstances où lesdites conventions ne pourraient figurer sur le rôle.

Comment sont conférés les titres des membres de l'équipage.

17. Nous avons fait connaître la composition de l'équipage d'un bâtiment du commerce, et nous avons indiqué le *second* et le *lieutenant* comme les premières personnes du navire après le capitaine. Le décret-loi du 24 mars 1852 les comprend sous le titre d'*officiers*. Ils ne sont pas, comme le capitaine, assujettis à des conditions de nomination; ils doivent seulement, quand ils naviguent au long cours, le second, être âgé de vingt-un ans et avoir fait quarante-huit mois de navigation; le lieutenant, être âgé de dix-huit ans et avoir navigué pendant douze mois (1).

Il y a d'abord lieu de constater ici une véritable lacune en ce qui touche la navigation au grand cabotage, qui réclame autant d'aptitude chez les officiers que la navigation au long cours.

Revenant aux officiers des bâtiments qui font cette dernière navigation, nous ne dirons rien du lieutenant; mais le second, comme son nom l'indique, étant appelé à remplacer le capitaine dans tous les cas d'empêchement, très-nombreux assurément, et les capitaines et armateurs n'ayant aucun moyen sérieux d'éclairer leur choix (car la condition de vingt-un ans d'âge et de quarante-huit mois de navigation est insignifiante), il est regrettable qu'on n'ait pas tracé plus étroitement le cercle en dehors duquel on ne pourrait choisir un membre aussi utile de l'équipage.

(1) Ordonnance du 1er janvier 1786, articles 15 et 11.

L'obéissance et le respect ne se commandant d'ailleurs que par la supériorité, cette anomalie est devenue plus frappante encore depuis qu'il existe dans la marine marchande une discipline plus complète créée par le décret-loi du 24 mars 1852.

A bord des bâtiments qui font de longs voyages, le second est ordinairement capitaine au long cours; mais ce n'est pas une règle, et il serait à désirer que les marins ne fussent admis à exercer ces fonctions, tant pour la navigation au long cours que pour le grand cabotoge, qu'après avoir fait preuve de leur aptitude à cet emploi devant une commission composée, par exemple, comme le prescrit le décret du 15 janvier 1852, pour l'examen des patrons-pêcheurs d'Islande. L'examen pourrait être restreint aux connaissances pratiques; il ne serait subi qu'une seule fois, c'est-à-dire qu'il servirait pour tous les cas où le marin naviguerait en qualité de second; et les commissions d'examen, purement locales, ne fonctionneraient qu'au fur et à mesure des besoins dûment constatés. Enfin, cette épreuve, qui ne contrarierait que les incapables, et qui, toute dans l'intérêt de la navigation, ne lui imposerait aucune charge nouvelle, comporterait toutefois une exception en faveur des maîtres au cabotage naviguant comme seconds.

Il est bien entendu que l'admissibilité résultant de l'examen dont il s'agit, ne conférerait aucun autre titre que la reconnaissance de l'aptitude à remplir les fonctions de second à bord des bâtiments faisant les voyages de long cours et de grand cabotage, et ne modifierait pas le grade au service de l'État.

Ainsi, dans l'état actuel des choses, on peut dire que le capitaine et l'armateur seuls confèrent le titre de second et de lieutenant aux marins qu'ils emploient en cette qualité ; il en est de même du maître d'équipage. Quant aux matelots, novices et mousses, nous avons vu (n° 6) les dispositions qui les concernent.

L'ordonnance du 17 janvier 1846, relative aux bâtiments à vapeur français destinés à la navigation maritime, porte, article 40 (1) :

« Nul ne pourra être employé en qualité de *mécanicien,* » s'il ne produit de certificats de capacité délivrés dans les » formes qui seront déterminées par notre ministre des » travaux publics. »

Nous sommes fondé à dire que, jusqu'ici, cette disposition n'a pas été exécutée, ou que, du moins, elle n'a reçu qu'une exécution incomplète, et cela est d'autant plus regrettable, en ce qui touche la navigation maritime proprement dite, qu'ici la plus légère faute du mécanicien peut compromettre l'expédition et mettre la vie des personnes en danger.

Les mécaniciens ne sont pas considérés comme *officiers* par le décret-loi du 24 mars 1852 (voyez art. 57) ; mais, par assimilation aux emplois de cette nature à bord des bâtiments de la flotte (voyez art. 4 et 53 de l'ordonnance du 28 novembre 1845 (2), il y a lieu de les placer, dans la hiérarchie du personnel des bâtiments du commerce, sur la même ligne que le maître d'équipage.

Le personnel d'un navire marchand comporte des *subrécargues* ou *gérants* qui, le plus souvent, n'empruntent cette qualification que pour se soustraire à l'inscription maritime, tout en exerçant à bord des emplois qui les en rendent passibles, ou pour se substituer à l'autorité du capitaine. L'abus peut être réprimé par des enquêtes auxquelles

(1) *Annales maritimes* de 1846, page 269.

(2) *Annales maritimes* de 1846, page 5.

les autorités maritimes ne doivent pas hésiter de procéder, lorsqu'elles ont des doutes sur les véritables fonctions des individus embarqués sous la dénomination dont il s'agit. Ces doutes se justifieraient, par exemple, en ce qui touche la substitution du subrécargue à l'autorité du capitaine, par la circonstance que ce subrécargue serait un marin, car une telle fonction, comme le nom l'indique, n'exigeant aucune connaissance nautique, il serait en quelque sorte impossible que celui qui l'aurait prise n'ait pas cherché à empiéter sur les attributions du capitaine.

Les subrécargues sont considérés comme *officiers* par le décret-loi du 24 mars 1852 (art. 37).

Il sera ci-après parlé du *chirurgien*.

Embarquement des marins mineurs.

18. L'article 5 de la loi du 3 brumaire an IV oblige le marin âgé de dix-huit ans révolus, qui a rempli les conditions de navigation exigées pour être compris dans l'inscription maritime, à se présenter, accompagné de son père ou de deux de ses plus proches parents ou voisins, au bureau de l'inscription maritime, où, après lui avoir donné connaissance des lois et règlements qui déterminent les droits et les obligations des marins inscrits, on doit l'inscrire définitivement. Toutefois, sa présence et celle de son père ou de deux de ses plus proches parents ou voisins n'est pas indispensable à cette opération, car il est décidé par l'article 6 que celui qui, ayant atteint l'âge de dix-huit ans révolus et ayant rempli l'une des conditions exigées, continue la navigation ou la pêche sans se faire inscrire au bureau de son quartier, n'en doit pas moins être compris dans l'inscription maritime, parce qu'il est censé y avoir consenti par le fait seul qu'il continue à naviguer.

Quoi qu'il en soit, il est procédé différemment dans la pratique : les mineurs ne pouvant, aux termes de l'art. 1124 du Code Napoléon, s'engager pour le service d'un bâtiment de commerce sans le consentement de leurs parents ou de leur tuteur, lorsqu'un mineur se présente pour la première fois à l'effet d'être embarqué sur un bâtiment, on exige qu'il soit dûment autorisé à accepter les charges de l'inscription maritime ; on lui fait donner connaissance des actes qui établissent les droits et les obligations du marin inscrit, et, par ce moyen, on obtient le double résultat :

1° D'obéir à la loi de l'an IV, qui a voulu, en règle générale, qu'il fût donné connaissance aux gens de mer des règlements qui les régissent ;

2° De satisfaire à l'art. 1124 du Code Napoléon pour tous les engagements que le marin mineur peut être appelé à contracter à bord des navires du commerce ; car il est entendu que ses parents l'ont autorisé, à moins qu'ils ne retirent ultérieurement cette autorisation, à faire tous les actes qui résultent des circonstances de la navigation, du moment qu'ils ont adhéré à ce qu'il supportât les charges de l'inscription. On sait d'ailleurs que les commissaires et les consuls ont mission expresse de sauvegarder les droits des marins en général, et, à plus forte raison, ceux des mineurs.

Beaussant s'est occupé (n° 7) de la question de savoir si le mineur qui peut s'enrôler dans les armées de terre ou de mer sans le consentement de ses parents, pouvait de même, sans ce consentement, s'embarquer sur un bâtiment du commerce, ou continuer la navigation, s'il avait déjà rempli l'une des conditions exigées, et il a conclu à la négative en se fondant sur ce que le motif d'intérêt général n'était plus aussi puissant, parce que, dans l'un et l'autre cas, soit qu'il y eût seulement acheminement à l'inscription, soit que du fait de la navigation résultât l'inscription elle-même, ce n'était pas l'enrôlement direct prévu par la loi sur le recrutement de l'armée.

Nous ne saurions partager cet avis, car l'inscription maritime étant une réserve où puise le service de la flotte au fur et à mesure de ses besoins, il faut reconnaître que le motif d'intérêt général est le même, soit que l'individu commence à naviguer, soit qu'il continue la navigation, soit enfin qu'il s'engage directement dans les équipages de ligne. A l'appui de notre opinion, nous apportons au surplus le décret du 3 décembre 1850, qui interdit aux marins inscrits de s'engager dans ce corps par la raison toute simple qu'ils sont déjà liés au service de l'État.

L'âge de vingt ans étant celui auquel le mineur peut, aux termes du § numéroté 5 de l'article 32 de la loi du 21 mars 1832, s'engager dans les armées de terre ou de mer contre le gré de ses parents, nous pensons, en conséquence, qu'à cet âge tout individu non compris dans l'inscription maritime peut, sans autorisation, s'embarquer sur un bâtiment du commerce ; et c'est à dessein que nous disons *tout individu non compris dans l'inscription maritime*, car les parents, après avoir accepté pour leur enfant mineur les charges de l'inscription, ne sauraient être admis à retirer leur adhésion lorsque cette inscription serait consommée à l'âge de dix-huit ans, en vertu de la loi du 3 brumaire an IV. Ainsi, le mineur, placé dans l'une ou l'autre de ces deux conditions, n'ayant pas besoin du consentement de ses parents pour naviguer sur les bâtiments de l'État, n'en a évidemment pas besoin non plus pous naviguer sur ceux du commerce.

SECTION III. — OBLIGATIONS GÉNÉRALES DE L'ARMATEUR (1).

19. Lorsque le marin se consacre au service d'un bâtiment, l'armateur contracte envers lui trois obligations principales que nous allons examiner :

§ Ier. — Obligation de pourvoir à la subsistance de l'équipage.

Il y avait auprès des amirautés des huissiers-visiteurs chargés de vérifier si les bâtiments étaient, à leur départ, en état de prendre la mer et s'ils étaient pourvus de tout ce qui était nécessaire à leur navigation. Valin (sur l'article 2, tit. 5, liv. 1er de l'ordonnance de 1681) explique en quoi consistait cette visite, et il n'oublie pas les vivres destinés à la subsistance du personnel du bâtiment, car s'il n'en était pas embarqué en quantité et qualité suffisantes, cela pourrait faire naître des désordres dans le navire, affaiblir l'équipage, compromettre son existence, et rendre enfin les expéditions infructueuses.

Ainsi, l'armateur étant tenu de pourvoir son bâtiment de tout ce que l'expérience a fait juger nécessaire aux voyages de mer, doit assurer la subsistance des hommes qui le montent.

Les visites des navires du commerce sont aujourd'hui réglées par les actes ci-après :

1° L'article 225 du Code de Commerce oblige le capitaine à faire visiter son navire avant de prendre charge, aux termes et dans les formes prescrites par les règlements ;

2° Les art. 12, 13 et 14 du titre 3 de la loi du 13 août

(1) L'armateur étant tenu des engagements du capitaine préposé à la conduite de son bâtiment, nous rapporterons souvent à lui les obligations que peut contracter le capitaine en vertu du mandat qu'il a reçu.

1791 prescrivent, pour les navires armés au long cours, deux visites à chaque voyage, l'une avant l'autre, après l'armement (1), *pour constater le bon et dû état dans lequel se trouve le bâtiment ;*

3° Enfin, l'article 3 de la déclaration du 17 août 1779 permet aux capitaines des bâtiments employés au cabotage de ne faire constater qu'une fois par an que leur navire est en bon état de navigation (2).

Une question se présente ici : Quelle est l'action des officiers-visiteurs en ce qui touche l'obligation imposée à l'armateur d'assurer la subsistance de l'équipage ?

Il semble *à priori* qu'ils devraient exiger l'embarquement des vivres nécessaires jusqu'à l'époque où le navire serait visité de nouveau. Toutefois, en considérant :

Que, pour un long voyage, les vivres finiraient par se détériorer au détriment de l'équipage ;

Qu'en ce qui touche le cabotage, il serait d'autant moins rationnel d'obliger l'armateur à embarquer des vivres pour une année entière, que la durée moins longue de ces sortes de voyages et la facilité des relâches ne permettent pas de craindre que les équipages puissent manquer de nourriture;

Qu'il n'y a pas de base d'appréciation lorsque le voyage est indéterminé ;

Que, le voyage fût-il bien déterminé à l'avance, l'armateur a toujours le droit de le prolonger ;

(1) Voyez la circulaire du 30 novembre 1827.

(2) L'article 10 du règlement du 13 février 1785 (*Annales maritimes* de 1830, p. 421) porte :

« Les petits bâtiments, tels que ceux des pêcheurs de poissons frais, ceux » qui ne font que le cabotage des ports de leur voisinage, ou qui sortent de » leurs ports et y rentrent journellement, ne seront pas assujettis à la visite « prescrite par ladite déclaration du 15 août 1779. »

Que le chiffre de l'équipage peut être accru après l'expédition ;

Qu'il ne serait pas juste d'obliger l'armateur à prendre en vivres, qu'il peut toujours se procurer en cours de voyage, quelquefois à des prix moins élevés que dans le port d'expédition, ce que son navire serait en état de recevoir de marchandises à fret.

En entrant dans toutes ces considérations, on est conduit à reconnaître que les visites auxquelles sont assujettis les navires du commerce ne peuvent porter, en ce qui touche l'approvisionnement de vivres, que sur celui qui est nécessaire pour se rendre au premier port où doit aborder le bâtiment, et il est évident, dès lors, que ces visites ne permettent qu'incomplètement de veiller à ce que l'armateur ou le capitaine, son délégué, s'acquitte convenablement de cette partie de ses obligations.

L'article 76 du décret-loi du 24 mars 1852 a eu pour objet de remplir cette lacune ; il porte :

« Tout capitaine, maître ou patron, qui, hors le cas de » force majeure, prive l'équipage de l'intégrité de la ration » stipulée avant le départ, ou, à défaut de convention, de » la ration équivalente à celle que reçoivent les marins de » la flotte, est tenu de payer, à titre de dommages-intérêts, » 50 c. par jour pendant la durée du retranchement à cha- » que personne composant l'équipage, et peut, en outre, » être puni de 50 à 500 fr. d'amende.

» Les cas de force majeure sont constatés par procès- » verbaux signés du capitaine, maître ou patron, et des » principaux de l'équipage ; et alors même, il est dû à cha- » que homme une indemnité représentative du retranche- » ment auquel il a été soumis. »

Beaussant (n° 173) regrettait que les lois n'aient pas

pris, pour les vivres, des mesures analogues, par exemple, à celles qui ont été adoptées pour l'embarquement des coffres de médicaments dont il sera ci-après parlé. Le texte qui précède donne satisfaction à cette remarque ; car les habitants des côtes de la Méditerranée ne se nourrissant pas comme ceux des côtes de l'Océan, les Bretons comme les Basques, etc., il n'était pas possible de déterminer par un règlement la nature des subsistances à embarquer sur les bâtiments du commerce, et c'est à juste titre que le décret-loi du 24 mars 1852 reconnaît aux parties le droit de stipuler entre elles à cet égard, ainsi que cela se pratique d'ailleurs en Angleterre. Mais comme, à défaut de convention, il fallait une base certaine d'appréciation, c'est dans les rations que reçoivent les marins de la flotte (1) que le législateur l'a cherchée ; et, sans rien changer aux usages locaux, il a voulu que, dans ce cas, la composition de la ration fût établie de manière à être *équivalente* à celle qui est délivrée à bord des bâtiments de l'État. Toute autre réglementation aurait contrarié sans nécessité les habitudes des marins.

Les peines édictées par l'article 76 du décret-loi du 24 mars 1852 sont-elles suffisantes pour réprimer le délit qui consiste à ne pas embarquer de vivres en quantités et qualités suffisantes lorsqu'il eût été possible d'agir autrement ? Ici nous ne pouvons nous empêcher de reconnaître qu'en ce qui concerne les marins dont la ration a été réduite, l'indemnité de 50 c. par jour est bien faible, eu égard aux effets que ce retranchement peut avoir sur leur santé.

C'est donc aux autorités chargées de la police de la navigation et de la protection des matelots qu'il appartient de veiller à ce que l'approvisionnement de vivres soit toujours

(1) Voyez l'arrêté du 14 octobre 1848, à la fin du volume.

tenu au complet et de bonne qualité; et puisque les visites prescrites par les règlements ne permettent pas de s'en assurer dans tous les cas, on doit y suppléer en exigeant du capitaine, à chaque sortie d'un port, un état indiquant les quantités et qualités des vivres embarqués. Les consuls ont à cet égard une ligne de conduite tracée par l'article 10 de l'ordonnance du 29 octobre 1833, car ils doivent se faire rendre compte de l'état des victuailles existant à bord des bâtiments qui se présentent dans leurs circonscriptions, ce qui implique le droit de prendre toutes les mesures propres à empêcher que les bâtiments ne partent avec un approvisionnement insuffisant.

En quoi peuvent consister ces mesures, soit en ce qui touche l'initiative des consuls, soit en ce qui touche celle des commissaires de l'inscription maritime des ports de la métropole ou des colonies?

Lorsque l'état remis par le capitaine n'offre pas toutes les garanties désirables; lorsqu'il y a plainte de l'équipage; lorsqu'enfin le commissaire ou le consul acquiert, de quelque manière que ce soit, la conviction qu'un bâtiment peut partir sans emporter les vivres nécessaires pour la campagne qu'il entreprend, nous pensons que le capitaine, mis en demeure de s'expliquer, doit être invité, s'il y a lieu, à donner satisfaction aux craintes que l'on a dû concevoir.

Si, en alléguant que son approvisionnement ne laisse rien à désirer, il ne se refuse pas, d'ailleurs, à ce que la vérification en soit faite sans frais par des experts désignés en nombre égal par lui, par l'équipage et par l'autorité maritime, cette marche doit être préférée. Mais, s'il refuse de se conformer aux invitations qui lui sont adressées, ou de concourir à la formation de la commission dont il vient d'être parlé, nul doute, dans ces hypothèses, que les consuls, qui sont des juges, n'aient le droit de nommer des experts d'office; et de contraindre le capitaine à exécuter la décision de ces derniers. Dans les ports de la métropole ou des colonies, c'est devant les tribunaux de commerce que ces sortes d'affaires doivent être portées, soit sur la plainte de l'équipage, soit à la requête du commissaire de l'inscription maritime, non-seulement parce que ces juridictions connaissent de l'engagement des gens de mer (art. 633 du Code de commerce), mais encore parce qu'aux termes de l'article 6, tit. 3, de la loi du 13 août 1791, ce sont elles qui nomment les officiers visiteurs, et qu'elles ont toujours qualité pour ordonner des visites à bord des navires du commerce, même en dehors des époques fixées par les règlements, lorsqu'elles peuvent penser que la sûreté de la navigation réclame cette mesure.

L'article 2 de la déclaration du 17 août 1779 enjoint aux experts nommés pour les visites des bâtiments du commerce, d'y procéder avec exactitude et fidélité, en présence de deux officiers principaux du bâtiment, « sous peine d'interdiction » pour deux ans, et même de déchéance totale, s'il échoit, » contre lesdits officiers, et de 300 *liv. d'amende contre* » *chacun des experts,* sauf à prendre la voie extraordinaire » si le cas le requiert. » Nous n'avons trouvé aucune trace de l'application de cette dernière peine; mais il est à remarquer qu'elle n'a pas été abrogée, et qu'elle pourrait, au besoin, protéger les personnes intéressées à ce qu'il soit procédé consciencieusement aux visites des bâtiments.

En un mot, dans ces circonstances, le rôle des commissaires de l'inscription maritime et des consuls, à côté de l'article 76 du décret-loi du 24 mars 1852, est le même que celui des officiers de police à côté du Code pénal. Ils doivent s'efforcer, par les moyens légaux dont ils disposent, de prévenir le délit plutôt que d'avoir à en poursuivre la répression, et ce résultat est d'autant plus désirable, que les lois pénales étant de droit étroit, l'application de l'article 76, à l'égard des passagers, dont il ne parle pas, présente des difficultés sérieuses. Or, ce n'est pas seulement au point de vue de l'équipage que la sûreté de la navigation exige qu'il soit embarqué des vivres en quantités et qualités suffisantes à bord des bâtiments de commerce ; c'est aussi au point de vue des passagers, qui ne pourraient manquer de nourriture sans que cette circonstance portât atteinte à tous les intérêts engagés dans l'expédition.

Tout ce qui vient d'être dit des devoirs que les commissaires et les consuls ont à remplir en vue d'empêcher que les navires ne partent avec un approvisionnement de vivres incomplet, s'applique donc au personnel entier du bâtiment (1).

Enfin, nous remarquerons que l'action de l'article 76 est exercée sans tenir compte des visites auxquelles sont assujettis les bâtiments du commerce, et qu'il y a, dès lors, lieu d'en conclure que les mesures préventives que nous avons indiquées peuvent être prises à l'armement comme en cours de voyage (2).

(1) Un décret-loi du 27 mars 1852 (*Bulletin des Lois*, n° 519, page 1018, 1er semestre), sur l'émigration d'Europe et hors d'Europe à destination des colonies françaises, détermine les espèces et quantités de vivres à embarquer pour chaque passager et par jour, en assignant aux traversées une durée moyenne calculée, suivant la distance à parcourir, à raison de trente lieues marines par vingt-quatre heures de navigation. Un second décret, des 15 janvier et 28 avril 1855, sur l'émigration en général, contient (art. 13 et 14) des dispositions analogues.

(2) L'article 4 du décret du 20 août 1851, relatif aux primes pour la pêche de la baleine et du cachalot, exige qu'indépendamment de la visite prescrite par l'article 225 du Code de commerce, il soit procédé à la reconnaissance de

L'ordre public n'étant pas intéressé à ce que le capitaine et les officiers aient une nourriture mieux choisie que celle des matelots, le législateur ne s'en est pas préoccupé. Mais, par cela même qu'ils reçoivent des salaires plus élevés, ils ont droit à un ordinaire plus recherché, et il nous semble qu'à défaut de stipulation à ce sujet, l'armateur pourrait, le cas échéant, être contraint de leur fournir des aliments moins grossiers que ceux dont la distribution serait faite au reste de l'équipage.

§ 2. Obligation de payer les salaires. — Étendue de cette obligation.

20. Nous réclamons ici la plus grande attention, car nous allons raisonner sur une matière qui a fait l'objet de bien des erreurs et de bien des contradictions. Commençons par mettre sous les yeux du lecteur le texte des articles 216 et 271 du Code de commerce :

« Art. 216. Tout propriétaire de navire est civilement » responsable des faits du capitaine, et tenu des engage- » ments contractés par ce dernier pour ce qui est relatif au » navire et à l'expédition. Il peut, dans tous les cas, s'af- » franchir des obligations ci-dessus par l'abandon du navire » et du fret.

» Toutefois, la faculté de faire abandon n'est point ac- » cordée à celui qui est en même temps capitaine et pro-

l'état des *avitaillements*, etc., nécessaires à l'expédition, par une commission spéciale, composée du commissaire de l'inscription maritime, d'un employé de l'administration des douanes, et d'un membre de la Chambre de commerce. Un procès-verbal doit constater que l'armement présente, sous ce rapport, les garanties suffisantes eu égard à la force et à la destination du bâtiment, à la durée du voyage et au nombre des hommes embarqués.

» priétaire ou co-propriétaire du navire. Lorsque le capi-
» taine ne sera que co-propriétaire, il ne sera responsable
» des engagements contractés par lui, pour ce qui est relatif
» au navire et à l'expédition, que dans la proportion de son
» intérêt. »

Art. 271. « Le navire et le fret sont spécialement af-
» fectés aux loyers des matelots. »

Nous avons fait remarquer, dans l'introduction, que le propriétaire pouvait ne pas être l'armateur de son bâtiment, et que, dans ce cas, c'était d'abord à l'armateur que les gens de mer devaient s'adresser pour obtenir le paiement de leurs loyers. Ils ont, en effet, contre celui-ci une action directe et personnelle, car c'est à lui qu'ils ont loué leurs services, ou au capitaine, son représentant, et la raison veut que ce soit seulement en cas d'insolvabilité de l'armateur qu'ils puissent exercer l'action réelle sur le propriétaire du navire et sur le détenteur du fret, en vertu de l'article 271 du Code de commerce. D'un autre côté, en ce qui touche le fret : comme ce n'est pas un seul et unique fret payable au retour du bâtiment, mais bien plusieurs frets que l'armateur doit réaliser pendant la durée du voyage ; comme aussi les besoins du commerce et l'intérêt de la discipline se refusent à ce que l'équipage, qui ne peut d'ailleurs demander ses loyers qu'au désarmement, ainsi que nous le verrons ci-après, soit autorisé à mettre arrêt sur le fret en cours de campagne, il s'ensuit que l'action réelle devient en quelque sorte nulle en matière de fret, — surtout lorsque l'armateur est aussi le chargeur de son bâtiment, ou bien lorsqu'il a stipulé qu'il lui serait tenu compte du fret dans le lieu même de sa résidence, alors que les matelots, naviguant à ses antipodes, ne pourraient agir, — et que, par conséquent, l'armateur répond à la fois des loyers des matelots, comme détenteur du fret et comme locataire de leurs services (1).

Dans le louage ordinaire de services, le salaire est dû lorsque le service est fait, et pour sa durée entière; mais il n'en est pas de même de l'engagement des gens de mer : les articles 258 et 259 du Code de commerce, comme leurs correspondants de l'ordonnance de 1681, ont apporté des restrictions à cette obligation de celui qui emploie des gens à gages, et les choses ont même été, sous ce rapport, poussées jusqu'à l'absurde, ainsi que nous allons le voir.

Ces articles sont ainsi conçus :

« Art. 258. En cas de prise, de bris et naufrage, avec » perte entière du navire et des marchandises, les matelots » ne peuvent prétendre aucuns loyers; ils ne sont point » tenus de restituer ce qui leur a été avancé sur leurs » loyers (2).

(1) L'armateur qui a fait abandon du navire et du fret n'en est pas moins responsable des loyers des matelots. (Arrêt de la Cour impériale de Bordeaux, du 1er août 1855).

(2) Le tribunal de commerce de la Seine (audience du 2 août 1853 — *Gazette des Tribunaux* du 4 du même mois) a jugé que l'armateur qui a fait des avances aux matelots n'a pas privilége sur le sauvetage pour le remboursement de ces avances; que le privilége est personnel aux matelots, et qu'il ne peut y avoir à ce sujet aucune subrogation ni légale ni conventionnelle. Voici les motifs de cette décision :

« Attendu que si le demandeur, ainsi que cela est établi, a fait des avances » aux matelots avant le départ du navire, il ne peut les répéter contre la » Compagnie (Compagnie générale d'assurances), n'ayant pas fait assurer spé- » cialement lesdites avances;

» Qu'il ne peut non plus s'en couvrir sur le sauvetage;

» Qu'en effet, si les matelots ont un privilége sur le sauvetage, pour leurs » loyers, ce privilége, tout personnel, n'appartient pas à l'armateur pour les » avances faites aux matelots;

» Qu'il n'existe, à cet égard, aucune subrogation légale; et puisqu'il n'é- » tait rien dû aux matelots au moment où lesdites avances leur ont été faites,

» Art. 259. Si quelque partie du navire est sauvée, les » matelots engagés au voyage ou au mois sont payés de leurs » loyers échus, sur les débris des navires qu'ils ont sauvés. » Si les débris ne suffisent pas, ou s'il n'y a que des mar- » chandises sauvées, ils sont payés de leurs loyers subsi- » diairement sur le fret. »

Quels sont les motifs de ces dispositions?

Le premier commentateur de l'ordonnance pensait que, *lorsque tout avait péri, navire et marchandises,* « le pro- » priétaire perdant son navire, le maître son fret, les mar- » chands leurs marchandises, il était juste que les matelots » perdissent leurs loyers ; » mais il est à remarquer que c'é- tait à la condition que tout *aurait péri*, de telle sorte que les frets gagnés antérieurement à la perte devaient, dans l'esprit du commentateur, alimenter les loyers jusqu'au jour du naufrage.

Valin affirmait qu'elles avaient pour objet d'intéresser l'équipage à la conservation du bâtiment, et il pensait, en conséquence, que, les hommes étant en général guidés par leur intérêt, surtout les matelots (1), il fallait, *au risque même de blesser la justice*, ne leur donner d'autre garantie, pour le paiement de leurs loyers, que le bâtiment qu'ils montaient et le fret de retour, laissant ainsi à l'armateur, au détriment de gens qui ne vivent que de leur travail et des dangers qu'ils affrontent pour servir la navigation, l'intégrité des frets réalisés pour des voyages antérieurs à celui pendant lequel avait eu lieu le sinistre.

Enfin, Locré, croyant à tort s'étayer de l'opinion de Valin,

» Il est évident qu'il n'y avait aucune subrogation possible au profit de l'ar- » mateur;

» Par ces motifs, etc. »

(1) Il n'y a pas de classe d'hommes plus désintéressée !

et n'envisageant les choses qu'au point de vue d'un voyage circonscrit dans *l'aller et le retour*, pense que la disposition des articles 258 et 259 du Code de commerce ne s'applique qu'aux loyers dus pour le voyage pendant lequel le navire a péri.

La jurisprudence, longtemps indécise sur le sens à donner à ces articles, a fini par se ranger à l'opinion énoncée par Locré; et il résulte des jugements qui ont été rendus en dernier lieu sur la matière, que, dans leur application, on doit distinguer autant de voyages que de *traversées*, pour restreindre cette application à la traversée pendant laquelle se perd le bâtiment (1).

(1) Arrêt de la Cour d'appel de Rouen, du 20 décembre 1831 (Sirey, t. 32, 11, 189); jugement du tribunal de commerce de Nantes, du 20 janvier 1841 (*Gazette des Tribunaux* et *Annales maritimes* de 1841, partie officielle, page 378), confirmé par la Cour de Rennes, le 1er avril 1841 (Sirey, t. 41, 11, pag. 131); jugement du tribunal de commerce du Havre, du 8 janvier 1853 (*Gazette des Tribunaux* du 27 janvier).

Il nous paraît nécessaire de reproduire ici le dispositif des jugements des tribunaux de commerce de Nantes et du Havre, et de l'arrêt de la Cour de Rennes :

1. *Jugement du tribunal de commerce de Nantes.* — « Considérant qu'il » est avéré et reconnu que le navire le *Dreux-Brézé* a fait le voyage ou, si » si l'on veut, la traversée de Nantes à Bourbon, où il a débarqué sa car- » gaison, puis un voyage intermédiaire de Bourbon à Pondichéry et retour à » Bourbon, où son chargement a encore été débarqué ;

» Que c'est dans un second voyage de Bourbon à Pondichéry et Calcutta » et retour, entrepris le 10 août 1839, qu'étant parti de Calcutta le 14 oc- » tobre 1839, il a cessé de donner de ses nouvelles ;

» Que, d'après un état dressé et non démenti par les défendeurs, le béné- » fice du fret de Nantes à Bourbon aurait été de 4,209 fr. 69 c., et que celui » sur les riz pris à Pondichéry, considéré comme fret, se serait élevé à » 3,131 fr. ;

» Qu'il importerait peu, d'ailleurs, que les marchandises ou achats de car- » gaison eussent été pour le compte de l'opération et de l'armement, parce

Nous croyons devoir faire remarquer, toutefois, que dans l'esprit de ces décisions, les loyers afférents aux traversées

» que, *relativement à l'équipage, la règle est que toute marchandise chargée dans un navire doit un fret à ce navire ;*

» Que quand bien même, comme le prétendent les défendeurs, le produit » des frets eût été employé, ainsi que celui des marchandises, en achats de » cargaison, cela ne saurait enlever au fret sa spécialité, ni changer sa nature au vis-à-vis de l'équipage ;

» Considérant que l'article 271 du Code de commerce dispose que le navire et le fret sont spécialement affectés aux loyers des matelots; que, » dans l'espèce, le navire ne paraissant plus exister, c'est sur le fret, qui » leur est attribué par privilége, que doivent reposer les loyers des matelots;

» Considérant que l'article 258, invoqué dans l'intérêt des défendeurs, et » qui porte qu'en cas de perte entière du navire et des marchandises, les » matelots ne peuvent prétendre aucuns loyers, ne saurait être appliqué à » *des voyages antérieurs* pendant lesquels le navire a gagné des frets indépendants du fret du voyage dans lequel il a péri; que cet article, qui ne » mentionne aucun voyage, n'a nécessairement entendu parler que du *voyage entrepris et pour lequel il n'a pas encore été perçu de fret;*

» Que l'article 259 du Code s'explique assez clairement à cet égard, puisqu'il veut que les loyers des matelots soient payés sur les débris du navire, et subsidiairement sur le fret des marchandises sauvées; qu'il entend » donc, à plus forte raison, que, quant aux voyages consommés, ces loyers » soient payés sur les frets des marchandises transportées et déchargées » avant le sinistre, *frets acquis et gagnés au moyen du service à bord de l'équipage et de son concours;*

» Qu'il paraîtrait, en effet, souverainement injuste de refuser aux matelots » le prix de leur travail sur les frets réalisés pendant le cours d'un voyage » composé de plusieurs voyages partiels qui pourraient se prolonger pendant » plusieurs années, par la raison que, dans la deuxième partie de ce voyage, » le navire se serait perdu, ou qu'on n'en aurait plus entendu parler; que » ce ne peut être ainsi qu'on doit interpréter la pensée du législateur, ni » entendre la loi sur cette matière ;

» Considérant que, quant au dernier voyage de Bourbon pour Pondichéry » et Calcutta et retour, dans lequel, depuis le départ du navire de Calcutta, » on n'a plus eu de nouvelles du navire ni de l'équipage, il n'y a lieu qu'à » accorder toutes réserves aux demandeurs (voir ci-après l'arrêt de la Cour » de Rennes);

antérieures à celle pendant laquelle le navire a péri, ne sont dus que jusqu'à concurrence des frets acquis avant

» Le Tribunal condamne, etc. »

II. *Arrêt de la Cour de Rennes.* — « Considérant que le navire le *Dreux-* » *Brézé*, qui avait été armé à Nantes par la maison François aîné et Baudot » du Carrey, partit en 1838, sous le commandement du capitaine Cornillier, » et arriva heureusement à l'île Bourbon, où il déposa sa cargaison, pour la- » quelle un fret lui était dû ; qu'il fit ensuite un voyage à Pondichéry et retour » à Bourbon, dans lequel il gagna un second fret qui, ainsi que le premier, » devint, aux termes de l'article 271 du Code de commerce, le gage des » loyers de l'équipage ; que ce navire, ayant fait un nouveau voyage de Bour- » bon à Pondichéry et Calcutta, repartit de cette dernière ville au mois d'oc- » tobre 1830, sans que l'on en ait eu aucune nouvelle depuis cette époque ; » considérant que le capitaine Cornillier, poursuites et diligences de son » épouse, chargée de sa procuration, et l'administration de la marine ne ré- » clament aucuns loyers pour le second voyage de Bourbon à Pondichéry, » Calcutta et retour, dans lequel il y a tout lieu de craindre que le navire » n'ait péri ; qu'ils n'ont fait à ce sujet que des réserves (1) ; que l'article 258 » du Code de commerce, qui porte que les matelots ne peuvent prétendre » aucuns loyers en cas de perte entière du navire et des marchandises, ne peut » recevoir, en effet, d'application qu'aux loyers dus pour ce dernier voyage, » et que les intimés restent ainsi fondés à réclamer les loyers dus antérieu- » rement sur le produit des frets que le navire avait gagnés dans les deux » premières traversées ou voyages, qu'il avait heureusement effectués ; que » le montant de ces frets excède même le prix des loyers de l'équipage pen- » dant ces deux premières traversées ; qu'il importerait peu que le produit » de ces frets eût été employé à pourvoir aux frais de la nouvelle cargaison » que le navire portait pour le compte de l'opération lorsqu'il a disparu ; qu'en » fût-il ainsi, il ne pourrait en résulter que l'équipage, qui était payé au mois » et qui ne devait pas profiter des bénéfices de l'opération, pût perdre ses » droits parce que les armateurs ou leurs agents, dont ils doivent répondre, » se seraient servis des fonds qui provenaient de ces frets pour cette opéra- » tion dont, en cas de succès, les intéressés devaient seuls recueillir les » avantages ; confirme, etc. »

OBSERVATION. Il résulte de ces deux jugements, que, dans l'esprit des juges, les loyers étaient dus à l'équipage du *Dreux-Brézé* jusqu'au 14 oc-

(1) Cette circonstance donne l'explication du dernier considérant du jugement du tribunal de commerce de Nantes.

cette traversée, de telle sorte que, supposant le cas où le navire et les marchandises seraient entièrement perdus, et

tobre 1850, date du dernier départ de Calcutta, et que s'ils ne les ont accordés que jusqu'au dernier départ de Bourbon, c'était pour rester dans les termes de la demande.

III. *Jugement du tribunal de commerce du Havre.* — « Attendu que le » procès actuel consiste à résoudre la question de savoir si, en présence des » termes de l'article 258 du Code de commerce, Fréret peut être contraint » par Lecoat à faire servir au paiement de ses loyers les frets acquis et ga» gnés par le navire la *Martiniquaise,* dans les voyages qui ont précédé celui » au début duquel il a été déclaré innavigable;

» Attendu que le navire la *Martiniquaise*, armé au Havre en 1848, est » heureusement arrivé à la Martinique avec un chargement de diverses mar» chandises, pour lesquelles il a profité d'un fret;

» Attendu que, de ce point, il se rendit sur lest à Valparaiso, où il prit » un chargement de guano pour France; que, peu de temps après son dé» part, une voie d'eau le contraignit de relâcher, d'abord à Talcahuano, et » ensuite à Valparaiso;

» Attendu qu'à la suite de cet événement, les propriétaires de la cargaison » l'ayant reprise ou vendue, le capitaine Avril, après en avoir demandé l'au» torisation au consul de France et l'avoir obtenue, se rendit, avec un fret » nouveau, de Valparaiso à San-Francisco, où il arriva heureusement;

» Attendu que c'est en sortant de ce port pour retourner à Valparaiso, » que, le jour même de son départ, le navire échoua; qu'il fut ramené à » San-Francisco, puis condamné comme innavigable;

» Attendu *que plusieurs Cours d'appel*, et notamment celle à laquelle res» sort ce tribunal, ont décidé, conformément à l'opinion unanime de tous » les auteurs qui ont écrit sur le nouveau Code de commerce, que le voyage » d'aller et celui de retour devaient être considérés comme deux voyages » distincts, et qu'ainsi, lorsque le navire a fait heureusement sa première » traversée et ne périt que dans la seconde, les loyers sont dus à l'équipage » pour le voyage d'aller, parce qu'ils sont acquis;

» Attendu que si ces principes sont applicables à ce que l'on entend plus » généralement sous la dénomination de voyage d'aller et de retour, ils doi» vent forcément l'être à l'espèce actuelle, puisque le navire la *Martiniquaise* » a fait, depuis son départ du Havre, de véritables voyages, qui n'avaient » même pas pu être prévus à l'avance par l'armateur;

» Attendu qu'il est très-vrai que Lecoat, comme les autres marins de ce

où les frets acquis seraient insuffisants pour payer les loyers

» bâtiment, s'est engagé, ainsi qu'il est d'usage sur la place du Havre, à le » suivre dans les différents voyages qu'il pourrait faire depuis son départ du » Havre; mais que c'est à cause même des engagements de cette nature » qu'il est indispensable d'assigner aux hommes qui les contractent le paie- » ment de leurs salaires pour *chacun des voyages* qu'ils effectuent; que s'il » en était autrement, ils pourraient être appelés à naviguer durant plusieurs » années, coopérant à procurer au navire plusieurs frets plus ou moins im- » portants, pour, en cas de perte du bâtiment au retour, se voir privés de » tout ou partie de leurs salaires, si la vente des débris et le montant du » fret des marchandises sauvées au moment de l'événement ne produisaient » pas une somme suffisante pour les acquitter;

» Attendu que le législateur n'a pu vouloir faire une position semblable à » des hommes que, sans doute, il faut intéresser à la conservation du na- » vire, mais qu'il importe également de ne pas décourager, ce qui aurait lieu » si, dans certains moments donnés, ils voyaient les navires faire de larges » bénéfices et rester eux-mêmes privés de leurs loyers si laborieusement » acquis;

» Attendu que Lecoat devrait d'abord exercer ses droits sur le produit de » la vente des débris du navire la *Martiniquaise*, mais qu'il est constant que » ce produit a disparu par des circonstances qui lui sont étrangères; que, dès » lors, il doit obtenir le paiement de ses salaires de Fréret, qui a encaissé, » par lui ou ses agents, les frets de ce navire;

» Condamne, etc. »

La Cour d'appel de Bordeaux a rendu, dans l'espèce (le 24 juillet 1831, — Sirey, tome 31, 11, page 480), un arrêt tout à fait opposé à ceux des Cours de Rennes et de Rouen, en jugeant qu'en cas de perte du bâtiment, les loyers dus depuis l'armement jusqu'au naufrage ne pouvaient être imputés que sur les débris du navire et le fret du voyage de retour; c'est-à-dire qu'elle a considéré le voyage comme n'étant pas susceptible d'être scindé lorsqu'il s'agissait de priver les matelots de leurs loyers, et qu'elle l'a scindé en autant de voyages qu'il y avait de traversées lorsqu'il s'agissait d'exempter l'armateur de rapporter, pour payer ces loyers, les frets réalisés antérieurement à la perte du navire. Cette contradiction nous dispenserait de pousser plus loin l'examen de l'arrêt de la Cour de Bordeaux; mais nous ne voulons pas passer sous silence le considérant ci-après:

« Attendu, d'ailleurs, que l'article 259 est attributif d'un privilége facile à » justifier en tant qu'il se prend sur le fret des marchandises dont l'équipage

des traversées heureusement effectuées, ces loyers devraient subir une réduction proportionnelle (1).

On verra ci-après que cette interprétation n'est point rationnelle, du moment qu'on admet que les articles 258 et 259 ne concernent que la traversée pendant laquelle le navire a péri. Mais, puisqu'elle paraît avoir été admise, il importe d'examiner les cas dans lesquels le navire doit être considéré comme ayant acquis un fret.

Déjà le jugement du tribunal de commerce de Nantes, et l'arrêt confirmatif de la Cour de Rennes, ci-dessus reproduits, ont décidé que, relativement à l'équipage, la marchandise chargée par l'armateur à bord d'un navire doit fret à ce navire. Il convient également, par des motifs analogues à ceux qui ont donné lieu à ces décisions, de considérer comme ayant navigué avec fret, relativement à l'équipage, les navires expédiés sur *lest*, car une telle expédition ne peut être faite que dans le but de réaliser des avantages

» est nanti, mais non en tant qu'il s'étendrait sur le fret des marchandises
» que ce navire a cessé de tenir. »

Ainsi, la Cour de Bordeaux a encore ajouté à la contradiction qui précède l'erreur d'assimiler le privilége spécial que la loi accorde aux matelots sur le navire et le fret à celui du créancier nanti d'un gage, et qui, d'après l'article 2076 du Code Napoléon, cesse d'être privilégié dès qu'il a cessé d'avoir le gage en sa possession. Cependant, les matelots ne peuvent demander leurs loyers qu'au désarmement, ce qui semble leur ôter toute action sur le fret en cours de voyage, et nous venons de voir qu'il doit même leur être défendu de faire saisir ce fret.

Il eût été vivement à désirer que cette décision fût portée devant la Cour de cassation.

(1) Il paraît inutile de dire ici que, dans le cas où les débris du navire et le fret des marchandises sauvées produiraient une somme supérieure aux loyers dus pour la traversée pendant laquelle le navire aurait péri, en même temps que les frets antérieurement acquis ne suffiraient pas à payer les loyers des voyages qu'ils représenteraient, l'excédant des produits de sauvetage viendrait, jusqu'à due concurrence, alimenter cette portion de loyers.

qui compensent le défaut de fret, à moins que le bâtiment, par une circonstance indépendante de l'armateur, n'ait été obligé de partir sans chargement. En cas de contestation, ce fret serait évalué au cours de la place.

Maintenant, voici la question que nous avons à examiner :

L'armateur est-il recevable, hors le cas de prise, bris et naufrage, à abandonner le navire et le fret aux matelots, pour se libérer envers eux des loyers qui leur sont dus?

Les articles 258 et 259 répondent négativement à cette question, car leur disposition n'est pas énonciative, mais bien limitative, et Valin (*Commentaire* sur l'art. 8, tit. IV, liv. III) s'est prononcé dans le même sens (1).

Nous avons vu (n° 14) qu'aux termes de l'article 223 du Code de commerce, l'armateur, lorsque les matelots sont engagés dans le lieu de sa demeure, c'est-à-dire lorsqu'il est présent à l'armement, concourait à l'acte d'engagement; d'où la conséquence que, dans ce cas, il est personnellement responsable des loyers dus à l'équipage. Cette obligation personnelle est-elle limitée au cas où il se trouve réellement sur les lieux au moment de l'engagement? Évidemment non; car, s'il n'est pas présent, il est représenté par un commissionnaire ou par son capitaine, le bâtiment ne pouvant pas être armé et naviguer sous son nom sans qu'il ait donné mandat à cet effet. Or, de même que toutes les dépenses d'*armement*, faites en son absence comme en sa présence, ne tombent pas sous l'application de l'article 216 du Code de commerce, par le motif seul qu'il a donné ordre d'armer (2), de même les dépenses qui résultent de l'engage-

(1) Voyez pénultième paragraphe du *Commentaire*.

(2) « .... En un mot, lorsque l'armateur n'a pu prendre un parti, la » loi lui suppose une prudente réserve et limite sa responsabilité; mais la

ment du nombre d'hommes jugé nécessaire pour manœuvrer le bâtiment, sont des frais dont l'armateur est personnellement tenu (1); et il ne pourrait exciper de l'article 216 qu'à

» présomption légale disparaît nécessairement devant le fait de l'armateur, » devant l'obligation personnellement et volontairement contractée par lui. (Rapport du Garde des Sceaux en présentant à la Chambre des Pairs la loi du 14 juin 1841, qui a modifié l'ancien article 216).

(1) Ainsi jugé par la Cour impériale de Bordeaux, le 1er août 1853 :

« Sur le point de savoir si Marsaud et Ce peuvent se libérer par l'a- » bandon du navire et du fret des appointements dus à Jude de Beauséjour, » à partir du 15 septembre 1850 :

» Attendu que le louage des gens de l'équipage n'est pas un de ces enga- » gements que le capitaine contracte loin des yeux de l'armateur, dans » l'exercice d'un mandat dont celui-ci ne peut tracer d'avance les limites; » qu'il se forme au port d'armement, sous la surveillance immédiate de l'ar- » mateur, avec qui, aux termes de l'article 223 du Code de commerce, le » capitaine doit se concerter; que si ce dernier a plus particulièrement le » choix des hommes, le premier règle, en général, les conditions de leurs » engagements, la direction et la durée présumée du voyage; que le contrat » est donc son ouvrage autant au moins que celui du capitaine, et l'oblige » par là directement;

» Qu'il se rattache, d'ailleurs, à la période de l'armement, à l'équipement » du navire, aux préparatifs nécessaires pour le mettre en état de prendre » la mer, et que l'article 216 du Code de commerce ne s'étend pas à cette » première période, du moins quand l'armement se fait au lieu où demeure » l'armateur;

» Attendu que si le navire et le fret sont spécialement affectés aux loyers » des gens de mer, c'est une sûreté de plus que la loi a voulu leur donner, » en même temps qu'elle lie plus étroitement leur intérêt à celui de l'arma- » teur et au succès de l'expédition;

» Mais qu'il serait d'autant plus injuste que l'armateur pût se libérer en- » vers eux que, sauf quelques faibles à-comptes, ils ne peuvent leur payer » leurs loyers qu'au retour; qu'ils sont presque toujours dans l'impossibilité » de prendre des précautions pour la conservation de leurs droits, et que, » soumis à l'autorité du capitaine, ils subiraient cependant la peine de ses » fautes et de sa mauvaise gestion;

» Attendu, d'un autre côté, que Jude de Beauséjour et l'équipage du *Java* » étant engagés au mois, *le voyage pour eux ne devait finir qu'au port de*

l'égard des augmentations de salaires accordées par le capitaine en cours de voyage, ou des loyers des marins embarqués en excédant de l'effectif de l'équipage à l'armement; ou bien encore de ceux qui seraient afférents aux voyages entrepris par le capitaine contrairement à ses instructions.

L'armateur ne pourrait pas non plus se retrancher derrière l'article 271, portant que le navire et le fret sont spécialement affectés aux loyers des matelots, pour se libérer, en tout état de cause, envers eux par l'abandon du navire et du fret; ce serait rendre synonymes les mots *spécialement* et *uniquement*, qui ont une signification toute différente. Si, en effet, la loi, par les dispositions de l'article 271 du Code de commerce, a voulu donner un gage spécial aux gens de mer, pour le paiement de leurs loyers, il ne faut point perdre de vue que l'anéantissement ou l'insuffisance de ce gage n'anéantit ou ne restreint, sauf l'exception posée par les articles 258 et 259, que l'*action réelle*, et laisse subsister tout entière l'*action personnelle* (1).

Ainsi, revenant à l'interprétation donnée par la jurisprudence aux articles 258 et 259, du moment qu'on admet que ces articles ne sont applicables qu'à la traversée pendant laquelle le navire a péri, on se mettrait en contradiction avec soi-même en restreignant au chiffre des frets acquis le paiement des loyers afférents aux traversées antérieures, car il est bien établi, par ce qui précède, que, hors le cas de prise, bris ou naufrage, l'armateur n'est pas recevable à abandonner le navire et le fret aux matelots, pour le paiement des loyers qui leur sont dus. Le navire

» *désarmement;* qu'il n'y avait donc, à leur égard, qu'un voyage et qu'un » fret, et qu'il faudrait, avec le fret du voyage de San-Francisco à Sidney, » leur offrir aussi le fret gagné de Bordeaux à San-Francisco. »

(1) Voyez Pardessus, n° 080, et l'article 2092 du Code Napoléon.

avait d'ailleurs, à l'issue des voyages ou traversées heureusement effectuées, une valeur dont la jurisprudence n'a paru tenir aucun compte, et qui, au besoin, aurait dû porter les juges à ne pas formuler leur décision dans le sens restreint qu'ils y ont attaché.

Au surplus, toute cette dissertation n'a d'intérêt qu'au point de vue de la logique, puisque nous avons vu que, relativement aux loyers de l'équipage, le navire est, à de rares exceptions près, toujours censé avoir réalisé un fret, et qu'ainsi il n'est pas à craindre que les loyers afférents aux voyages antérieurs puissent être réduits au prorata.

Ramenés à ces termes, les articles 258 et 259 du Code de commerce sont encore basés sur une hypothèse qui consiste à penser que le législateur, par la disposition de ces articles, a eu pour objet d'intéresser les matelots à la conservation de leur bâtiment; et, dès lors, il convient d'examiner la valeur de cette opinion, qui n'est autre que celle de Valin réduite à des proportions moins rigoureuses.

Valin, pour la formuler, ne s'est appuyé sur aucun texte, et Pardessus semble (1) s'en être rapporté à lui, car il dit (sur cette disposition de l'article 3 des jugements d'Oléron, « AINZ PERDRENT LORS LOUYERS QUANT LA NEF EST PERDUE, ») qu'on ne trouve dans aucun monument du droit maritime romain ou des Basiliques, ce principe qui réduit les droits des matelots, pour leurs salaires, aux choses sauvées, et qu'il *a dû* s'introduire dans le moyen-âge par *la nécessité de les intéresser à la conservation du navire.*

Les avis de Valin sont sans doute d'un grand poids; mais, comme tous les humains, il était sujet à l'erreur, et nous pouvons dire, d'autant plus hardiment qu'il s'est trompé

(1) Collection des lois maritimes antérieures au XVIIIe siècle.

cette fois, que les tribunaux de commerce, tribunaux composés en majeure partie d'armateurs intéressés à conserver à la disposition de l'ordonnance de 1681, reproduite dans les articles 258 et 259 du Code de commerce, le sens exagéré qu'y attachait le commentateur, ont été les premiers à le restreindre. Quoi qu'il en soit, cette opinion subsiste, quelques restrictions qu'on y ait apportées, et comme elle subsiste sans autre fondement que l'autorité de Valin, le champ reste ouvert à l'interprétation.

Au point de vue de la question qui nous occupe, le naufrage ne peut être envisagé que de deux manières :

Ou il est le résultat d'un fait humain dont les conséquences devraient retomber sur les véritables auteurs, et non pas sur l'équipage entier ; — ou il est le résultat d'une force majeure qui ne doit être imputée à personne.

Comment admettre, en effet, avec Valin, que la loi n'ait eu d'autre but que d'intéresser les matelots au salut du navire, en disposant qu'en cas de naufrage, ils n'auraient que le navire et le fret pour garantie de leurs loyers ! Peuvent-ils maîtriser la tempête? N'y a-t-il pas des cas, tels que le naufrage à l'ancre, le naufrage par suite d'un coup de mer qui fait sombrer le bâtiment, etc., où les matelots ne peuvent tenter aucun effort pour le sauver? Ne sont-ils pas suffisamment intéressés à la conservation du navire par la crainte de perdre la vie et de voir s'engloutir le petit avoir qu'ils ont à bord? Les dispositions de l'article 241 du Code de commerce, qui défend au capitaine d'abandonner son navire pendant le voyage, *pour quelque danger que ce soit*, sans l'avis des principaux de l'équipage (1), et de la décla-

(1) Cette défense est aujourd'hui sanctionnée par un emprisonnement d'un mois à un an, et une interdiction de commandement d'un à cinq ans. (Article 80 du décret-loi du 21 mars 1852).

ration du roi, du 22 septembre 1699, qui punit de trois ans de galères les équipages qui abandonnent en mer leurs bâtiments, ne s'ajoutent-elles pas encore à cet intérêt?

Il est inutile de multiplier ces réflexions, car il suffit, pour démontrer l'erreur de l'interprétation dont il s'agit, de l'examiner dans ses conséquences.

Si l'on admet, en effet, que, par la disposition des articles 258 et 259 du Code de commerce, le législateur a eu pour but de contraindre les matelots à résister au danger avec toute l'énergie que peut employer l'homme qui défend son avoir, avoir d'autant plus précieux pour eux qu'il est le pain de toute une famille, il faut bien reconnaître aussi que la justice se trouve blessée de l'application de ce principe, au cas où ils n'ont pu tenter aucun effort pour sauver le bâtiment. Or, comme les articles 258 et 259 sont absolus; comme ils n'autorisent aucune distinction, aucune exception, on doit nécessairement en conclure que si telle avait été l'intention du législateur, il aurait manqué de sagesse, ce qui n'est point admissible quand il s'agit d'une disposition prise dans l'ordonnance de 1681, monument impérissable de droit maritime.

Ainsi, ce n'est pas la conservation du navire qui a motivé la mesure par suite de laquelle les matelots ne sont payés qu'au prorata de ce qui a été sauvé du naufrage.

Quel sens faut-il donc attribuer aux articles 258 et 259?

Il ne peut y en avoir d'autre que celui que le premier commentateur a donné à la disposition correspondante de l'ordonnance de 1681 : « L'armateur a perdu son navire et » son fret; il semble naturel que les matelots perdent leurs » loyers. » Dès lors, il n'y a pas lieu d'examiner si le bâtiment a fait une ou plusieurs traversées antérieures à celle pendant laquelle il se perd, afin de n'appliquer qu'à celle-ci les articles 258 et 259, distinction qui n'existe pas d'ailleurs pour les autres articles du Code (1) ; toute la fortune maritime répond ici des loyers des matelots, et, conséquemment, c'est la totalité des frets acquis dans le cours de l'expédition qui doit être réunie à la valeur des débris du navire pour acquitter le service fait jusqu'au jour du naufrage.

Si, en effet, le législateur n'a pas voulu que l'armateur qui perd son navire et son fret, par suite de naufrage ou de prise, fût encore responsable des loyers, il n'a pas voulu non plus qu'il atténuât ses pertes au détriment des matelots ; ce qui a toujours lieu lorsque les frets acquis avant le naufrage ne sont affectés qu'au paiement des loyers des voyages heureusement effectués, tout navire, ainsi que nous venons de le voir, étant censé naviguer avec un fret qui doit être incontestablement supérieur aux loyers de l'équipage.

En résumé, voici dans quels termes nous formulerons l'interprétation qui doit être donnée aux articles 258 et 259 du Code de commerce.

Quel que soit l'événement de force majeure par suite duquel le bâtiment ait été brisé, détruit ou condamné (2), et s'il y a insuffisance de la valeur des débris du navire ou du fret pour payer les loyers dus aux matelots pour la durée entière de leur service, ces loyers doivent subir une diminution proportionnelle ; mais on doit entendre ici par *fret* tous les frets (3) acquis depuis l'armement, de telle sorte

(1) Nous aurons occasion d'examiner un arrêt de la Cour de cassation, qui, interprétant l'article 262, a jugé que cet article s'appliquait à la durée entière de l'armement.

(2) Voyez Pardessus, n° 682.

(3) Voir plus haut ce que nous avons dit des bâtiments naviguant sur lest.

que, dans tous les cas où la valeur des débris du navire et les frets réunis seraient supérieurs ou égaux au montant des loyers, ces loyers devraient être payés jusqu'au jour de la cessation du service.

On ne peut raisonner autrement sur les articles 258 et 259 du Code de commerce, si l'on veut rester dans les bornes de l'équité, car nous avons assez démontré que les matelots, à moins qu'ils ne se soient rendus coupables d'un délit ou d'un crime dont les auteurs seuls doivent encourir la peine, ne sont pas responsables de la perte de leur bâtiment.

Tout porte à croire que cette interprétation prévaudra désormais. Mais aura-t-on encore assez fait pour des gens qui n'ont d'autre ressource que le salaire de leur travail? En Angleterre, le matelot, nonobstant le naufrage, est payé de ses loyers jusqu'au jour de l'événement, en produisant un certificat constatant qu'il a fait son devoir (1); il ne devrait pas y avoir en France d'autre condition au paiement des loyers dus aux gens de mer, car, du moment où il est reconnu, d'un côté, que les matelots sont dans l'impuissance d'empêcher la perte de leur bâtiment; de l'autre, que les faits volontaires ne doivent peser que sur leurs auteurs, et non sur l'équipage entier, il ne paraît point équitable de limiter à la valeur des débris du navire et du fret le salaire d'un homme à gages dont la créance subsiste entière, dès

(1) « And in all cases of wreck or loss of the ship, every surviving seaman » shall be entitled to his wages up to the period of the wreck or loss of the » ship, wether such ship shall or shall not have previously earned freight, » provided the seaman shall produce a certificate from the master or chief » surviving officer of the ship, to the effect that he had exerted himself to » the utmost to save the ship, cargoe and stores (7 and 8 Victoria, cap. 112, » 5 september 1844). »

lors que son service a été accompli jusqu'au jour du naufrage. Que sont les loyers d'un pauvre matelot dans les mains d'un armateur qui, au moyen d'une prime d'assurance, ne court plus que les risques de ne pas réaliser ce que lui promettait l'expédition, tandis que le matelot, à qui il est d'ailleurs défendu d'assurer ses loyers, perd ce qu'il a gagné par son travail !

La dérogation faite au droit commun par les articles 258 et 259 ne semble donc plus nécessaire, même dans les termes où nous venons de la réduire, et l'on doit espérer que nous ne tarderons pas à imiter la législation anglaise.

Nous n'avons en vue, en raisonnant sur les articles 258 et 259, que le cas de naufrage ; mais il est évident que tout ce qui a été dit à ce sujet s'applique également à la prise, et il y a même lieu de remarquer que ce genre de perte du navire, placé par l'article 258 sur la même ligne que le naufrage, démontre d'une manière irréfragable que cet article, c'est-à-dire celui qui lui correspond dans l'ordonnance de 1681, a été libellé sans intention d'en faire un moyen d'attacher l'équipage au salut de son bâtiment, car on ne peut, par exemple, demander aucune résistance à un chasse-marée de cinq hommes d'équipage attaqué par une frégate de 60 canons ?

Il arrive quelquefois qu'une prise n'est pas jugée bonne par le gouvernement auquel appartient le bâtiment qui l'a faite, et qu'après avoir été conduite dans un port ennemi, elle est ensuite relâchée ; cette circonstance doit être assimilée à l'un des cas de force majeure que nous étudierons sous le titre : *navires en voyage*, à moins qu'elle n'ait été occasionnée par un fait imputable aux parties intéressées au bâtiment ou à la cargaison, lesquelles en supporteraient dès lors toutes les conséquences vis-à-vis de l'équipage.

Cas de confiscation.

21. Nous n'insisterons pas sur la différence qu'il convient d'établir entre la prise et la confiscation; celle-ci ne saurait, en aucun cas, être assimilée à la première dans l'application de l'article 258. La prise est un événement de guerre, fortuit de sa nature, tandis que la confiscation est toujours le résultat d'une fraude ou de l'inobservation des lois, traités, etc., qui doit donner lieu à l'exécution des articles 1382, 1383 et 1384 du Code Napoléon, en vertu desquels on est responsable du dommage que l'on a causé, soit par son fait, soit par le fait des personnes dont on répond (1). Voici donc comment nous envisagerons la question :

1° Si la confiscation procède du fait des armateurs, capitaines ou chargeurs, elle doit être assimilée au cas où le voyage est *rompu* par *leur fait*, et ouvrir dès lors aux matelots des droits réglés par les articles 252 et 257 du Code de commerce, qui seront ci-après examinés.

2° Si elle procède, comme cela peut arriver, du fait d'un ou de plusieurs membres de l'équipage, les coupables doivent en être civilement responsables vis-à-vis des parties lésées; mais, dans le cas où l'armateur aurait réalisé un ou plusieurs frets depuis le départ du navire, les matelots qui n'auraient pas à répondre de la confiscation n'en pourraient pas moins, dans les limites de ces frets, répéter contre lui, sauf son recours, les loyers qui leur seraient dus (2).

(1) On peut consulter, à ce sujet, deux arrêts de la Cour de cassation, du 2 juin 1829 (affaires du *Vigilant* et de la *Petite-Betsy*), qui, bien que rendus sous l'empire de l'ancien article 216 du Code de commerce, modifié depuis par la loi du 14 juin 1841, n'ont rien perdu de leur force en ce qui touche la responsabilité encourue par l'armateur en cas de confiscation.

(2) Articles 1384 du Code Napoléon, 216 et 271 du Code de commerce.

3° Enfin, il peut se trouver que la confiscation procède à la fois du fait des armateurs ou chargeurs et du fait de l'équipage, lorsque, par exemple, celui-ci devait retirer un avantage spécial de l'entreprise par suite de laquelle la saisie a été opérée. Dans ce cas, il est évident que les matelots n'auraient de loyers à prétendre, s'ils étaient engagés au profit, que sur les bénéfices réalisés; s'ils étaient engagés à salaires fixes, que jusqu'au jour de la confiscation. Toutefois, la participation de l'équipage doit être prouvée, et résulter principalement de conditions d'engagement plus favorables qu'elles n'eussent été si le bâtiment n'avait pas été exposé à être confisqué. Ainsi, en supposant qu'un équipage, qui n'aurait pas d'ailleurs accepté une augmentation de salaires allouée en vue des chances de confiscation, n'ignorât pas que, par suite des manœuvres ou opérations ordonnées, le navire pouvait être saisi, l'absence d'opposition de sa part ne pourrait être considérée comme une adhésion tacite, et ne suffirait pas pour le priver du bénéfice des articles 252 et 257 du Code de commerce, car le premier devoir des gens de mer embarqués est d'obéir aux ordres qui leur sont donnés, et le commerce maritime est trop étroitement intéressé à cette obéissance passive, pour qu'en aucun cas elle puisse leur être imputée à faute.

Violation de blocus.

22. La saisie qui est la conséquence de la violation d'un blocus doit-elle être assimilée à la prise ou à la confiscation ?

Cette saisie n'est point une prise dans le sens que l'article 258 du Code de commerce a attaché à ce mot; car la prise ne peut être évitée, tandis que la saisie qui est la conséquence de la violation d'un blocus est un fait volontaire qui ne peut retomber que sur ses auteurs.

Il y a donc lieu d'assimiler complètement la saisie soufferte à la suite de la violation d'un blocus aux cas de confiscation que nous venons d'examiner.

Droit illimité des matelots sur les objets sauvés d'un naufrage.

23. L'article 259 semble ne donner privilége aux matelots sur les débris du navire qu'à la condition qu'ils les auront eux-mêmes sauvés; mais leur droit n'en subsiste pas moins lorsqu'on a dû employer d'autres ouvriers, car les frais de sauvetage sont privilégiés sur les objets sauvés et se prélèvent avant les loyers dus à l'équipage du bâtiment naufragé.

Il importe, d'ailleurs, de faire remarquer que si cette expression «qu'ils ont sauvés» a eu pour objet de stimuler leur zèle, le décret-loi du 24 mars 1852, qui s'applique aux marins naufragés (art. 4) comme à ceux qui sont en cours de voyage, fournit les moyens d'atteindre encore plus complètement le but.

L'armateur, en contractant l'obligation d'acquitter les salaires promis à l'équipage, contracte aussi celle de lui payer la conduite qui lui est due dans certains cas. Cette matière fera l'objet d'un chapitre spécial.

§ 3. Obligation de pourvoir aux frais de maladie des matelots. — Interprétation de l'article 262 du Code de commerce.

24. « Le matelot est payé de ses loyers, traité et pansé » aux dépens du navire, s'il tombe malade pendant le voyage » ou s'il est blessé au service du navire. » (Article 262 du Code de commerce).

Il n'est point arrivé à notre connaissance que le bénéfice de cet article ait jamais été refusé aux gens de mer blessés au service du navire, même avant son départ ; mais il est généralement admis qu'il doit être pris à la lettre, c'est-à-dire que, pour le cas de maladie ne résultant pas de blessure, le matelot n'a droit à être payé, traité et pansé aux dépens du navire, que s'il tombe malade *pendant le voyage*. Nous allons examiner le mérite de cette opinion.

L'article 11, tit. IV, liv. III de l'ordonnance du mois d'août 1681, dont l'article 262 est la reproduction, portait :

« Le matelot qui sera blessé au service du navire, ou qui » tombera malade pendant le voyage, sera payé de ses loyers » et pansé aux dépens du navire ; et s'il est blessé en com- » battant contre les ennemis ou les pirates, il sera pansé » aux dépens du navire et de la cargaison. »

Cet article n'a pas fait de différence, on le voit, entre le marin tombé malade et le marin blessé, et l'expression « pendant le voyage » s'applique à la blessure aussi bien qu'à la maladie ; cependant, Valin a cru voir une distinction dans ces deux positions, car voici comment il s'exprime à ce sujet :

« Pour les deux premiers cas de cet article, c'est-à-dire » si le matelot est blessé au service du navire, ce qui *s'en- » tend aussi bien avant le départ du navire qu'après,* ou » s'il tombe malade pendant le voyage, etc. »

Valin a évidemment commis une erreur, non-seulement parce que le texte ne l'autorisait pas à faire cette distinction, mais encore parce qu'il n'y a réellement aucune différence à établir entre le marin blessé et celui qui tombe malade sans blessure à la suite d'un travail excessif effectué pour le service du bâtiment. On ne voit pas, d'ailleurs, comment il pouvait, dans la pratique, être donné satisfaction à cette opinion, car, aux termes de l'art. 1er, tit. VIII, liv. II de l'ordonnance, « les matelots étaient tenus de se » rendre aux jours et lieux assignés pour charger les vivres, » équiper le navire et faire voile, » et le voyage devait nécessairement, sous l'empire de l'ordonnance, être censé commencé à partir de ce moment, qui marquait le commencement du service maritime.

En comparant les articles 11 et 262, on y remarque une inversion qui tendrait à faire croire que le législateur de 1807, obéissant à l'autorité de Valin, a voulu établir la distinction faite par le commentateur. Mais un texte de loi ne s'explique pas par une supposition, et c'est dans le Code lui-même qu'il faut chercher l'explication de notre article.

Le Code a-t-il pu admettre qu'un matelot tombé malade en rade, après deux mois d'embarquement par exemple (ce qui se voit assez souvent), serait privé du bénéfice de l'article 262? Tel est l'état de la question.

Locré, sur l'article, s'exprime en ces termes :

« Nous avons vu quand le navire est réputé en voyage. » Ce n'est que depuis ce moment que le pansement du matelot est à la charge du vaisseau. Il n'en serait pas de même » si le matelot tombait malade auparavant, fût-il déjà engagé. »

Il se tait sur la question des loyers; mais il est évident qu'il les place sur la même ligne que les frais de pansement.

En se reportant au renvoi indiqué, on y trouve :

« Le voyage est censé commencé lorsque le navire a mis » à la voile et a navigué au moins pendant vingt-quatre » heures. » (Valin, Note sur l'art. 3, tit. IV, liv. III).

Sur quel texte Valin a-t-il pu fonder cette définition? C'est un point qu'il est impossible d'éclaircir et sur lequel il n'est pas dès lors nécessaire de s'arrêter. Peu importe, en effet, quand il s'agit d'un homme qui passe sa vie sur l'Océan, que le navire sur lequel il s'est embarqué ait fait voile et ait navigué pendant vingt-quatre heures; ce n'est pas après cette épreuve que, pour lui, le voyage est commencé; c'est après qu'il a contracté son engagement, après qu'il s'est placé sous le régime sévère de la loi maritime, et qu'il ne peut plus se soustraire à son obligation qu'en encourant les peines portées contre la désertion. Et d'ailleurs, n'est-ce pas en rade, et même dans le port, que les matelots ont le plus à travailler? N'y courent-ils pas aussi des dangers (1)?

La définition de Valin soulève, au surplus, beaucoup de difficultés à l'égard des bâtiments expédiés des ports situés sur les fleuves, rivières et canaux, lesquels ne naviguent pas, dans le sens qu'il attachait à ce mot, et ne mettent pas non plus à la voile lorsque, ce qui arrive fréquemment, ils sont toués ou remorqués.

Ainsi, dès à présent, il y a lieu de conclure de ce qui précède, que la définition donnée par Valin est inexacte et que le législateur des deux époques n'a pas attaché au mot *voyage* un sens tel qu'il ne soit pas permis de le définir : « la durée du service des matelots. » Mais poursuivons notre examen.

L'article 270, § 5, du Code porte :

« Il n'y a pas lieu à indemnité, si le matelot est congédié » avant la clôture du rôle d'équipage; » et Locré rapporte à ce sujet :

« Cette disposition a été ajoutée sur la proposition du tribunal de commerce de Rouen, lequel a dit : « Jusqu'à ce

(1) Il n'est pas rare que des bâtiments fassent naufrage en rade, et même dans le port; la statistique viendrait, au besoin, à l'appui de cette assertion.

» que les matelots aient passé la revue devant le commis-
» saire de la marine, ils travaillent à la journée pour dis-
» poser le navire. Il ne paraît donc pas juste qu'un matelot
» pris à la journée puisse prétendre à une indemnité avant
» d'avoir *contracté d'engagement* pour le voyage, à moins
» qu'il n'y eût une convention écrite entre lui et le capi-
» taine. »

Rapprochant le § ci-dessus, et l'explication qui l'accompagne, des autres dispositions de l'article 270 (1), on en conclut nécessairement :

Que le matelot ayant droit à une indemnité lorsqu'il est congédié, sans cause valable, après la clôture du rôle d'équipage, il en résulte que, relativement à lui, le voyage est censé commencé après son inscription sur ce rôle, c'est-à-dire après qu'il a contracté son engagement.

Or, si, dans le cas de l'article 270, le voyage est censé commencé pour lui à partir de son inscription sur le rôle d'équipage, peut-on admettre qu'il en soit autrement dans le cas de l'article 262? Peut-on admettre que le Code soit en contradiction avec lui-même ?

Quant à nous, nous ne saurions trouver une distinction à faire dans l'article 262; et nous pensons, en conséquence, que, pour le marin tombé malade sans avoir été blessé, le voyage est censé commencé après son engagement et son inscription sur le rôle d'équipage. C'est, au surplus, l'opinion de Pardessus, qui s'exprime à cet égard (n° 688) dans les termes suivants :

« Tout homme de mer qui tombe malade *depuis le mo-*
» *ment* qu'il est sur le navire ou employé *à son service* (2),

(1) Cet article est examiné numéro 60.

(2) Pardessus semble s'être appuyé, pour formuler cette opinion, sur un arrêt de la Cour de cassation du 12 floréal an IX, et c'est une preuve évidente

» soit naturellement, soit pour blessures reçues en combattant ou en faisant le service qui lui est commandé, soit » à terre, où il se serait rendu avec autorisation, est traité » aux dépens du navire jusqu'à sa guérison. Il touche aussi » le montant de ses loyers, et même les profits au partage » desquels il serait admis s'il n'était pas tombé malade. »

Quelque concluantes que soient ces réflexions, la Cour de cassation, dans une affaire où il s'agissait d'un second capitaine qui, embarqué à Calcutta le 21 juin 1850, sur un navire en cours de voyage, avait été laissé malade à terre, le 24 août suivant, après avoir fait un service de plus de deux mois avant le départ de ce bâtiment, a cependant jugé dans un sens tout différent, ainsi qu'il résulte d'un arrêt du 31 janvier 1854, dont voici le dispositif :

« Attendu, en droit, qu'aux termes des articles 262 et » 272 du Code de commerce, le matelot, l'officier ou toute » autre personne de l'équipage qui tombe malade pendant » le voyage, ou qui est blessé au service du navire, doit » être payé de ses loyers, traité et pansé aux dépens du navire ;

» Que le navire n'est réputé en cours de voyage que » lorsqu'il a mis à la voile et quitté le port ; que cela résulte des articles 252 et suivants du Code de commerce, » qui règlent les droits des propriétaires des navires et des » gens de l'équipage, lorsque le voyage est rompu *avant le* » *départ du navire ou après le voyage commencé ;*

» Que la navigation d'un bâtiment se divise en *voyage d'aller* et *voyage de retour;* que si, pour le marin embarqué au » port d'armement, et qui doit rester au service du navire

que la question, pour lui, ne faisait l'objet d'aucun doute, car cet arrêt, rapporté dans le *Recueil des questions de droit* de Merlin : *Verba* « Prises maritimes, » est étranger au cas qui nous occupe.

» jusqu'à son désarmement, ces deux voyages ne font qu'une » seule et même chose, un voyage indivisible, il ne saurait » en être de même de celui qui s'est embarqué, soit au port » de destination, soit dans un port de relâche, et seulement » pour le voyage de retour ; qu'à l'égard de celui-ci, le voyage » ne commence qu'au moment où le navire quitte le port » où il a été embarqué ;

» Que l'inscription de ce marin au rôle d'équipage in- » dique seulement l'époque de son entrée au service du » navire et les conditions de son engagement, mais ne » constitue pas le navire en cours de voyage ;

» Qu'il suit de là que le marin tombé malade même après » son inscription sur le rôle d'équipage, mais avant que le » navire eût mis à la voile et quitté le port où ce marin a » été embarqué, ne peut invoquer le bénéfice des arti- » cles 262 et 272 du Code de commerce ;

» Et attendu qu'il est constaté en fait, par l'arrêt atta- » qué, que le sieur Labbé, embarqué à Calcutta le 30 juin » 1850, sur le navire l'*Argo*, est tombé malade, et qu'il y a » eu nécessité de le débarquer avant que le navire eût mis » à la voile et quitté le port ;

» Que Labbé n'avait pas, comme il le prétendait, été em- » barqué par suite de permutation avec le sieur Martin, » précédent capitaine en second, mais bien en vertu d'un » engagement personnel par lui contracté ;

» Que cette constatation de fait et cette interprétation » de l'engagement souscrit par le sieur Labbé rentrait dans » les attributions souveraines de la Cour impériale ;

» Que la Cour impériale en a justement conclu : 1° que » le navire l'*Argo* n'était pas en cours de voyage à l'égard » du sieur Labbé lorsque celui-ci s'est embarqué et lorsqu'il » est tombé malade dans le port de Calcutta ; et 2° que le

» sieur Labbé ne pouvait se prévaloir du service du sieur » Martin, précédent capitaine en second de l'*Argo*;

» Que, dans ces circonstances, le sieur Labbé, dont les » frais de maladie à Calcutta, à Chandernagor et à l'île de » la Réunion, avaient d'ailleurs été payés par les corres- » pondants des sieurs Sarrebourse, de Lauriston et Haent- » jens, armateurs de l'*Argo*, et dont les appointements » pour le temps pendant lequel il était resté à bord de ce » navire, avaient été versés par ces mêmes armateurs à la » caisse des gens de mer, après le retour du bâtiment, n'a- » vait plus rien à réclamer desdits armateurs;

» Qu'en décidant ainsi par l'arrêt attaqué, la Cour im- » périale de Rennes, loin de violer les articles 262 et 272 » du Code de commerce, en a fait une saine et régulière » application;

» Rejette, etc. »

Toute l'argumentation de cet arrêt paraît reposer sur ce que le navire n'est réputé en voyage que lorsqu'il a mis à la voile et quitté le port; que cela résulte des articles 252 et suivants du Code de commerce. Or, dans l'article 252, on trouve à la fois les deux expressions : « avant le départ du navire » et « après le voyage commencé, » présentées comme identiques, et dans l'article 253 on ne trouve plus que la seconde.

La question revient donc encore à interpréter ce que l'on doit entendre, à l'égard du matelot qui s'engage à bord d'un bâtiment, *par voyage commencé*, et nous n'avons dès lors aucune raison de modifier l'opinion que nous avons émise à ce sujet, d'autant plus que les articles 252 et 253 ont été reproduits de l'ordonnance de 1681, sans tenir compte du rôle d'équipage, qui, à cette époque, n'était qu'une simple liste destinée à faciliter le classement des gens de mer, et n'était pas encore considéré comme l'expression de leur engagement (n° 15); tandis que cette omission, qui ne se remarque pas dans l'article 270, ne permet pas de douter que le législateur n'ait voulu faire courir le voyage à l'égard du matelot, à partir de la clôture du rôle d'équipage.

C'est donc à cet article, et non pas aux articles 252 et 253, qu'il faut se reporter pour trouver la définition que l'on cherche.

Les polices d'assurances maritimes font courir les risques du navire, c'est-à-dire commencer le voyage, à partir du moment où il a reçu des marchandises, ou, à défaut, à partir du moment où il a démarré. On ne peut cependant pas dire, dans ce cas, que le navire ait mis à la voile et quitté le port, et ce simple rapprochement démontre tout le danger qu'il y a à ne s'attacher qu'à la lettre dans l'application des lois qui ne sont pas de droit étroit.

Le troisième considérant est particulier au cas soumis à la Cour suprême, et c'est surtout en cela que l'arrêt nous paraît rigoureux; car si nous avons démontré que, dans le port même d'expédition, le voyage est censé commencé pour le matelot lorsqu'il a été inscrit sur le rôle d'équipage, à plus forte raison doit-il en être ainsi lorsqu'il s'embarque sur un navire en cours de voyage. Examinons :

Si, dans ce cas, le matelot n'a pas droit à être payé de ses loyers, il n'a pas droit non plus à être traité aux frais de l'armement, puisque l'article 262 ne sépare pas ces deux natures de dépense. Or, supposons un marin dans la position du sieur Labbé; que se passera-t-il à son débarquement?

Aux termes du décret-loi du 19 mars 1852, ce débarquement doit être autorisé par le consul (n° 44), qui, chargé de faire exécuter l'article 3 de l'arrêté du 5 germinal an XII (n° 25), ne l'autorisera certes qu'après avoir exigé une caution solvable pour les frais de maladie. Mais supposons encore que le débarquement ait lieu sans l'intervention du consul : d'un côté, le capitaine ou l'armateur paiera l'amende portée par le décret-loi du 19 mars 1852; de l'autre, l'armateur n'en sera pas moins responsable des frais de maladie, aux termes de l'article 1384 du Code Napoléon, puisque le marin débarqué était commis au service de son navire ; et l'on voit ainsi que si ces frais doivent être acquittés par l'armateur en tout état de cause, les loyers, qui n'en sont pas séparés par l'article 262, doivent également rester à sa charge. La Cour de cassation, en constatant que les armateurs de l'*Argo* avaient acquitté les frais de maladie de Labbé, a d'ailleurs reconnu implicitement qu'ils étaient dus, et dès lors il est à regretter qu'elle ait perdu de vue que les loyers, en vertu de l'article 262, avaient le même privilége que les frais de maladie.

Il est encore à remarquer, en ce qui touche le cas d'un marin embarqué en cours de voyage, que l'article 262 étant absolu et d'ordre public (décret-loi du 4 mars 1852), et la plus grande partie des marins qui s'embarquent dans ces conditions se composant d'hommes débarqués d'un premier bâtiment pour cause de maladie, il résulterait de la doctrine de la Cour que l'homme ainsi débarqué ne consentirait plus à s'embarquer sur un autre navire après son rétablissement, afin de ne pas perdre le bénéfice de notre article (voir le rapport qui précède le décret), et que cette doctrine, en apparence favorable aux armateurs, tournerait, en réalité, contre eux.

Dans le quatrième considérant, la Cour de cassation a oublié que l'inscription sur le rôle d'équipage place le matelot sous le régime exceptionnel de la loi maritime (décret-loi du 24 mars 1852, art. 3), ce qui constitue évidemment pour lui le commencement du voyage.

Le cinquième, étant basé sur le quatrième, qui est incomplet, ne peut avoir la valeur d'une conséquence.

Enfin, il résulte de l'ensemble de l'arrêt que la Cour a été, dans la discussion du point de droit, dominée par les frais considérables de maladie auxquels Labbé avait donné lieu tant à Calcutta qu'à Chandernagor et à la Réunion, et tout porte à croire que, si elle avait de nouveau à décider sur cette matière, elle modifierait son opinion, non seulement au point de vue de l'homme embarqué loin de ses foyers, en pays étranger, sur un navire en cours de voyage, mais encore au point de vue du marin qui serait tombé malade dans le port d'armement.

Si, toutefois, on redoutait les conséquences d'un nouveau procès, il conviendrait d'assurer, par une clause spéciale d'engagement, au marin embarqué en cours de voyage, le bénéfice de l'article 262, pour le cas où il tomberait malade avant que le navire eût mis à la voile et quitté le port.

L'arrêt du 31 janvier 1854, interprétant ce que l'on doit entendre par *voyage commencé*, a retranché la condition de vingt-quatre heures de navigation imposée par Valin, de sorte qu'il ne reste plus à cette définition que celle d'avoir mis à la voile et quitté le port. Or, comme le vent n'agit pas sur un bâtiment d'une autre manière que la force qui le remorque, il y a lieu de conclure de l'interprétation de la Cour de cassation, que le navire est censé en cours de voyage après avoir franchi la sortie du port pour prendre la mer ou se mettre en rade, et que, pour les ports situés sur les fleuves et rivières, le voyage commence au moment où le bâtiment, ayant à bord son équipage, s'éloigne du point où il était amarré.

Nous terminerons par une dernière remarque, tirée du Répertoire de Merlin, *Verba,* « Prises maritimes ; » c'est que, dans l'application de l'article 262 du Code de commerce, la loi n'oblige pas le marin à prouver que sa maladie est survenue postérieurement à son embarquement :

« Dès que cette maladie est constante, dès qu'elle est » reconnue ou prouvée légalement, la loi est satisfaite et » lui conserve tous ses droits comme s'il continuait sa croi- » sière, parce qu'elle présume que s'il n'eût pas joui d'une » bonne santé lors de son embarquement, cet embarque- » ment n'aurait pas eu lieu ; parce qu'elle fait résulter de » sa réception à bord du navire la preuve qu'il n'était alors » atteint d'aucune maladie ; parce qu'à ses yeux toute ma- » ladie qui force le marin à débarquer est une maladie qu'il » a contractée depuis le commencement de la croisière (1). » (Jugé dans ce sens par la Cour de cassation, le 19 floréal an IX).

Maladie syphilitique.

24. Il est resté jusqu'ici incontesté que le matelot atteint de la syphilis n'a droit, pendant la durée de sa maladie, ni à son traitement, ni au paiement de ses loyers, aux dépens du navire. Cette distinction paraît tirée du Commentaire de Valin sur l'article 11, tit. IV, liv. III, où il est dit : « Tout cela suppose des maladies naturelles et ordinai- » res, avec exclusion de tout mal contracté par le crime ; » mais comme elle n'est pas dans la loi, comme il n'est pas prouvé que ce soit précisément de la syphilis que Valin ait voulu parler lorsqu'il a formulé cette opinion, le champ

(1) Cette expression indique qu'il s'agissait d'un navire armé en course ; ainsi, les réflexions de Merlin s'appliquent, à plus forte raison, aux armements ordinaires, l'article 262 n'étant ici invoqué que par analogie.

reste ouvert à l'interprétation. Quant à nous, les maladies de ce genre nous paraissent devoir être classées en deux catégories : celles dont le matelot était atteint en s'embarquant, ou qu'il a contractées pendant la durée de son service ; et celles qui seraient congéniales, ou dont il serait guéri au moment de son embarquement, mais qui viendraient à reparaître sous une forme quelconque pendant la campagne, le plus souvent par suite des influences climatériques auxquelles il serait soumis, ou des obligations de son état.

Dans le premier cas, la maladie doit donner lieu au débarquement d'office, examiné nº 54, parce que, si le matelot est empêché de faire son service, la faute n'en peut retomber que sur lui.

Mais, dans le second cas, il ne nous paraît pas possible de le priver du bénéfice de l'article 262 du Code de commerce, car il n'y a point de faute à lui imputer.

Toutefois, nous ajouterons que la distinction en maladies vénériennes et autres maladies ayant été effacée pour l'armée navale par un règlement du 7 mars 1840, il serait à désirer qu'il en fût de même pour la marine marchande. On préviendrait par là beaucoup de difficultés, souvent difficiles à résoudre, parfois offensantes et toujours répugnantes.

Comment il est pourvu aux dépenses occasionnées par la maladie des matelots.

25. Les gens de mer embarqués sur les bâtiments du commerce sont admis, lorsqu'ils sont malades, en France ou aux colonies, dans les hôpitaux de la marine, au compte des armateurs, sur billets d'entrée délivrés par le commis-

saire de l'inscription maritime (1). A défaut d'hôpitaux maritimes, ils sont reçus dans les hôpitaux militaires ou civils, moyennant le prix de la journée de malade (2).

A l'étranger, le capitaine doit s'entendre avec le consul, ou avec les autorités du lieu, dans les ports où il n'y a pas de consul, pour faire admettre les hommes de son équipage dans les hôpitaux du pays, et, en l'absence de maisons de santé, il doit les faire traiter, soit à terre, soit à bord, avec toutes les garanties désirables. C'est là un de ses premiers devoirs; cependant, le ministre se trouve trop souvent dans la nécessité de reprocher aux capitaines de négliger la santé de leurs hommes, de les envoyer tardivement à l'hôpital, etc. Il faut espérer que l'humanité finira par triompher de la dureté et de l'avarice!

Lorsque le matelot n'a pu se rétablir avant le départ du bâtiment et est laissé à terre, le capitaine est tenu, tant pour subvenir aux frais de maladie que pour le mettre en état de se rendre dans ses foyers, ou pour pourvoir, en cas de mort, à sa sépulture, de déposer une somme suffisante et de donner caution pour le paiement de ces frais (3); si la somme déposée ne suffit pas, l'administration de la marine ou le consul, suivant le cas, y pourvoit au compte du ministère de la marine, qui fait ensuite exercer tout recours de droit contre les débiteurs. (Voyez arrêt de Cassation, du 2 juin 1829). Il paraît donc préférable, puisque l'arrêté de l'an XII et l'ordonnance de 1833 en laissent la faculté, d'exiger, si rien ne s'y oppose d'ailleurs, plutôt une caution solvable que le dépôt d'une somme d'argent, tant pour la sim-

(1) Arrêté du 7 vendémiaire an VIII, article 20.

(2) Arrêté du 17 nivôse an IX, article 3.

(3) Arrêté du 5 germinal an XII. — Ordonnance du 29 octobre 1833, article 50.

plification des écritures, que pour n'avoir pas de démarches à faire auprès des armateurs, seuls responsables des frais de maladie des marins embarqués sur leurs bâtiments aux termes de l'article 262 du Code de commerce.

Nous ferons observer aussi, et nous y reviendrons au chapitre de la conduite, que l'obligation de donner caution ou de déposer une somme suffisante pour subvenir aux dépenses des marins malades est indépendante du genre et de la cause de la maladie; c'est une disposition d'ordre public à laquelle l'armateur ne peut se soustraire en aucun cas (1). Il exerce son recours, lorsqu'il y a lieu, sur les individus, mais il ne doit pas abandonner à eux-mêmes, ou laisser à la charge de l'État, des hommes dont il répond, et qu'il a d'ailleurs pris l'engagement de représenter en recevant ses expéditions (2).

Embarquement de chirurgiens et de coffres de médicaments (Réflexions).

26. Telles sont les précautions que le législateur a prises pour assurer la guérison des marins du commerce, lorsqu'ils peuvent être traités à terre. Mais sa sollicitude ne s'est pas arrêtée là; il fallait aussi prévoir le cas où ils tomberaient malades en mer, et pourvoir à ce qu'ils fussent traités à bord avec autant d'efficacité que le permet la navigation. C'est le sujet que nous allons examiner:

L'ordonnance du 4 août 1819 voulait qu'il fût embarqué

(1) L'arrêté du 5 germinal an XII et l'ordonnance du 29 octobre 1833 pourraient s'appuyer, au besoin, sur les articles 1384 du Code Napoléon, et 216 du Code de commerce. (Voyez la circulaire du 30 novembre 1819, *Annales maritimes* de 1835, pag. 7).

(2) Nous avons prévenu que nous confondrions souvent l'armateur avec le capitaine, dont il répond.

un chirurgien sur tout navire expédié, soit pour des voyages de long cours, soit pour la pêche de la baleine et autres poissons à lard, lorsque l'équipage comportait 20 hommes, non compris les mousses (art. 1er) ;

Qu'il en fût embarqué deux lorsque l'équipage, chirurgien et mousses non compris, était composé de 90 hommes (art. 3).

Le décret du 2 juillet 1853 a affranchi les armateurs des navires expédiés pour des voyages de long cours autres que ceux à destination des pêches de la baleine, du cachalot et de la morue, de l'obligation d'embarquer un chirurgien, lorsque l'équipage de ces bâtiments ne dépasserait pas 30 hommes, les mousses non compris.

Le même décret porte aussi (art. 2) que, dans aucun cas, quel que soit le nombre des hommes de l'équipage, les armateurs des navires expédiés pour le long cours et la pêche de la baleine et du cachalot ne seront tenus d'embarquer deux chirurgiens.

L'ordonnance du 4 août 1819 avait déjà fait une exception aux dispositions générales qu'elle contenait, en faveur de la pêche de la morue, qu'il importe tant à l'État de favoriser, et qui, eu égard au grand nombre d'hommes qu'elle emploie, aurait comporté l'embarquement d'un chirurgien à bord de la majeure partie des bâtiments. Elle ne rendait la présence de ce chirurgien obligatoire que pour un équipage de 40 hommes, non compris les mousses; et, quel que fût le nombre d'hommes, ces armements étaient toujours dispensés de l'obligation d'avoir deux chirurgiens. Toutefois, la faveur était trop grande, en ce qu'elle privait des secours de l'art les équipages moins nombreux ; une ordonnance du 24 avril 1842 a modifié l'exception en disposant qu'un chirurgien serait affecté au service sanitaire dans tous les havres de la côte de Terre-Neuve où il ne se trouverait pas un navire de première série (1), lorsque les navires concessionnaires de ces havres réuniraient 50 hommes d'équipage, les mousses compris. Le décret du 2 mars 1851 a reproduit cette disposition dans son article 28, ainsi conçu :

« Il sera embarqué un chirurgien sur tout navire destiné » à la pêche de la morue dont l'équipage sera de 40 hom» mes et plus, non compris les mousses.

» Un chirurgien sera affecté au service sanitaire de tout » havre où ne se trouvera pas de bâtiment de première sé» rie, lorsque les navires concessionnaires de ces havres » auront ensemble 50 hommes d'équipage, les mousses » compris. »

L'ordonnance du 4 août 1819 exige encore :

Que les armateurs des navires sur lesquels il est embarqué un officier de santé fournissent un coffre de médicaments, ustensiles et autres objets, suivant l'état annexé à l'ordonnance, article 9 (2);

(1) Il y a trois séries de bâtiments pêcheurs à la côte de Terre-Neuve. La première série comporte 50 hommes d'équipage; la deuxième, 30; et la troisième, 20.

(2) Voir l'instruction médicale insérée aux *Annales maritimes* de 1844, partie officielle, page 837.

Indépendamment de cette instruction, il existe un Guide hygiénique et médical pour les bâtiments du commerce qui fréquentent la côte occidentale d'Afrique, approuvé par le ministre le 25 octobre 1850. (*Bulletin officiel de la Marine*, 1851, 1er semestre, page 65).

Une circulaire du 16 octobre 1851 (*Bulletin officiel*, 2e semestre, p. 871) dispose que les tarifs de ces instructions médicales remplacent valablement celui qui est annexé à l'ordonnance du 4 août 1819, et que l'embarquement des objets qu'ils mentionnent est obligatoire, aux termes des articles 9 et 13 de cette ordonnance.

Il est inutile d'ajouter que les instructions qui précèdent doivent accompagner les objets dont elles exigent l'embarquement. Elles sont d'ailleurs

Que ceux des navires expédiés pour un voyage de long cours sur lesquels il n'est pas embarqué de chirurgien soient tenus de fournir au capitaine un coffre de médicaments pour tout bâtiment monté de *huit* hommes d'équipage, y compris les mousses. (Art. 13).

Elle contient aussi une série de dispositions propres à donner à l'autorité maritime les moyens de s'assurer de la capacité des chirurgiens, de la tenue au complet du coffre de médicaments, ainsi que de celle de la trousse et de la caisse d'instruments que les officiers de santé doivent avoir avec eux.

Quoi qu'il en soit, on regrette que cette ordonnance n'ait pas imposé aux bâtiments expédiés pour le grand cabotage, et à ceux expédiés pour le long cours qui ne comportent pas 8 hommes d'équipage, l'obligation d'embarquer un coffre de médicaments (1).

En ce qui touche le premier point, on comprend que, pour le petit cabotage, on n'exige pas l'embarquement d'un coffre de médicaments, parce que les relâches y sont fréquentes; mais il n'en est pas de même du grand cabotage. Ici, en effet, le voyage s'étend depuis la Baltique jusqu'à la mer Noire; il dure quelquefois plus de deux mois, et l'on peut souvent avoir à déplorer que l'armateur ne soit pas obligé d'embarquer un coffre de médicaments à bord des bâtiments qui reçoivent cette destination. Dira-t-on que la

tarifées. — Circulaire du 2 mai 1844. (*Annales maritimes* de 1844, partie officielle, page 880, et du 11 février 1851; *Bulletin officiel*, 1er semestre, page 64).

(1) On regrettait aussi qu'elle ait écarté les passagers de la supputation du nombre d'hommes donnant lieu à l'embarquement d'un chirurgien, mais il y a été pourvu par les décrets des 27 mars 1852, et 15 janvier-28 avril 1855, que nous avons mentionnés n° 10.

possibilité de mettre les malades à terre au moindre danger rendrait cette précaution inutile ? Nous avons des raisons de penser que des capitaines se décident difficilement, pour un pareil motif, à prolonger leur voyage, à faire échouer une spéculation sur laquelle on aurait fondé des espérances, à payer des frais de port, ancrage, etc. Aussi, serait-il de la plus grande urgence de prévenir le mal au moyen de quelques précautions, plutôt que de leur laisser le regret d'avoir manqué aux devoirs de l'humanité, dans la crainte d'être désapprouvés par leurs mandants. Cela, du reste, est si bien senti, même par les armateurs, qu'il n'est pas de bâtiment employé au grand ou au petit cabotage à bord duquel il ne soit embarqué une certaine provision de médicaments, linge à pansement, etc. Mais si l'on peut appréhender que cette prévoyance ne soit pas générale, ou qu'elle soit incomplète, il est du domaine de la loi d'y pourvoir.

En ce qui concerne les bâtiments expédiés pour le long cours avec un équipage inférieur à huit hommes, le regret que nous manifestons est encore mieux fondé, car il n'est pas possible d'admettre que, sur sept hommes naviguant au long cours, sous un climat auquel ils ne sont pas habitués, il n'y en ait pas quelques-uns qui aient besoin de soins pendant la durée du voyage. Objectera-t-on que l'ordonnance a été élaborée dans la pensée qu'il y a toujours plus de sept hommes d'équipage à bord d'un bâtiment expédié pour le long cours? La limite qu'elle a fixée démontre le contraire, et par conséquent la mesure ne trouve aucune justification.

Quant à nous, nous pensons que les maladies étant inhérentes à la nature humaine, il est presque aussi nécessaire d'embarquer des médicaments à bord des bâtiments que d'y embarquer des vivres, sauf à tenir compte de la destination du navire et du chiffre de l'équipage dans la fixation des espèces et quantités.

Enfin, nous compléterons ces réflexions par un passage de l'instruction médicale destinée aux capitaines qui n'embarquent pas de chirurgien :

« Pour se convaincre, d'ailleurs, de l'utilité et du bien-
» fait des soins administrés par le capitaine, que l'on con-
» sidère un navire privé de toute substance médicamen-
» teuse et de tout moyen de pansement, où le malade et
» le blessé, abandonnés à eux-mêmes, n'auraient à atten-
» dre de personne ni consolation ni secours! L'homme,
» dans ses souffrances, appelle naturellement un autre
» homme à son aide; il a au moins besoin de la pitié; si
» elle lui est refusée, il tombe dans le découragement, et
» l'abattement de son moral vient augmenter encore la gra-
» vité du mal dont il est atteint. Laissons donc blâmer par
» des hommes indifférents ce qu'ils appellent l'excès de nos
» précautions, et puisqu'il est dans notre caractère national
» et dans la douceur de nos mœurs de sympathiser avec
» toutes les misères, continuons à suivre, et, s'il se peut,
» à améliorer le bienveillant système que nous ont trans-
» mis nos devanciers. »

Ici se termine l'exposé des obligations générales des armateurs. Il y en a beaucoup d'autres; mais, dans la crainte de nuire à la clarté du sujet, nous préférons ne les énumérer qu'au fur et à mesure qu'elles se présenteront dans l'examen des questions auxquelles elles se rattachent.

SECTION IV. — OBLIGATIONS GÉNÉRALES DE L'ÉQUIPAGE.

Les matelots ne sont soumis aux règles spéciales qui les régissent qu'après leur inscription sur le rôle d'équipage.

27. Nous avons vu (page 100) que, jusqu'à leur inscription sur le rôle d'équipage, les matelots étaient considérés comme

des ouvriers travaillant à la journée. Jusque-là, les conventions qu'ils ont faites avec les capitaines et armateurs ne peuvent avoir que des effets civils, car la spécialité de la navigation seule a permis de déroger au droit commun en ce qui concerne l'engagement des gens de mer; et il ne doit, par conséquent, pas y avoir lieu à l'application des règles exceptionnelles là où il n'y a pas de rôle d'équipage, c'est-à-dire là où il n'y a pas encore de navigation. Tels sont les motifs de l'article 3 du décret disciplinaire et pénal pour la marine marchande, du 24 mars 1852, lequel ne rend les marins passibles des peines qu'il édicte qu'à partir de leur inscription sur le rôle d'équipage du bâtiment pour lequel ils ont loué leurs services.

On a suffisamment fait connaître dans l'introduction comment s'effectuaient les engagements des gens de mer; nous n'avons rien à y ajouter : l'inscription sur le rôle d'équipage, après que les conditions ont été bien et dûment expliquées, place, à partir de ce moment, le matelot sous les lois d'exception qui le régissent, soit en ce qui touche les peines qu'il peut encourir pour ses fautes et délits, soit en ce qui touche les avantages qui lui sont accordés.

Étendue des obligations des matelots.

28. Le marin, en se faisant porter sur le rôle d'équipage avec fonction à bord, contracte l'obligation d'exécuter tous les travaux qui lui seront commandés pour le service du navire et que suppose la qualité qu'il prend en s'engageant.

Dans quelle limite est-il tenu de travailler au chargement et au déchargement ?

On lit à ce sujet dans Valin (Comm. sur l'art. 1er, t. VII, liv. II) :

« Autrefois, les matelots n'étaient point obligés de char-

» ger ni décharger les marchandises sans une rétribution » particulière qui leur était payée par les marchands char- » geurs. (Consulat, ch. 71 et 72; art. 48 de l'ordonnance » de Wisbuy). Aujourd'hui et depuis longtemps, l'obliga- » tion de charger et décharger les marchandises est une » suite nécessaire du service qu'ils doivent au navire, les » marchands chargeurs n'étant tenus de faire porter leurs » marchandises à leurs frais que jusqu'au quai, si le navire » y est amarré, ou jusqu'au vaisseau s'il est en rade; après » quoi, c'est au maître à les faire charger dans son bâti- » ment par ses matelots. Il en est de même pour la décharge; » le tout s'il n'y a pas convention contraire. »

Rien n'est plus juste : les matelots seraient obligés, en mer, de s'occuper de la manœuvre; il est tout naturel que, dans le port où il n'y a pas à manœuvrer, ils gagnent leur salaire en chargeant et déchargeant la cargaison; mais si, comme le fait observer Valin, ce travail est une suite nécessaire du service du navire, l'obligation ne doit pas s'étendre au-delà, car la place des gens de mer est à bord du bâtiment qui leur est confié, et ils ne peuvent être contraints de s'en absenter que lorsqu'il s'agit du service du navire proprement dit. On ne saurait donc légalement les contraindre à travailler pour la cargaison ailleurs que dans le bâtiment, par exemple à prendre des marchandises dans des magasins, à conduire ou remorquer des alléges, etc.; toute convention contraire entre les chargeurs ou destinataires et l'armateur ou le capitaine n'obligerait pas l'équipage, à moins qu'il n'y eût formellement consenti (1).

(1) L'article 268 du Code de commerce suppose, il est vrai, que le matelot peut être envoyé à terre pour le service du chargement, mais on ne peut y voir autre chose que la conséquence d'un fait isolé, et non pas la reconnaissance du droit de l'y contraindre.

Quoi qu'il en soit, dans les ports où l'usage des lieux déroge à la règle qui vient d'être posée, nous pensons que les matelots doivent s'y conformer, de même qu'il peut y être dérogé par des conventions particulières; mais il y a lieu de remarquer, à l'égard de ces conventions et même des obligations qui résulteraient de l'usage des lieux, que si elles sortaient de la classe des travaux qui constituent le service du navire proprement dit, leur non-exécution ne pourrait avoir que des effets civils et ne motiverait pas l'intervention de l'autorité maritime, nonobstant la délivrance du rôle d'équipage, car le décret-loi du 24 mars 1852 ne punit que les manquements relatifs au service du bâtiment.

Quant aux travaux qui doivent être réputés travaux relatifs au service du navire, il y a certaines opérations auxquelles on peut sans hésitation attribuer ce caractère, par exemple, l'envoi de l'équipage à terre pour y chercher de l'eau, des vivres, des objets de rechange, et du lest même, le lest étant indispensable à la navigation lorsque le chargement est incomplet. Mais c'est surtout dans la nature des circonstances qu'il faut chercher les raisons de décider lorsque des difficultés de ce genre sont à vider.

Ce qui précède s'applique spécialement aux marins engagés à salaires fixes, car, en ce qui touche ceux engagés à la part, il ne peut y avoir de règles précises, les obligations étant plutôt ici le résultat de conventions particulières que de dispositions réglementaires. Rappelons, toutefois, que la loi ne punirait pas les manquements aux obligations qui ne pourraient être considérées comme inhérentes au service du bâtiment.

L'usage des lieux à opposer aux matelots ne peut être que celui du port d'armement.

29. Maintenant, que faut-il entendre par *usage des lieux :*

l'usage du port où le navire a été armé ou l'usage de ceux où il fait escale ?

La réponse à cette question se trouve dans l'article 1159 du Code Napoléon, portant que ce qui est ambigu dans les conventions s'interprète par ce qui est d'usage *dans le pays où le contrat est passé.*

Ainsi, *l'usage des lieux* à opposer aux matelots n'est pas celui des ports où le bâtiment fait escale; mais l'usage qui, dans le port où l'engagement a été contracté, détermine, suivant la nature de la navigation, les obligations que les matelots ont à remplir, en cours de voyage, à l'égard de la cargaison; et s'il s'élève à ce sujet des contestations, elles ne peuvent être jugées qu'au port d'armement ou sur le vu d'un parère émané de ce port.

Des questions traitées dans ce chapitre, il résulte que, dans l'application des dispositions relatives aux droits et obligations réciproques des armateurs, capitaines et équipages des bâtiments du commerce, le point de départ est le rôle d'équipage. Nous allons donc partir du moment où le commissaire est requis de le délivrer, et suivre ce lieu officiel du personnel de la marine marchande jusqu'au jour où il est classé dans les bureaux de l'inscription maritime ou dans les chancelleries des consulats; ce qui comprendra trois chapitres distincts : *Armements, Navires en voyage* et *Désarmements*, où viendront se grouper les matières principales de ce traité.

CHAPITRE II.

ARMEMENTS.

Du Rôle d'équipage.

30. La loi du 7 vendémiaire an II voulait que les navires français appartinssent exclusivement à des citoyens français ; la loi du 9 juin 1845 a admis les étrangers à en être propriétaires jusqu'à concurrence de la moitié. Toutefois, elle a laissé subsister la disposition de la première, qui ne répute bâtiments français que ceux dont le capitaine, les officiers et les trois quarts de l'équipage sont citoyens français.

Ainsi, pour obtenir un rôle d'équipage, il faut remplir ces deux conditions.

La législation sur le rôle d'équipage (1), éparse autrefois dans plusieurs actes énumérés dans le rapport qui précède le décret-loi du 19 mars 1852 (2), est aujourd'hui résumée et complétée par cette loi, dont voici les dispositions :

« Art. 1er. Le rôle d'équipage est obligatoire pour tous » bâtiments ou embarcations exerçant une navigation ma- » time.

» La navigation est dite maritime sur la mer, dans les » ports, sur les étangs ou canaux où les eaux sont salées, » et, jusqu'aux limites de l'inscription maritime, sur les

(1) Nous avons vu (n° 15) que le rôle d'équipage est né avec le régime des classes, en 1673.

(2) *Bulletin des Lois*, n° 510, page 993. 1852.

» fleuves ou canaux affluant directement ou indirectement » à la mer (1).

» Art. 2. Le rôle d'équipage est renouvelé à chaque voyage » pour les bâtiments armés au long cours, et tous les ans » pour ceux armés au cabotage ou à la petite pêche (2).

(1) Cette énumération est complétée par les actes cités n° 12.

Les bateaux de plaisance sont tenus d'avoir un rôle d'équipage (Cass., 17 janvier 1850. *Bulletin officiel de la Marine*, 1er semestre, 209). Toutefois, une dépêche du 26 juillet 1850 (*Bulletin officiel de la Marine*, 2e semestre, 39) a remplacé, pour les embarcations uniquement affectées à des *promenades* à la mer, le long des côtes et dans la partie maritime des fleuves et rivières, le rôle d'équipage par un permis de navigation spécial ne donnant pas lieu à l'inscription des individus qui y sont portés, lesquels peuvent même prendre accidentellement d'autres promeneurs sans les faire inscrire sur le permis.

Quant aux bâtiments de plaisance destinés à faire des excursions de quelque durée, même sur les côtes de France, ils restent assujettis à l'obligation du rôle d'équipage, à toutes les conséquences qui en découlent, et sont armés, suivant le cas, au cabotage ou au long cours. (Même dépêche).

Les bateaux de plaisance pour lesquels il n'est délivré que des permis, au lieu de rôles d'équipage, ne doivent point être employés à la pêche; la seule tolérance dont les agents de la marine puissent user à leur égard, consiste à ne pas verbaliser contre les personnes qui pêchent *accidentellement*, au moyen de lignes armées de deux hameçons au plus. (Dépêche du 28 mars 1853. *Bulletin officiel de la Marine*, 1er semestre, 334).

— « Ce n'est pas la forme ou le gréement du navire ou bateau, mais » les eaux dans lesquelles il se trouve, qui donnent à la navigation le carac» tère en vertu duquel le rôle d'équipage est obligatoire, et le décret ne sub» ordonne pas non plus ses prescriptions au trajet plus ou moins long que » fait le bateau dans les eaux soumises à l'inscription maritime; il suffit qu'il » entre dans ces eaux pour qu'il tombe à l'instant sous l'empire des mesures » de police imposées à toutes les embarcations maritimes. » (Cass., 22 juillet 1853. *Bulletin officiel de la Marine*, 478).

(2) La navigation avec un rôle d'équipage périmé doit évidemment être assimilée à la navigation sans rôle. Ainsi jugé par le tribunal correctionnel de Châteaulin, le 28 juillet 1853. (*Bulletin officiel de la marine*, 2e semestre, 512).

» Art. 3. Tout capitaine, maître ou patron, ou tout in-
» dividu qui en fait les fonctions, est tenu, sur la réqui-
» sition de qui de droit, d'exhiber son rôle d'équipage, sous
» peine d'une amende de 500 fr. si le bâtiment est armé au
» long cours, de 200 fr. si le bâtiment ou embarcation est
» armé au cabotage, de 100 fr. s'il est armé à la petite
» pêche (1).

» Art. 4. L'embarquement de *tout individu* (2) qui ne
» figure pas sur le rôle d'équipage est punissable, par chaque
» individu embarqué, d'une amende de 300 fr. si le bâti-
» ment est armé au long cours, de 50 à 100 fr. si le bâti-
» ment ou embarcation est armé au cabotage, et de 25 à
» 50 fr. s'il est armé à la petite pêche.

» Art. 5. Est punissable des peines portées à l'article 4,
» et sous les mêmes conditions, le débarquement, sans l'in-
» tervention de l'autorité maritime ou consulaire, de *tout*

(1) Ce n'est pas seulement la navigation sans rôle d'équipage que punit cet article; il suffit, pour qu'il y ait délit, que la pièce ne soit pas représentée au moment où réquisition en est faite par qui de droit. (Cass., 4 décembre 1852, et 7 janvier 1853. *Bulletin officiel de la Marine*, 2e semestre 1852, 966; 1er semestre 1853, 199).

— « Toute navigation maritime, *quelle qu'elle soit*, est comprise dans l'une » des catégories prévues par l'article 3; de telle sorte que celle qui n'est ni » au *long cours*, ni à la *petite pêche*, doit être réputée au *cabotage*, comme » l'article 4 de l'ordonnance du 18 octobre 1740 réputait au *petit cabotage* » toute navigation qui n'était ni au *grand cabotage*, ni au *long cours*. Cette » interprétation résulte d'ailleurs du décret-loi du 20 mars 1852, sur la na- » vigation au bornage, inséré au *Bulletin des Lois*. » (Cass., 28 mai 1853. *Bulletin officiel de la Marine*, 2e semestre).

Ainsi, l'obligation du rôle d'équipage imposée par l'article 1er, trouve sa sanction dans l'article 3, quelque restreint que soit le trajet du bateau, pourvu qu'il soit effectué dans les eaux maritimes.

(2) Les passagers sont compris dans cette énonciation. (Cass., 25 mars 1851. *Bulletin officiel de la Marine*, 1er semestre 1851, 535).

» *individu* porté à un titre quelconque sur un rôle d'équi-
» page. »

L'article 6 est relatif à l'inscription à la poupe des noms des navires et de leur port d'attache (1).

L'article 7 désigne les fonctionnaires et agents chargés de rechercher et constater les infractions.

L'article 8 attribue la connaissance de ces infractions aux tribunaux correctionnels, et dispose que l'article 365 du Code d'instruction criminelle (non cumul des peines) n'est point applicable auxdites infractions.

L'article 9 est relatif aux procès-verbaux (2).

L'article 10 est relatif aux poursuites et fixe le délai de prescription.

L'article 11 porte que les amendes seront prononcées solidairement, tant contre les capitaines, maîtres ou patrons, que contre les armateurs des bâtiments ou embarcations; il attribue le produit de ces amendes à la caisse des invalides, déduction faite d'une certaine portion dévolue aux agents qui auront constaté les infractions.

L'article 12 charge les receveurs de l'administration de l'enregistrement et des domaines du recouvrement desdites amendes.

L'article 13 abroge toutes les dispositions contraires au décret.

(1) L'obligation de marquer à la poupe le nom et le port d'attache des bâtiments est soumise aux mêmes règles que l'obligation du rôle d'équipage. (Arrêt précité du 22 juillet 1853). Voyez dépêche du 4 mars 1853 (*Bulletin officiel de la Marine*, 177, 1er semestre), portant définition du *port d'attache*.

(2) Ces procès-verbaux faisant foi jusqu'à inscription de faux, un jugement du tribunal correctionnel supérieur de Quimper, qui avait méconnu la foi due à un procès-verbal dressé par l'un des agents désignés en l'article 7, a été cassé pour ce seul motif. (Cass., 15 avril 1853. *Bulletin officiel de la Marine*, 1er semestre, 358).

Feuilles spéciales pour l'établissement du Rôle d'équipage. Elles ne sont pas sujettes à l'enregistrement.

31. Les rôles d'équipage sont imprimés et timbrés aux frais de la caisse des invalides, et délivrés suivant un tarif dont l'excédant sur les sommes avancées pour frais d'impression est dévolu à l'établissement, sous le titre : « Plus value des feuilles de rôles. » Dix centimes par feuille sont accordés en sus au trésorier chargé de la distribution, pour indemnité de ses peines et soins et de la responsabilité résultant de la manutention de ces rôles, qui représentent des valeurs dans sa comptabilité (1).

D'après la loi du 22 frimaire an VII, tit. II, n° 13, les rôles d'équipage et les engagements des matelots et gens de mer de la marine marchande sont exceptés de la formalité d'enregistrement.

Comment la police d'inscription maritime se concilie avec les facilités que réclament les marins et la marine marchande.

32. Sous l'empire de l'ordonnance du 31 octobre 1784, « les marins classés ne pouvaient, même pendant la paix, » s'embarquer sur des bâtiments armés dans les ports d'un » autre quartier que celui où ils étaient classés, ni dans le » leur, pendant la guerre, s'ils n'en avaient obtenu une » permission portant congé pour un temps limité et dési- » gnant l'espèce des voyages qu'ils étaient auorisés à en- » treprendre (2). »

La loi du 3 brumaire an IV, au contraire, semblait avoir rapporté ces dispositions, en permettant (art. 27) « au » marin non actuellement commandé pour le service de

(1) Règlement du 17 juillet 1816, articles 58 et 59.

(2) Tit. XI, article 4 ; tit. XIV, article 5.

» s'embarquer sur les navires marchands ou bateaux de pê-
» che, ou d'aller, dans les différents ports, travailler ou s'y
» embarquer, à la charge seulement de faire inscrire son
» mouvement sur le rôle des gens de mer de son quartier
» et de celui du port où il se rendrait. »

Mais, en rapprochant cet article de l'article 10, qui porte que tout marin inscrit sera tenu de servir « sur les bâti-
» ments et dans les arsenaux de l'État toutes les fois qu'il en
» sera requis, » on en a conclu avec raison que la loi du 3 brumaire an IV n'avait nullement entendu exempter les gens de mer de l'obligation de se munir d'une permission pour s'absenter de leurs quartiers, du moment qu'ils restaient soumis à tout instant à la réquisition pour le service de l'État; la faculté qu'ils avaient de s'absenter, ainsi que la durée de leur absence, étant nécessairement subordonnées à des combinaisons qui ne pouvaient être connues que de l'autorité maritime.

L'usage des permissions ou *permis* s'est donc maintenu, tant pour laisser aux mains du marin une pièce constatant qu'il avait fait sa déclaration et que rien ne s'opposait à son engagement, que pour ne pas l'obliger à prendre un passeport qu'il est, au surplus, défendu aux autorités municipales de lui délivrer (1). Toutefois, l'article 27 de la loi du 3 brumaire an IV avait évidemment eu pour objet de faire disparaître tout ce que l'ordonnance de 1784 avait de trop rigoureux. Ainsi, en l'absence de tout avis ou ordre de levée émané de l'autorité supérieure, il n'était nécessaire ni de fixer la durée des permissions, ni de spécifier les voyages qui pourraient être entrepris, ni, comme le prescrivait l'article 16, tit. XIV, de cette ordonnance, d'obliger les ma-

(1) Voyez arrêtés des 26 janvier 1793, 15 brumaire an II, 3 floréal an III, et 24 messidor an IV; circulaire du 19 avril 1855.

rins à rejoindre leurs quartiers immédiatement après leur débarquement, ou même, sans les obliger à retourner dans leurs quartiers, d'exiger d'eux, dans le lieu de leur retour, un nouveau permis pour les rembarquer. Toutes ces formalités étaient assurément inutiles au service de l'inscription maritime; elles portaient un véritable préjudice aux gens de mer, en ce que, soit qu'ils retournassent dans leurs quartiers, soit qu'ils attendissent leurs permis sur les lieux, ils dépensaient en frais de voyage ou de séjour un argent qui pouvait recevoir une meilleure destination, et qu'ils étaient même exposés à manquer un engagement avantageux; enfin, elles nuisaient aux expéditions maritimes en ce que les matelots, trop gênés dans leurs mouvements, ne pouvaient pas toujours se prêter à la célérité qu'elles réclament.

Afin de concilier ces intérêts avec le service de la flotte et le besoin de désarmer les rôles d'équipage à époques déterminées, une circulaire du 22 novembre 1827 a réglé ainsi qu'il suit l'embarquement sur les bâtiments du commerce des marins non commandés pour le service de l'État :

« 1° Les armateurs ne seront plus tenus désormais, pour » la navigation au long cours (1), de désarmer leurs navires, » c'est-à-dire de congédier et de renouveler les équipages » à l'expiration de chaque voyage; les rôles seuls continue- » ront à être renouvelés.

» 2° Les armateurs auront la faculté d'engager les gens » de mer pour une ou plusieurs années, sous la réserve (à » comprendre dans l'acte de convention) que ceux des ma- » rins ainsi engagés qui viendraient à être atteints par un » ordre de levée ne seront point dispensés d'y obtempérer.

» 3° Tout marin porteur d'un permis qui l'aura autorisé

(1) Cette circulaire, faite en vue de la navigation au long cours, est également applicable au cabotage et à la petite pêche.

» à aller s'embarquer dans un quartier autre que celui où » il est immatriculé, pourra, lors du désarmement effectif » d'un navire ou du règlement d'un voyage, et sans attendre » un nouveau permis, soit continuer de servir à bord du » même navire, soit passer au service d'un autre bâtiment, » sauf au commissaire du port d'armement à en donner avis » sur-le-champ au commissaire du quartier d'inscription; » à moins que celui-ci n'ait déjà fait savoir, par un avertis- » sement qui doit être transmis avec beaucoup d'exacti- » tude, que le marin porteur du permis se trouve dans le » cas d'application d'un ordre de réquisition.

» 4° Les commissaires des ports d'armement auront soin » de relater sommairement, sur toute expédition de rôle » d'équipage, les conditions d'engagement, et ils devront » faire, lorsqu'il y aura lieu, une mention spéciale de la » clause par laquelle, à la demande de l'armateur ou du ca- » pitaine, les marins s'obligeraient à suivre, sans augmen- » tation de salaires (1), le navire dans ses diverses *escales,* » après l'arrivée à une destination principale qui doit être » déterminée.

» 5° Enfin, lors du désarmement d'un navire ou du rè- » glement d'un voyage, les administrateurs de la marine » devront pourvoir avec la plus grande célérité aux diverses » opérations concernant l'établissement et la solde du dé- » compte, ainsi que le renouvellement du rôle. »

Ces dispositions, tout à fait conciliables avec la levée permanente, qui atteint les gens de mer quel que soit le lieu où ils se trouvent, assurent aux armateurs tous les avantages qu'ils croiraient pouvoir réaliser en engageant leurs équipages à long terme. La clause qui consisterait à an-

(1) C'est-à-dire, sans que le salaire soit plus élevé pour les derniers mois que pour les premiers.

nuler l'engagement, dans le cas où le marin serait appelé au service, nous paraît toutefois inutile : l'intérêt privé ne devant jamais l'emporter sur les droits de la patrie, l'armateur ne pourrait exciper d'une convention dans laquelle cette clause ne serait pas insérée, pour garder sur son bâtiment le matelot atteint par la levée. L'appel au service est toujours, à l'égard de celui-ci, une circonstance de force majeure qui rompt son engagement et dont il ne doit pas répondre.

Nonobstant l'engagement à long terme, les matelots ne peuvent invoquer les lois spéciales qui les régissent que pour le temps pendant lequel ils ont figuré sur un rôle d'équipage.

33. Nous avons fait remarquer que le décret disciplinaire et pénal pour la marine marchande, n'était applicable aux matelots qu'après leur inscription sur le rôle d'équipage. Il en est de même des dispositions du Code de commerce relatives aux salaires, car nous verrons plus loin que c'est le voyage, c'est-à-dire la durée du rôle, et non pas la durée de l'engagement, que le Code a pris pour base de ses prescriptions. Ainsi, quelle que soit la durée de l'engagement d'un matelot, il ne peut, sauf convention contraire, invoquer les lois spéciales qui régissent les gens de mer embarqués, que pour le temps pendant lequel il a figuré sur un rôle d'équipage.

Mode de perception des retenues au profit de la Caisse des invalides. Intervention des commissaires.

34. Pour avoir droit à une demi-solde sur la caisse des invalides, le marin supporte, avons-nous dit, au profit de la caisse, une retenue qui ne peut excéder 3 p. 100 des loyers acquis, et dont le taux varie suivant la nature de l'engagement et le genre de navigation.

Aux termes de l'arrêté du 27 nivôse an IX, en cela conforme à la loi du 13 mai 1791, les loyers des gens de mer naviguant au commerce devaient être assujettis à une retenue de 3 centimes par franc, quelle que fût la nature de leur engagement ; mais l'application de ce principe aux bâtiments affectés au cabotage et aux bateaux de pêche, dont les équipages naviguent presque exclusivement *à la part*, ayant donné lieu à beaucoup d'embarras et de difficultés (1), un arrêté du 19 frimaire an XI prescrivit de revenir, pour ces sortes d'engagements, au système de la taxe fixe, antérieurement établi par l'édit de 1720.

Aujourd'hui, les retenues à exercer au profit de la caisse des invalides, sur les loyers des marins du commerce, sont réglées par les dispositions ci-après de l'ordonnance du 9 octobre 1837, qui a résumé toute la législation antérieure en la révisant.

« Art. 3. Il continuera d'être perçu, au profit de la caisse » des invalides de la marine, 3 centimes par franc sur les » salaires des marins engagés au mois ou au voyage.

» La même retenue de 3 centimes par franc sera exer- » cée sur les décomptes des marins employés aux pêches » de la baleine et de la morue, dites *grandes pêches* (2).

» A cet effet, le rôle d'armement mentionnera la portion

(1) Les administrateurs de la marine se trouvaient, en effet, conduits à l'alternative ou d'acquiescer aveuglément à des déclarations généralement inexactes des profits réalisés, ou bien de pénétrer dans les détails d'une multitude de comptes qu'il était même impossible de produire pour les bateaux de pêche, dont les équipages prélèvent le plus souvent en nature la part qui leur est attribuée et en disposent à leur gré.

(2) La pêche du hareng, dite d'*Écosse*, a été assimilée, sous ce rapport, aux pêches de la baleine et de la morue. (Décret-loi du 28 mars 1852, inséré au *Bulletin des Lois*, article 12. Voir une dépêche d'exécution du 19 novembre 1852. *Bulletin officiel de la Marine*, 2e semestre, 448).

» attribuée à l'équipage dans les bénéfices éventuels de l'ex-
» pédition, ainsi que le montant des avances payées. Après
» le retour du navire, les armateurs ou consignataires re-
» mettront au bureau de l'inscription maritime un compte
» sommaire des résultats de la campagne, certifié par eux,
» et faisant connaître ce qui revient à chacun des hommes
» de l'équipage (1).

» Quant aux marins engagés à la part, soit pour le cabo-
» tage, soit pour la petite pêche, ou pêche du poisson frais,
» la taxe fixe à payer par eux sera réglée d'après les bases
» suivantes :

» 1° Marins engagés à la part pour le cabotage :

» Capitaine ou maître.	2f	»c par mois.
» Officiers maritimes.	1	»
» Matelots	»	75
» Novices.	»	50
» Mousses	»	25

» 2° Marins faisant la petite pêche, ou pêche du poisson frais :

» Patron	»f	80c par mois.
» Matelots	»	50
» Novices.	»	30
» Mousses	»	15

On voit, par le rapport qui précède cette ordonnance (2), que l'on n'était pas éloigné de rentrer complètement dans le système d'une retenue unique de 3 p. 100 sur les loyers de toute nature, et que c'est dans la crainte de voir renaître des complications qui s'étaient produites par suite de l'adoption exclusive de ce système, en même temps que

(1) Cette disposition a été déclarée d'*ordre public* par le décret-loi du 4 mars 1852.

(2) *Annales maritimes* de 1837, 976.

pour accorder certains ménagements à la petite pêche et au cabotage, que l'on s'est décidé à conserver, pour ces deux genres d'armement, le mode de taxe fixe, pourvu, toutefois, que l'engagement fût stipulé à la part.

Il importe donc de ne pas perdre de vue que les taxes ci-dessus constituent *des exceptions restreintes aux engagements à la part pour la petite pêche et pour le cabotage, et qu'elles ne peuvent être étendues*. Ainsi, l'ordonnance fixant à 3 p. 100 la retenue à opérer sur les gages des marins naviguant au mois ou au voyage, ceux-ci doivent, lorsqu'ils sont engagés à *salaire fixe*, supporter sur ce salaire la retenue de 3 p. 100, quel que soit le genre de navigation ou de pêche qu'ils exercent (1).

Réciproquement, la taxe n'ayant été conservée qu'en faveur de la petite pêche et du cabotage, si des équipages employés au long cours voulaient naviguer à la part, la retenue devrait être celle de 3 p. 100 de leurs gains, appliquée à la pêche de la baleine et de la morue. (Dépêche du 16 septembre 1841. *Annales maritimes*, 949).

Suivant cette dépêche, la taxe fixe n'était pas applicable *aux engagements à la part pour le grand cabotage*, et, par suite, ces engagements donnaient lieu à la perception de 3 p. 100, comme s'il se fût agi d'une navigation au long cours; mais la distinction n'étant pas dans l'ordonnance du 9 octobre 1837, une circulaire du 14 juin 1851 (2) a prescrit de s'en tenir aux termes de l'ordonnance. « Le compte » des salaires ou parts, porte cette circulaire, ne sera dé- » sormais à réclamer des maîtres ou armateurs des bâti- » ments armés à la part, pour le cabotage, que lorsqu'il » s'agira de faire verser, soit à la caisse des gens de mer le

(1) *Annales maritimes*, 1836, 228. Dépêche du 26 février 1836.

(2) *Bulletin officiel de la Marine*, 1er semestre, 449.

» décompte des marins décédés, soit à la caisse des invalides la moitié du décompte des marins déserteurs, conformément à l'édit de 1720 et au règlement du 17 juillet » 1816. »

Nous ne terminerons pas sans faire remarquer, en ce qui touche les engagements à la part pour les pêches de la baleine et de la morue, ainsi que ceux de même nature qui seraient stipulés pour d'autres voyages de long cours, que les commissaires étant tenus, aux termes de l'article 21, tit. VII, de l'ordonnance du 31 octobre 1784, « de faire, » au désarmement, la liquidation des salaires ou parts, » pour régler les sommes à payer à la caisse des invalides, » sont autorisés à bien examiner si les conditions d'engagement déterminent clairement une somme à payer en fin de compte à ladite caisse, et qu'ils devraient se refuser à mentionner celles qu'ils ne pourraient contrôler en pleine connaissance de cause, ou qui auraient pour effet d'amoindrir les loyers convenus.

La retenue sur les salaires des marins s'opère, à l'armement, sur les avances reçues, et au désarmement, sur le montant de ce qui leur est dû, déduction faite des avances (1). En dehors de ces deux époques, il ne doit être perçu aucune somme à titre d'avance ou d'à-compte sur lesdits droits (2).

(1) Règlement du 17 juillet 1816, article 43. Voir, pour les détails d'exécution, une dépêche du 27 novembre 1838, insérée aux *Annales maritimes* de 1839, page 986. Nous nous occuperons spécialement des opérations de désarmement.

(2) Dépêche du 12 octobre 1835. (*Annales maritimes*, 836). Voyez l'édit de juillet 1720, tit. VI, article 5.

CHAPITRE III.

NAVIRES EN VOYAGE.

Formalités à observer pour le paiement des gages des marins. — Insaisissabilité de leurs salaires.

35. Sous le régime de l'ordonnance de 1681, et longtemps après (rapporte Valin), les équipages des bâtiments du commerce recevaient *en tout lieu*, directement, leurs loyers des capitaines et armateurs. Ce n'est que par une déclaration du 18 décembre 1728 que le législateur s'occupa pour la première fois de réglementer cette matière, et le commentateur s'étonne avec raison de ce qu'on ait attendu si longtemps pour étendre à la marine marchande les précautions que l'on avait prises dès 1672, et consacrées par l'ordonnance du 15 avril 1689, en vue d'empêcher que les gens de mer employés au service de l'État ne dissipassent leurs gages en débauches et autres folles dépenses, au préjudice de leurs familles (1).

La déclaration de 1728 ayant donné lieu à de fausses interprétations, il intervint, sous la date du 19 janvier 1734, un arrêt du Conseil d'État du roi, rendu en sa présence, pour en expliquer le sens. Cet arrêt, qui reproduit toutes les dispositions de la déclaration relatives à cet objet en les complétant, porte textuellement :

(1) Ordonnance du 15 avril 1689, liv. VIII, tit. III, article 2 :
« Il ne sera payé à ceux qui seront habitués dans les provinces voisines » que ce qu'il leur faudra pour se conduire chez eux, le surplus manuelle- » lement sur les lieux, etc. »

« 1° Veut, S. M., que les capitaines, maîtres ou patrons » ne puissent payer aucuns loyers aux matelots et autres » gens de leurs équipages dans les ports où désarmeront » *autres que ceux où ils auront équipé* les navires qu'ils » commanderont, et ce, à peine de 60 liv. d'amende pour » chaque matelot ou autre personne de l'équipage ;

» 2° Qu'ils soient tenus, sous la même peine, *de remettre* » *les loyers qui pourront être dus aux matelots et autres,* » *entre les mains des officiers des classes, ou de ceux qui* » *en feront les fonctions, pour le paiement en être fait* » *auxdits matelots et autres dans leur département :* les- » quels officiers des classes feront mention de la remise des » loyers qui aura été faite entre leurs mains, au bas de la » copie du rôle d'équipage, qu'ils remettront signée d'eux » aux capitaines et patrons, pour leur décharge.

» 3° Veut, S. M., que lesdits capitaines, maîtres ou pa- » trons, ne puissent *payer, sous quelque prétexte que ce* » *soit, dans les pays étrangers, aux matelots et autres* » *gens de leurs équipages, ce qui pourra leur être dû* » *pour leurs loyers,* à peine de 100 liv. d'amende pour » chaque matelot ou autre personne de l'équipage, dont » moitié sera applicable au dénonciateur ;

» 4° Qu'ils ne puissent pareillement, à peine de 60 liv. » d'amende, *sous quelque cause et prétexte que ce soit,* » *même dans le cas de désarmement des navires qu'ils* » *commanderont, donner aux matelots et autres gens de* » *leurs équipages aucun à-compte sur leurs loyers,* dans » les ports du royaume, terres et pays de l'obéissance de » S. M., autres que les ports où ils auront équipé lesdits » navires, ni dans les pays étrangers, à moins que ce ne » soit, dans les ports du royaume, du consentement des of- » ficiers des classes, et dans les ports étrangers, de celui

» des consuls, vices-consuls ou autres personnes chargées
» des affaires de la marine de S. M.; duquel consentement
» lesdits capitaines, maîtres ou patrons, seront tenus de
» faire faire mention au bas de leur rôle d'équipage (1). »

La suite de l'arrêt rappelle qu'aux termes de l'article 9 de la déclaration du 18 décembre 1728, les amendes sont solidaires contre les propriétaires ou armateurs des bâtiments.

D'un autre côté, une ordonnance du roi, du 1er novembre 1745, « défend à tous officiers-mariniers ou non mari-
» niers de rien prêter ou avancer à des matelots, ou autres
» gens de mer, pendant le cours des voyages, soit en de-
» niers, soit en marchandises, sous quelque prétexte que
» ce puisse être, à peine de privation ou perte des sommes
» qui auront été ainsi prêtées ou avancées, et en outre
» de 50 liv. d'amende; S. M. déclarant nuls et de nul effet
» tous billets et obligations sous seing privé faits par des
» matelots ou autres gens de mer, en faveur des officiers,
» mariniers et autres gens faisant partie des équipages des
» navires où ils auront servi, et faisant défenses à tous juges
» d'y avoir égard, quand même lesdits billets ou obligations
» seraient d'une date postérieure ou antérieure au temps
» que les voyages auront duré (2). »

Valin fait observer que ces dispositions doivent s'entendre aussi bien des obligations passées devant notaire que de celles faites sous signature privée, dès lors que l'on peut soupçonner qu'elles ont été consenties dans le cours du voyage.

(1) Valin, tome 1er, page 710. Ces dispositions ont été reproduites par l'ordonnance spéciale aux colonies, du 11 juillet 1759.

(2) On remarque une prescription analogue dans l'article 997 du Code Napoléon : « Le testament fait sur mer ne pourra contenir aucune disposition » au profit des officiers du vaisseau, s'ils ne sont parents du testateur. »

Par la même ordonnance, il est aussi défendu :

« A tous particuliers et habitants des villes maritimes, » qui se prétendront créanciers des matelots, de former, » pour raison desdites créances, aucune action ni demande » sur le produit de la solde que lesdits matelots auront ga- » gnée sur lesdits bâtiments marchands, à moins que les » sommes prétendues par lesdits créanciers ne soient dues » par les matelots ou par leurs familles, pour loyer de mai- » son, subsistances ou hardes qui leur auront été fournies » du consentement du commissaire de la marine et des au- » tres officiers chargés du détail des classes, et qu'elles » n'aient été apostillées par lesdits officiers sur les registres » et matricules des gens de mer ; au défaut de quoi, lesdits » créanciers ne pourront, sous quelque prétexte que ce » puisse être, réclamer la solde des matelots, et pourront » seulement avoir recours sur leurs autres biens.

» Mande et ordonne, S. M., à Mons. le duc de Pen- » thièvre, amiral de France, aux intendants de la marine » et des classes, commissaires-généraux et ordinaires de » la marine, et à tous autres qu'il appartiendra, *de tenir* » *la main à l'exécution de la présente ordonnance.* »

Par le décret-loi du 4 mars 1852 *(Bulletin des Lois)*, cette ordonnance a été déclarée mesure d'ordre public, à laquelle il est interdit de déroger, par des conventions particulières (1).

L'article 319 du Code de commerce dispose, de son côté, que nul prêt à la grosse ne peut-être fait aux gens de mer sur leurs loyers des voyages.

(1) Il convient de rappeler ici qu'aux termes de ce décret, les ordonnances, règlements et arrêts du Conseil concernant la marine, antérieurs à 1789, et auxquels il n'a point été dérogé, doivent être appliqués sans qu'il soit nécessaire d'administrer la preuve de leur enregistrement.

Pour bien comprendre l'arrêt du 19 janvier 1734, il est nécessaire de se reporter aux considérants de la déclaration du 18 décembre 1728, dont voici la teneur :

« Nous sommes informé que le commerce de nos sujets » est souvent interrompu par la désertion des matelots qui » composent les équipages de leurs vaisseaux ; que ces dé- » sertions proviennent de ce que ceux qui les commandent » ont la faculté de donner auxdits matelots des à-comptes » sur les loyers, et même de leur payer en entier ce qui » leur est dû, avant que le voyage soit fini ; qu'ils font ces » paiements dans les ports de notre royaume où ils relâ- » chent, ou dans les pays étrangers, et que cette facilité » donne lieu aux matelots qui ne sont point retenus dans » ces sortes d'endroits par leur famille, de faire un mauvais » usage de ce qu'ils ont reçu, et de le consommer en dé- » penses inutiles, ce qui est cause de leur désertion, et » qu'ils prennent le parti de ne point retourner dans leurs » départements, etc. »

Ainsi, d'un côté, en obligeant les gens de mer à revenir dans leurs quartiers pour y recevoir leurs loyers, en les ramenant au foyer domestique et en ne laissant à leur disposition aucune somme qui pût favoriser leur désertion, on arrêtait le mal dans ses causes principales ; de l'autre, la présence du matelot dans sa famille étant regardée à juste titre comme le plus sûr moyen de l'empêcher de consommer en folles dépenses le fruit de ses travaux, cette obligation avait aussi pour résultat de le contraindre moralement à ne pas négliger les devoirs qu'il doit remplir envers les siens.

De telles mesures sont, on le voit, basées sur des considérations trop puissantes pour avoir rien perdu de leur poids. Aussi, comme il importe de les exécuter et d'en conserver l'esprit, il y a lieu de tenir compte de la transformation qui s'est opérée dans les expéditions commerciales, lesquelles, à l'époque, ne comprenaient guères que des voyages d'aller et de retour au port d'armement, et dont les équipages étaient, pour ainsi dire, tous domiciliés dans la circonscription de ce port. Ainsi, ce n'est plus le port d'armement qui doit être considéré comme le lieu où les matelots peuvent toucher directement leurs loyers, mais le quartier où ils sont inscrits; et cette interprétation résulte même du paragraphe 2 de la déclaration du 19 janvier 1734, qui veut que les loyers des matelots leur soient payés dans leurs départements, c'est-à-dire dans leurs quartiers.

Si, en effet, le port d'armement se confondait, il y a un siècle, avec les ports du quartier d'inscription des marins, il n'en est plus de même aujourd'hui, par suite de la plus grande liberté donnée à ceux-ci, et en présence des nouveaux besoins des expéditions maritimes, qui, au lieu de faire rentrer le navire dans son port d'armement, au retour de son voyage, le font désarmer et réarmer, pendant plusieurs années consécutives, dans d'autres ports. Cette remarque était au surplus exacte du temps de Valin, qui dit à ce sujet (tome Ier, page 709):

« Le paiement des loyers et gages des matelots a été
» réglé de manière qu'ils ne les touchent plus, en quelque
» cas que ce soit, *que dans le lieu de leur domicile.* »

Ainsi, l'arrêt du 19 janvier 1734 doit être interprété en ce sens que l'on doit verser entre les mains du commissaire de l'inscription maritime, c'est-à-dire à la caisse des gens de mer, les loyers des marins qui ne sont pas inscrits dans le lieu où ces loyers sont exigibles; et c'est également le quartier d'inscription qui doit être substitué au port d'armement dans la quatrième disposition de l'arrêt, en vertu de laquelle les capitaines pouvaient, sans être autorisés, donner dans ce port des à-comptes à leurs équipages.

En ce qui touche l'ordonnance du 1er novembre 1745, il est évident qu'elle a eu pour objet d'empêcher que les matelots ne consomment, au préjudice de leurs familles, pendant le cours des voyages, la solde qu'ils ont gagnée sur les bâtiments marchands (1), et de prévenir aussi la désertion.

On fait souscrire par les capitaines et armateurs, en leur délivrant un rôle d'équipage, « l'obligation de ne payer » qu'au *désarmement* les salaires des marins et autres qui » pourraient être débarqués pendant le cours du voyage, à » moins qu'il n'en soit décidé autrement par l'autorité com- » pétente. »

Nous croyons devoir faire observer que cette obligation, dont on ne peut d'ailleurs chercher l'origine que dans la déclaration du 18 décembre 1728, qui ne l'impose pas, ou dans son arrêt explicatif, ne repose sur aucun texte, et que, par

(1) Montesquieu (chap. XXV, série 26) s'exprime en ces termes sur la première partie de cette ordonnance :

« Qu'il ne faut pas suivre les dispositions générales du droit civil lors- » qu'il s'agit de choses qui doivent être soumises à des règles particulières » tirées de leur propre nature.

» Est-ce une bonne loi que toutes les obligations civiles passées dans le » cours d'un voyage entre les matelots dans un navire, soient nulles? Fran- » çois Pirard nous dit que, de son temps, elle n'était point observée par » les Portugais. Des gens qui ne sont ensemble que pour peu de temps, qui » n'ont aucuns besoins, puisque le prince y pourvoit, qui ne peuvent avoir » qu'un objet, qui est celui de leur voyage, qui ne sont plus dans la société, » mais citoyens du navire, ne doivent point contracter de ces obligations » qui n'ont été introduites que pour soutenir les charges de la société ci- » vile. »

conséquent, c'est à tort qu'elle a été introduite dans la formule du rôle d'équipage.

Quel est, en effet, le but de la loi ?

Elle veut que les gens de mer ne touchent leurs loyers que dans leurs quartiers, et qu'ils ne puissent de même recevoir des à-comptes que dans ces quartiers, à moins d'une autorisation spéciale des fonctionnaires à ce désignés, lesquels apprécient dès lors les motifs allégués pour les obtenir. Mais elle n'a pas entendu, en défendant de leur faire aucun *paiement direct* sans autorisation hors du lieu de leur inscription, que les salaires des hommes débarqués en cours de voyage resteraient, jusqu'au désarmement, exposés aux hasards du commerce et de la navigation; aussi, la seule conséquence à tirer de l'arrêt de 1734 est-elle que les loyers dus au marin débarqué en cours de voyage ailleurs que dans son quartier, et qui sont exigibles pour le service accompli par le fait seul du débarquement, doivent, comme s'il s'agissait de désarmement, être versés à la caisse des gens de mer, qui les lui fait compter chez lui.

La clause dont il s'agit paraît avoir été fondée :

1° Sur ce qu'autrefois les voyages de mer étaient circonscrits dans l'aller et le retour, état de choses qui, par suite de la défense générale de payer les loyers en cours de voyage, faisait naître la pensée que ce paiement ne devait être effectué qu'au désarmement;

2° Sur l'interprétation trop rigoureuse donnée à l'article 258 du Code de commerce, comme à la disposition correspondante de l'ordonnance de 1681 (voir n° 20), en vertu de laquelle il fallait attendre le retour du navire pour décider si les matelots auraient des loyers à prétendre ;

3° Enfin sur ce que le matelot tombé malade ou blessé

au service du bâtiment, et débarqué pour se rétablir, étant considéré par l'article 262 du même Code et par l'article correspondant de l'ordonnance de 1681, comme ne cessant pas d'appartenir à l'équipage, il convenait d'attendre le règlement définitif du voyage pour lui payer ses loyers.

Ces motifs justifient suffisamment la formule inscrite au rôle d'équipage. Toutefois ils ont cessé d'exister en ce qui touche le premier et le deuxième point, les navires faisant aujourd'hui, au lieu d'un voyage d'aller et de retour, une série de voyages entés les uns sur les autres, et l'effet de l'article 258 du Code de commerce ayant été restreint à la traversée pendant laquelle se perd le bâtiment, ce qui donne au matelot débarqué pour un motif quelconque le droit de demander le paiement du service fait jusqu'à son débarquement, du moment qu'il ne répond plus des accidents ultérieurs.

En ce qui touche le troisième point, il est vrai que le matelot débarqué pour cause de maladie ou de blessure est considéré comme ne cessant pas d'appartenir à l'équipage de son bâtiment; mais cet avantage ne peut être un obstacle à ce qu'il reçoive ce qui lui est dû jusqu'au jour de son débarquement, sauf à toucher le complément de ses salaires à l'époque du règlement définitif du voyage.

Nous dirons donc que rien ne s'oppose à ce que les gens de mer débarqués en cours de voyage, pour un motif quelconque, soient payés de leurs loyers échus et pouvant être réalisés au jour de leur débarquement (1), à la condition qu'ils ne les recevront directement que lorsqu'ils débar-

(1) Il y a des cas où il est difficile de réaliser les loyers avant le désarmement, par exemple lorsqu'il s'agit d'engagements à la part pour les grandes pêches; mais cette difficulté n'existe pas pour les engagements à salaires fixes.

queront dans leurs quartiers, et que, s'ils débarquent ailleurs, ces loyers seront versés à la caisse des gens de mer. Nous n'hésitons même pas à dire que l'on peut contraindre les capitaines et armateurs à effectuer ces paiements du moment qu'il y a *service fait* et par suite obligation de le rétribuer.

Ainsi, les commissaires de l'inscription maritime et les consuls ne doivent pas hésiter à user du droit qui leur est donné par la clause que nous discutons, et à réclamer le paiement des loyers dus aux marins débarqués avant le désarmement du navire, sauf à prendre les précautions nécessaires pour qu'ils ne les touchent que dans leurs quartiers. Mais comme on pourrait exciper des termes généraux de cette clause pour reculer outre mesure le paiement des loyers dus aux marins débarqués en cours de voyage, il nous paraît désirable que la formule du rôle d'équipage soit modifiée dans le sens des réflexions qui précèdent.

Résumant maintenant tout ce qui vient d'être dit à ce sujet, nous voyons :

1° Que les salaires dus à l'équipage au désarmement ne doivent être payés directement aux ayants droit que lorsqu'ils sont inscrits dans le quartier où le navire est désarmé ;

2° Que les loyers des marins inscrits dans un autre quartier sont versés à la caisse des gens de mer et remis dans les quartiers respectifs ;

3° Qu'il est défendu de donner des à-comptes aux gens de mer ailleurs que dans le quartier où ils sont inscrits, sans l'autorisation des commissaires ou des consuls ;

4° Qu'il n'est pas défendu de payer aux marins ce qui leur est dû lorsqu'ils débarquent en cours de voyage ; que leurs salaires sont même exigibles dans ce cas ; mais que, s'ils ne sont pas inscrits dans le lieu où le débarquement est opéré, ces salaires doivent être versés à la caisse des gens de mer ;

5° Que toutes obligations consenties par les matelots au profit des officiers-mariniers et autres gens de l'équipage, sont nulles, quelles que soient leurs dates, sans préjudice de l'amende encourue ;

6° Enfin que les salaires des matelots ne sont saisissables que pour loyers de maisons, et fournitures de subsistances et hardes dûment autorisées et apostillées par les commissaires de l'inscription maritime (1).

Les paiements faits aux gens de mer doivent être effectués au bureau de l'inscription maritime.

36. Le rôle d'équipage impose aux capitaines et armateurs l'obligation de ne payer qu'en présence du commissaire ou du consul, les sommes données aux gens de mer à titre d'à-comptes ou de règlement définitif; et c'est sans doute parce qu'ils sont les premiers intéressés à ce que les paiements dont il s'agit aient ce caractère d'authenticité, qui est pour eux le moyen le plus sûr et le plus facile de se libérer envers des gens dont la majeure partie est illettrée, que les ordonnances ne renferment à cet égard aucune sanction pénale. Toutefois il convient d'examiner dans quelle mesure il est nécessaire de suppléer à ce défaut de sanction, et quels moyens coercitifs on pourrait employer à l'égard de ceux qui, après avoir souscrit

(1) Les effets d'habillement dont les gens de mer restent débiteurs envers l'État, lorsqu'ils sont congédiés du service, rentrent dans cette catégorie : c'est ce qu'on nomme *dette flottante*. (Voir le règlement du 5 juin 1835. *Ann. marit.*, p. 350).

l'obligation en recevant le rôle d'équipage, refuseraient de s'y soumettre.

Écartons d'abord :

1° Les sommes dues aux marins qui ne sont pas inscrits dans le quartier où ils sont débarqués, lesquelles doivent, sous peine d'amende, être versées entre les mains du commissaire de l'inscription maritime, pour être payées dans leur département, c'est-à-dire dans leur quartier. (§§ n[tés] 1 et 2 de l'arrêt du 19 janvier 1734).

2° Les à-comptes donnés ailleurs que dans le quartier d'inscription des marins qui les reçoivent; car le paiement de ces à-comptes a été subordonné par le paragraphe n[té] 4 dudit arrêt à l'autorisation des commissaires ou des consuls, qui prennent dès lors toutes les précautions nécessaires pour s'assurer qu'ils ne sont pas détournés de leur destination.

3° Les avances données à l'armement, quel que soit le lieu du domicile des marins, parceque le paiement de ces avances au bureau de l'inscription maritime ajoute à l'authenticité de l'engagement, et que les armateurs sont les premiers intéressés à s'attacher par tous les liens possibles des équipages qu'ils ne recrutent souvent qu'avec beaucoup de difficulté. Au besoin même, le paiement des avances au bureau de l'inscription maritime deviendrait obligatoire, en vertu de l'arrêt du 19 janvier 1734, à l'égard des marins non domiciliés dans le quartier du port d'armement, car elles rentrent incontestablement dans la catégorie des à-comptes dont il est question au paragraphe précédent.

Il ne reste donc plus que les sommes à payer dans le quartier d'inscription des marins, soit à titre d'à-comptes, soit par suite de débarquement, c'est-à-dire qu'au point de vue de la question qui nous occupe, les cas qui pourraient faire naître des difficultés sont tellement restreints qu'il paraît en quelque sorte inutile de s'en préoccuper. Toutefois examinons :

L'usage de payer les sommes dues aux gens de mer embarqués sur les bâtiments du commerce en présence du commissaire remonte à une époque bien ancienne, car l'article 4, tit. VI, de l'édit de juillet 1720 porte : « que la » retenue au profit de la caisse des invalides sera faite en » présence du commissaire, » ce qui montre d'une manière évidente que cet officier devait assister au payement de la solde des marins.

Il repose aussi :

Sur l'article 21, tit. VII, de l'ordonnance du 31 octobre 1784, en vertu duquel les commissaires font, au désarmement, la liquidation des salaires ou parts, et qui, rapproché de l'article précédent de l'édit de 1720, ne permet pas de supposer que le paiement de ces salaires puisse avoir lieu hors de leur présence ;

Enfin sur l'article 106 de l'arrêté du 2 prairial an XI, portant :

« Le paiement des parts et prises ne pourra se faire » qu'au bureau de l'inscription maritime.

» Les à-comptes payés pendant la croisière ou avant la » répartition générale ne seront alloués à l'armateur qu'autant qu'ils auront été *payés au bureau de l'inscription » maritime et certifiés par le commissaire chef de ce » service ;* »

(Car il résulte des articles 107, 108 et 111 de cet arrêté qu'en matière de parts de prises, on a procédé par voie d'assimilation avec ce qui se pratiquait pour les loyers ordinaires).

Mais ce n'est pas seulement sur les dispositions ci-dessus

que repose l'obligation d'effectuer le paiement des salaires dus aux gens de mer en présence du commissaire de l'inscription maritime.

Nous avons vu que l'ordonnance du 1er novembre 1745 avait déclaré insaisissables les salaires des équipages des bâtiments de commerce et que l'administration de la marine avait mission expresse de faire observer ce principe. Les commissaires doivent donc exiger que ces salaires soient payés devant eux; et comme l'ordonnance du 1er novembre 1745, en leur enjoignant de veiller à son exécution, les a nécessairement autorisés à user, pour y parvenir, des moyens dont ils disposent, tout capitaine ou armateur qui s'y refuserait s'exposerait à des mesures administratives dont la légalité serait incontestable. Ces moyens seraient, par exemple, le refus de donner un nouveau rôle d'équipage jusqu'à ce que les loyers des gens de mer fussent payés au bureau de la marine, comme cela se pratique pour assurer le paiement des droits de la caisse des invalides (1).

Ainsi, soit qu'il s'agisse de simples à-comptes, ou de décomptes définitifs, les sommes dues aux gens de mer pour leurs loyers doivent leur être payées, *quel que soit le lieu où ils se trouvent*, en présence du commissaire; et l'ordonnance du 1er novembre 1745 fournit les moyens de combler les lacunes, peu importantes d'ailleurs, que présentent sous ce rapport, au point de vue de la sanction, les règlements antérieurs.

(1) L'article 22, tit. VI, de l'édit de juillet 1720 prescrit de ne délivrer de nouveaux rôles d'équipage qu'après que les droits des précédents voyages auront été acquittés.

A-comptes donnés aux familles sur les sommes versées à la caisse des gens de mer.

37. Lorsque les marins ne reçoivent pas en débarquant tout ce qui leur est dû, les sommes qui leur reviennent au désarmement sont versées, comme nous l'avons vu (nº 5), à la caisse des gens de mer, et ne peuvent plus être payées qu'à eux-mêmes ou à leurs familles, de leur consentement. Toutefois, l'article 33 du règlement du 17 juillet 1816 autorise l'administration de la marine à accorder aux parents, sur les dépôts appartenant aux gens de mer, des secours proportionnés aux besoins des réclamants et à la quotité des sommes déposées.

L'armateur est compris dans la défense faite aux officiers-mariniers et autres de rien prêter ou avancer aux matelots.

38. La défense faite à tous officiers, mariniers ou non mariniers, au nombre desquels il faut placer *à fortiori* le capitaine, de rien prêter ou avancer aux matelots et autres gens de l'équipage pendant le cours du voyage, s'applique-t-elle également à l'armateur? Cette question ne peut se résoudre que par l'affirmative, car le capitaine n'étant à bord que le représentant de l'armateur, tout ce qui lui est défendu doit de même être interdit à celui-ci. En admettant d'ailleurs que l'armateur ne fût pas compris dans l'énonciation de la première partie de l'ordonnance du 1er novembre 1745, il rentrerait évidemment dans la seconde et ne pourrait imputer, sur les loyers des gens de mer embarqués à bord de son bâtiment, les prêts ou avances qu'il leur aurait faits sans autorisation.

Réfutation d'une opinion tendant à contester l'utilité de l'ordonnance du 1er novembre 1745, dans certains cas.

39. L'ordonnance du 1er novembre 1745 ayant été déclarée mesure d'ordre public par une loi toute récente (décret-loi du 24 mars 1852), nous pourrions nous abstenir d'insister sur son utilité. Toutefois, comme elle a été critiquée par Valin au point de vue des dettes contractées par les marins dans le lieu de leur domicile, nous croyons devoir l'examiner en détail.

« Si (dit-il sur l'article 10, tit. IV, liv. III) l'ordonnance se » rapporte aux dettes que les matelots contractent dans le » lieu même de leur domicile et dans le sein de leur fa- » mille, aussi bien qu'aux dettes qu'ils peuvent contracter » durant le cours des voyages, on peut dire qu'elle a eu » moins pour objet l'intérêt des matelots et de leurs fa- » milles que l'extension du pouvoir des commissaires des » classes, qui ont toujours souffert impatiemment les sai- » sies faites entre leurs mains de la part des créanciers des » matelots et autres gens de mer.

» En effet, à prendre cette ordonnance à la lettre, il » s'ensuivrait que les matelots seraient perpétuellement » sous la tutelle des officiers des classes et que, jusque » dans le lieu de leur domicile, ils ne pourraient, sans leur » aveu, ni prendre une maison à loyer, ni acheter à crédit » ce qui serait nécessaire pour leur subsistance ou leur ha- » billement, aussi bien que de leur famille ; ce qui ne pour- » rait que leur causer un tort considérable en leur ôtant » tout crédit, et par là la ressource que plusieurs trouvent » dans un petit commerce qu'ils autorisent leurs femmes à » faire pendant leur absence. »

Il est inutile de faire remarquer qu'il y a, dans ces paroles, plus de fiel de la part de l'ancien procureur du roi à l'amirauté de La Rochelle, contre les commissaires des classes, dont les amirautés n'ont jamais aimé le contact, que de raisonnement dégagé de tout esprit de rivalité; car il commet une erreur évidente en trouvant à l'ordonnance le tort d'ôter tout crédit aux gens de mer. C'est le contraire qu'il aurait dû dire, ainsi que nous allons le voir.

Le commentateur semble passer condamnation quant aux dettes contractées par les marins en cours de voyage, et restreindre son observation à celles contractées dans le lieu de leur domicile. Toutefois, nous examinerons séparément l'une et l'autre de ces deux catégories.

Dettes contractées ailleurs que dans le lieu du domicile. — L'insaisissabilité des salaires, dans ce cas, est une conséquence de la défense faite par l'arrêt du 19 janvier 1734 de solder directement les matelots ou de leur donner des à-comptes ailleurs que dans leurs quartiers; car si, pendant le voyage, ils avaient la faculté d'engager leurs loyers, lors même que la saisie ne pourrait en être faite qu'au désarmement, il est évident que ces prescriptions seraient éludées. Mais elle repose aussi sur d'autres considérations.

L'ouvrier de terre vit au milieu de sa femme, de ses enfants, de ses vieux parents, dont la présence continuelle lui rappelle à tout instant ses devoirs de famille; le matelot, au contraire, est toujours loin des siens, et des années s'écoulent sans même qu'il reçoive de leurs nouvelles.

L'ouvrier de terre ne perd pas de vue son clocher; sa vie est régulière et uniforme; il n'en est pas de même de l'homme de mer, qui, changeant sans cesse de pays, de climat, on pourrait dire de mœurs, sans cesse en lutte avec des privations et des dangers de tout genre, reçoit toujours des impressions nouvelles, qui concourent plutôt à détourner son attention du foyer domestique qu'à lui rappeler les devoirs qu'il a à remplir envers sa famille. Aussi est-il bien évident qu'il dépenserait ses salaires en cours de voyage s'il en avait la possibilité. N'étant plus dès lors retenu à bord de son bâtiment par les loyers qui lui seraient dus, il pourrait déserter et compromettre l'expédition; ou bien, s'il ne désertait pas, il n'aurait du moins plus d'intérêt à rendre de bons services, et regretterait amèrement, en rentrant dans ses foyers et trouvant sa famille en proie à la misère, que le législateur, méconnaissant qu'il vit dans des conditions différentes de celles des autres citoyens, n'ait rien fait pour le soustraire aux tentations auxquelles il lui est si difficile de ne pas céder.

Ainsi, en ce qui touche les dettes contractées par les marins ailleurs que dans le lieu de leur domicile, les raisons abondent pour démontrer que leurs loyers doivent être insaisissables. Voyons les autres.

Dettes contractées dans le lieu du domicile. — L'ordonnance du 1er novembre 1745 n'étant que le complément de l'arrêt du 19 janvier 1734, et reposant sur les mêmes motifs (le besoin de lier les matelots au service de leur bâtiment par des salaires qui, autant que possible, ne doivent être payés qu'à leur débarquement et n'être touchés que par eux-mêmes), ce second cas ne diffère aucunement du premier; car si les gages des gens de mer pouvaient être saisis au retour du voyage pour dettes contractées chez eux avant leur engagement, il est évident qu'ils n'auraient plus le même intérêt à servir. C'est dans cet ordre d'idées que l'article 319 du Code de commerce défend de leur prêter à la grosse sur leurs loyers.

Nous voyons donc déjà que Valin s'est mépris sur la portée de l'ordonnance qu'il a critiquée ; et cela est d'autant plus surprenant de sa part, que les termes généraux de cette ordonnance auraient dû lui donner à penser qu'il n'y avait pas de distinction possible dans son interprétation.

Mais nous allons plus loin, et nous disons, contrairement à ce qui a été avancé par Valin, que l'ordonnance du 1er novembre 1745 a eu aussi pour objet, dans l'hypothèse où les dettes sont contractées dans leur domicile, de procurer du crédit aux marins et à leurs familles.

Le matelot ne possède rien par cela même qu'il exerce une profession aussi ingrate ; et si d'ailleurs il possédait quelque chose, peu importerait à ses créanciers que ses salaires fussent ou non saisissables dès lors que ses autres biens répondraient de ses dettes. Ainsi il ne peut être ici question que du matelot qui n'a d'autre ressource que son travail. Or, quelle est sa position quand il est dans ses foyers ? Il ne peut pas toujours demander à une industrie étrangère à la sienne ce qui est nécessaire à son entretien et à celui de sa famille ; le plus souvent, pour y subvenir, il est obligé de contracter des dettes.

D'un autre côté, lorsqu'il vient à s'engager sur un bâtiment du commerce, on sait qu'il a toujours à faire d'assez fortes dépenses pour son équipement (1) ; qu'en outre, l'arrêt du 19 janvier 1734 défendant de le payer en cours

(1) L'exercice de la profession de marin exige beaucoup plus de vêtements que celui des autres métiers : le matelot doit être pourvu de surois, chemises de laine, paletots et pantalons cirés, bottes, mitaines, etc., toutes choses inutiles aux autres ouvriers ; et ces objets, qui ne pourraient être achetés à bas prix (les bottes seules coûtent de 28 à 30 fr.), constituent pour lui une dépense considérable, au-dessus des ressources dont il dispose en s'engageant. Il est cependant très-important qu'il soit bien équipé, non

de voyage, il ne pourra venir en aide à sa famille qu'à son retour.

Il n'a donc que les avances qu'il reçoit en s'embarquant pour faire face aux dettes déjà contractées, à l'achat des vêtements qui lui sont nécessaires et aux besoins les plus pressants de ceux qu'il quitte; et l'on conçoit dès lors qu'il lui soit difficile de partir sans laisser des dettes faites ou à faire.

Mais il ne pourrait pas les contracter, ces dettes, s'il n'avait pas de crédit, et c'est à quoi l'ordonnance du 1er novembre 1745 a pourvu en disposant que ses salaires ne seraient saisissables que pour loyer de maison, et fournitures de subsistances ou hardes autorisées par le commissaire.

Supposons, en effet, qu'il n'y ait pas, sous ce rapport, d'exception aux règles du droit commun; que les créanciers des marins puissent exercer par les voies ordinaires leur recours sur les salaires de ces derniers; leurs créances, en admettant même qu'elles fussent privilégiées par la loi, ne seraient recouvrables qu'à l'aide d'une certaine procédure qui les exposerait à n'en pas toucher le montant intégral, soit parce que les frais de cette procédure absorberaient une partie des loyers saisis, soit parce qu'il interviendrait d'autres créanciers privilégiés, soit, enfin, parce que, faute de diligence ou autrement, ils se seraient laissé primer par un créancier non privilégié; et cet état de choses aurait nécessairement pour conséquence de priver les gens de mer et leurs familles de la possibilité de se procurer à crédit les objets de première nécessité.

seulement parce que sa santé y est intéressée, mais on ne doit même pas hésiter à dire que son dénûment sous ce rapport compromettrait la sûreté de la navigation, car il ne faut attendre aucun bon service d'un homme qui, sans cesse exposé aux intempéries de toute espèce, n'est pas vêtu comme l'exige son état.

L'ordonnance du 1er novembre 1745, au contraire, en donnant au créancier la certitude que, sans avoir d'action à intenter, de frais à faire, il recevra, par les soins du commissaire, le montant des avances faites du consentement de cet officier, a donc eu pour résultat, tout en sauvegardant les intérêts de la navigation, de donner du crédit aux matelots dans les limites des besoins pour lesquels il était nécessaire qu'ils en eussent.

Lorsqu'il s'agit de marins qui, n'ayant pas de charges de famille, se trouvent cependant dans la nécessité de vivre à crédit en attendant un embarquement, il convient d'observer plus rigoureusement encore à leur égard le principe en vertu duquel les salaires acquis sur les bâtiments du commerce doivent rester intacts jusqu'au congédiement des matelots ; car il ne faut pas perdre de vue que l'ordonnance du 1er novembre 1745, pour rester d'accord avec l'arrêt du 19 janvier 1734, issu de la déclaration du 18 décembre 1728, n'autorise le commissaire à changer le caractère d'insaisissabilité des loyers des gens de mer que pour des dépenses urgentes, et surtout en faveur des soutiens de famille, dont on ne doit pas craindre au même degré la désertion ou le mauvais service que rendent généralement ceux dont les salaires sont grevés.

En ce qui touche les dettes contractées par les familles des marins pendant l'absence de ceux-ci, c'est avec juste raison que le législateur a exigé qu'elles ne pussent conférer un droit sur leurs salaires qu'à la condition d'être autorisées par l'administration de la marine, tant pour sauvegarder le principe de l'arrêt du 19 janvier 1734, que pour restreindre la tendance qu'auraient certaines familles à engager la solde de leurs chefs.

De tout ce qui précède il résulte donc que l'insaisissabilité des salaires des marins, basée sur les intérêts généraux de la navigation, a aussi pour effet de leur procurer du crédit, et que par conséquent la loi qui la consacre est une loi aussi sage qu'utile, dont on regretterait que Valin ait contesté le mérite si l'auteur n'était pas revenu sur son opinion dans son 2me volume, où il dit (liv. III, tit. XI, art. 7, 439) de la faculté donnée au capitaine de vendre à bord les effets des marins décédés :

» Toutefois, pour concilier ce reste de liberté de s'enga-
» ger avec la loi nouvelle qui leur en a *si utilement et si*
» *sagement fait la défense en général,* il faut dire que
» c'est au capitaine à veiller à ce que ceux-là seuls qui peu-
» vent avoir besoin de hardes soient reçus à se rendre ad-
» judicataires. »

L'ordonnance du 1er novembre 1745 s'applique à la généralité des marins.

40. On pensait généralement, et cette manière de voir était appuyée par des arrêts (1), que l'insaisissabilité des salaires était strictement limitée à la classe des *matelots.* Le décret-loi du 4 mars 1852 a dissipé les doutes que l'on pouvait concevoir à cet égard en disposant que cette insaisissabilité serait appliquée *à tout marin* faisant partie de l'équipage d'un navire du commerce. L'erreur était au surplus évidente, ainsi qu'on va le voir.

Le mot *matelots* est un terme générique qui désigne le plus souvent le corps entier des navigateurs. C'est ainsi qu'il est employé dans le titre IV, livre III, de l'ordonnance de 1681 (voir. l'art. 21). C'est ainsi qu'il est employé dans le titre V, livre II, du Code de commerce (voir. art. 272). C'est ainsi que nous l'employons nous-même et que l'ont

(1) Arrêt de la Cour d'Aix, du 3 juin 1829.

compris tous ceux qui ont écrit sur le personnel des bâtiments marchands. En un mot, la qualification de *matelot*, dans la marine, est la même que celle de *militaire* dans l'armée de terre.

Or, si l'on considère que l'article 61, tit. II, de l'arrêté du 2 prairial an XI, par lequel les dispositions de l'ordonnance du 1er novembre 1745 ont été étendues aux armements en course, loin de faire la distinction dont il s'agit pour les parts de prises, reconnaît, au contraire, qu'elle n'existe pas pour les salaires acquis dans la navigation ordinaire, ce qui résulte du § 1er de l'article ainsi conçu :

» Les parts de prises des *marins* sont, comme leurs salaires, déclarés insaisissables ; »

Que ces termes généraux se retrouvent dans l'ordonnance du 17 juillet 1816, on en conclut déjà que l'ordonnance s'appliquait à tout le personnel du bâtiment, sans en excepter le capitaine. Mais ce que nous venons de dire dans le numéro précédent le démontre encore plus péremptoirement, car si le principe de l'insaisissabilité des salaires des équipages des bâtiments du commerce repose sur le besoin de les intéresser aussi étroitement que possible au succès des expéditions maritimes ; s'il a été considéré par le législateur comme une protection spéciale qu'il accordait aux gens de mer, il embrasse assurément la classe entière des navigateurs, et surtout ceux qui ont la plus grande part de responsabilité dans la direction des navires, c'est-à-dire le capitaine et les officiers.

Une autre considération vient encore s'ajouter à tous ces motifs en ce qui touche le capitaine, c'est que celui-ci devenant, par la force des choses et sans qu'il en puisse être autrement, le mandataire de l'armateur, il serait contraire aux lois de l'équité de retenir sur ses loyers *comme capitaine* les indemnités qu'il pourrait devoir à l'armateur en réparation de fautes étrangères à ses fonctions maritimes, et pour lesquelles il ne peut rationnellement y avoir d'action que sur ses autres biens. Nous reviendrons au surplus sur ces deux attributions distinctes du capitaine.

Il est interdit aux gens de mer de faire assurer leurs loyers. Réflexions à ce sujet.

41. D'après l'article 347 du Code de commerce, le contrat d'assurance est nul s'il a pour objet :

« Le fret des marchandises existant à bord,

« Le profit espéré des marchandises,

« *Les loyers des gens de mer*,

« Les sommes empruntées à la grosse,

« Les profits maritimes des sommes prêtées à la grosse. »

On voit que la disposition de l'article 347, en ce qui touche les loyers des gens de mer, est absolue, c'est-à-dire qu'elle s'applique aussi bien aux loyers qui sont acquis qu'à ceux qui ne sont pas encore gagnés, et nous retrouvons ici les motifs de l'arrêt du 19 janvier 1734 et de l'ordonnance du 1er novembre 1745, qui, pour enchaîner les marins au service de leur bâtiment, exigent qu'ils ne puissent toucher leurs salaires que lorsqu'ils sont congédiés; car il est évident qu'ils n'auraient plus le même intérêt à servir si, les ayant fait assurer, ils pouvaient négocier leur titre avant d'être débarqués.

Il importe d'examiner ici un jugement du Tribunal de commerce de la Seine, en date du 5 janvier 1848, dont voici le dispositif :

« En ce qui touche la portion de marchandises apparte-
» nant à l'équipage et comprise dans l'assurance ;

» Attendu, en fait, qu'il est constant que l'équipage qui » se trouvait à bord du *Comte-de-Paris* (1) avait été en- » gagé *à la part;* que les produits de la pêche devaient lui » appartenir pour un cinquième, l'armateur n'ayant droit » qu'aux quatre autres cinquièmes;

» Attendu que, d'après l'article 347 du Code de com- » merce, le contrat d'assurance est nul s'il a pour objet » les loyers des gens de l'équipage; que, d'après l'article » 258 du même Code, les matelots ne peuvent prétendre » aucuns loyers en cas de perte du navire et des marchan- » dises;

» Attendu que ces dispositions ont pour but d'intéresser » les matelots à la conservation du navire et de les enga- » ger à ne l'abandonner qu'à la dernière extrémité; qu'une » part dans les produits est un véritable loyer, puisque » c'est la représentation du salaire pendant le temps du » voyage;

» Attendu que si, d'après l'article 334 du même Code, » l'assurance peut avoir pour objet les marchandises du » chargement, ce n'est qu'autant que ces marchandises ne » représentent pas les loyers de l'équipage; qu'autrement » l'intention du législateur serait évidemment violée, puis- » que les matelots, en s'engageant à la part et en la faisant » assurer, pourraient abandonner leur navire sans qu'il en » résultât aucune perte pour eux;

» Attendu encore que si le dernier paragraphe de l'arti- » cle 258 détermine que les matelots ne sont pas tenus de » restituer ce qui leur a été avancé sur leurs loyers, on ne » peut considérer le cinquième des marchandises qui se » trouvaient à bord comme un payement fait à l'équipage;

(1) Le *Comte-de-Paris* avait été armé pour la pêche de la baleine.

» qu'en effet, entre les matelots et l'armateur, le produit
» de la pêche, comme les dépenses qui s'y rattachaient,
» se trouvait en commun jusqu'au jour de l'arrivée du na-
» vire à sa destination ; qu'à ce moment seulement l'attri-
» bution devait en être faite à chaque intéressé ;

» Attendu, dès lors, que le contrat d'assurances passé
» entre la Compagnie générale et l'armateur ne peut être
» maintenu que pour les quatre cinquièmes ;

» Par ces motifs, etc. »

Cette décision peut être critiquée sur tous les points :

Elle suppose d'abord que l'article 347 du Code de commerce est une conséquence de l'article 258, qui, en disposant que, « dans le cas de prise, bris et naufrages avec » perte entière du navire et des marchandises, les matelots ne peuvent prétendre aucuns loyers, » a eu pour objet de les intéresser à la conservation de leur bâtiment.

Nous avons vu (n° 20) que ce n'est point ainsi que l'article 258 doit être interprété, et l'opinion que nous avons formulée à ce sujet est encore corroborée par l'arrêt du 19 janvier 1734 et par l'ordonnance du 1er novembre 1745; car s'il avait été jugé nécessaire de stimuler par un texte l'intérêt que, jusqu'à preuve contraire, les matelots ont toujours à conduire le navire à destination, on vient de voir que ces actes y auraient pourvu dans une mesure équitable en exigeant qu'ils ne fussent payés de leurs loyers qu'après avoir été complètement déchargés du service de leur bâtiment. Admettons cependant que l'interprétation soit exacte; s'ensuivrait-il que l'article 347 fût une conséquence de l'article 258, en ce qui touche les engagements à la part?

Non certainement, car l'engagement à la part étant un véritable contrat de société par lequel l'équipage est intéressé au même degré que l'armateur au succès de l'expédition, on en conclut que si l'article 258 avait eu pour objet la conservation du bâtiment, cet article serait sans signification devant un engagement de cette nature. A la vérité, l'assurance de la portion revenant aux matelots diminue l'intérêt qu'ils ont à conduire le navire à destination; mais l'armateur seul serait en droit d'élever des objections à cet égard, l'assureur ne pouvant exiger d'autres garanties de l'assuré que des devoirs de conscience et les soins que, nonobstant l'assurance, ce dernier ne cesse pas d'être intéressé à donner à la chose assurée. En admettant donc que l'article 258 ait eu pour objet la conservation du bâtiment, ce serait en faveur de l'armateur seulement, et non pas pour donner des garanties à l'assureur, qu'il aurait été édicté; et dans l'espèce dont il s'agit, du moment que l'armateur avait renoncé au bénéfice de cette disposition en faisant assurer lui-même la portion revenant à l'équipage dans le chargement du *Comte-de-Paris*, l'assureur n'était pas fondé à invoquer l'article 258 pour faire déclarer la nullité de l'assurance qu'il était censé avoir consentie pour cette portion de produits. Il ne pouvait en effet ignorer que l'équipage était engagé à la part, et l'absence de toute réserve dans la police d'assurance aurait dû le faire condamner, la présomption étant que si le navire fût arrivé à bon port, la prime eût été payée pour le total de la somme assurée.

Enfin, il importe de remarquer, puisqu'il est question de l'article 258, que, dans les engagements stipulés à la part, soit au profit, soit au fret, les matelots ne sont point payés sur les débris du navire, ni sur le fret entier des marchandises sauvées, puisque leurs salaires ne consistent que dans une portion des produits de l'expédition. Or, si, dans ce cas, ils sont privés du bénéfice de l'article 258, il devient légal de les autoriser, en compensation, à faire assurer la portion de gain qui peut leur appartenir, lorsque d'ailleurs la loi, comme dans le cas qui nous occupe, ne défend pas à l'armateur de faire assurer celle qui lui est attribuée.

Il est vraiment à regretter que cette remarque ait échappé au Tribunal de commerce de la Seine.

En contestant à l'armateur le droit de faire assurer la portion revenant à l'équipage dans le chargement du *Comte-de-Paris*, le Tribunal s'est d'ailleurs mis en contradiction avec lui-même, puisqu'il reconnaissait : « qu'entre les matelots et l'armateur, le produit de la pêche, comme les » dépenses qui s'y rattachaient, se trouvait en commun » jusqu'au jour de l'arrivée du navire à sa destination ; qu'à » ce moment seulement l'attribution devait en être faite à » chaque intéressé. » L'armateur avait donc l'administration du chargement comme étant le plus fort intéressé, et par suite le droit de le faire assurer. On sait au surplus que c'est lui qui dirige toujours les opérations auxquelles donnent lieu ces sortes d'expéditions jusqu'à ce qu'il ait réalisé en espèces les produits du voyage, si même il n'achète à l'avance la portion dévolue à l'équipage, ce qui se pratique le plus souvent pour la pêche de la morue.

Tout en énonçant que l'article 347 du Code de commerce est une conséquence des principes posés par l'arrêt du 19 janvier 1734 et par l'ordonnance du 1er novembre 1745, en matière de payement des loyers des matelots, et non pas une conséquence de l'article 258, nous avons raisonné dans l'hypothèse où les motifs de la défense de faire assurer ces loyers pourraient être cherchés dans cet article. Nous n'arriverons pas à une conclusion différente en revenant à notre propre opinion, qui consiste à trouver la raison de cette défense dans les actes de 1734 et de 1745, qui, ayant eu pour objet d'empêcher que le matelot ne réalise ses salaires avant l'expiration de son engagement, lui interdisent bien, il est vrai, de faire assurer les loyers de son chef, mais ne s'opposent pas à ce que, lorsque ces loyers sont représentés par une part dans les produits de l'expédition, cette part soit comprise dans l'assurance générale faite par l'armateur, parce que, dans ce cas, celui-ci est le seul détenteur du titre d'assurance.

Il résulte, en définitive, de ce qui précède, que si les matelots engagés à la part n'ont pas qualité pour faire assurer cette part de leur chef, la loi ne s'oppose pas à ce que l'armateur, qui peut valablement faire assurer la portion qui lui est dévolue dans ces sortes d'engagements, comprenne celle de l'équipage dans l'assurance générale des profits de l'expédition.

Quoi qu'il en soit, comme le jugement du Tribunal de commerce de la Seine pourrait faire jurisprudence à cet égard, nous croyons devoir recommander, lorsque l'engagement ayant été stipulé à la part, l'armateur fait assurer les produits de l'expédition, d'y comprendre, par une mention spéciale de la police d'assurance, la portion attribuée à l'équipage, afin d'éviter toute difficulté ultérieure. L'équipage pourrait au besoin faire de cette mention l'objet d'une des clauses de son engagement.

Défense d'embarquer des marchandises et de faire aucun trafic sans l'autorisation des parties intéressées.

42. L'article 251 du Code de commerce interdit au capitaine et aux gens de l'équipage de charger dans le navire, sous aucun prétexte, des marchandises pour leur compte, sans la permission des propriétaires et sans en payer le fret.

D'un autre côté, l'article 239 défend au capitaine qui navigue à *profit commun sur le chargement* de faire aucun trafic pour son compte s'il n'y a convention contraire; et quant à cette convention, il y a lieu de remarquer qu'elle devrait être consentie par l'équipage qui naviguerait dans les mêmes conditions que le capitaine. L'armateur lui-même, dans cette hypothèse, n'aurait pas le droit de se servir de son bâtiment pour une spéculation particulière (1).

Prolongation de voyage. — Changement de voyage.

43. Nous avons vu que les gens de mer ne pouvaient quitter d'eux-mêmes leur bâtiment sans être considérés comme déserteurs; ils ne peuvent toutefois être contraints de faire au-delà de ce qu'ils ont promis. Ainsi l'ordonnance de 1681 (art. 4. tit. VII, liv. II) portait :

« Si après l'arrivée et décharge du vaisseau au port de » destination, le maître ou patron, *au lieu de faire son re-* » *tour* (2), le frète ou charge pour aller ailleurs, le matelot » *pourra quitter*, si bon lui semble, s'il n'est autrement » porté par son engagement. »

Quoi qu'il en soit, cette autorisation ouvertement donnée au matelot de débarquer de son propre mouvement lorsque le voyage était prolongé sans son assentiment, était

(1) Aux termes de l'article 240 du Code, en cas de contravention aux dispositions de l'article 239, les marchandises embarquées par le capitaine pour son compte particulier seraient confisquées au profit des autres intéressés.

(2) Il est dit, dans le cours de l'ouvrage, qu'autrefois les voyages de mer se terminaient par l'aller et le retour; cette expression en est une preuve irrécusable.

trop incompatible avec le régime des classes pour rester longtemps sans contrôle.

Aussi, dès 1689 (ord. du 15 avril, liv. VIII, tit. 1er, art. 27) fut-il défendu « aux maîtres et patrons de laisser et congédier « aucuns matelots de leurs équipages dans *les pays étran-» gers*, à peine de 500 livres d'amende et de punition plus » sévère, le cas échéant (1) ; » d'où la conséquence qu'en pays étranger, les gens de mer ne pouvaient jamais être fondés, même lorsque le voyage était prolongé sans leur aveu, à demander leur débarquement, et *à fortiori* à débarquer de leur propre mouvement.

Une ordonnance du 23 décembre 1721 (Valin, sur l'art. 3, titre VII, liv. II) exigea qu'aucun matelot ne pût débarquer *aux colonies* sans être porteur d'un congé du capitaine, visé par l'intendant ou commissaire-ordonnateur ; d'où la conséquence que les gens de mer ne pouvaient de même, aux colonies, débarquer de leur propre mouvement.

Enfin un règlement du 8 mars 1722 défendit à tous capitaines, patrons et maîtres de navires de débarquer des matelots sans en faire faire mention *au bureau des classes*, d'où la conséquence que, même dans les ports de France, les matelots ne pouvaient quitter le navire de leur propre volonté.

Toutes ces dispositions, reproduites dans la déclaration du roi du 18 décembre 1728, furent encore confirmées : 1° par l'ordonnance du 1er août 1743, qui établit les commissaires des classes, en France et aux colonies, et les consuls, en pays étranger, juges des motifs qui seraient allégués pour le débarquement des gens de mer naviguant sur

(1) Cette défense a été reproduite dans l'article 270 du Code de commerce, portant que, dans aucun cas, le capitaine ne peut congédier un matelot dans les pays étrangers.

les bâtiments de commerce (1); 2° par celle du 31 octobre 1784, qui, par son article 15, tit. XIV, défendit de donner aucun congé sans la permission du commissaire des classes, » dans les ports du royaume et des colonies, ou des con- » suls dans les ports étrangers, à peine de 300 livres d'a- » mende pour chaque homme débarqué sans permission; » 3° par l'arrêt du 5 germinal an 12, littéralement copié, on peut le dire, sur l'ordonnance du 1er août 1743.

« Les commissaires et les consuls sont (dit Pardessus, » n° 698) les appréciateurs naturels des motifs que donne » un homme de l'équipage pour demander son congé, ou » que le capitaine ferait valoir pour le congédier. »

Nous avons vu que le décret-loi du 19 mars 1852 a sanctionné toute la législation qui vient d'être rappelée, en punissant le débarquement, sans l'intervention de l'autorité maritime ou consulaire, de tout individu porté à un titre quelconque sur un rôle d'équipage.

Ainsi l'article 4, tit. VII, liv. II de l'ordonnance de 1681 a été modifié en ce qui touche le droit qu'il accordait aux matelots de débarquer de leur propre mouvement, lorsque le voyage était prolongé du fait du capitaine. Mais le fond de cet article n'en continue pas moins de subsister, c'est-à-dire que, dans ce cas, si le matelot est obligé de demander son débarquement à l'autorité compétente, ce débarquement ne peut lui être refusé.

Cela posé, il convient d'abord d'admettre en principe que, dans l'esprit de la disposition dont il s'agit, ce n'est pas seulement lorsque le voyage est prolongé du fait du capitaine que le matelot a droit à son débarquement, mais bien lorsque le voyage est changé, c'est-à-dire lorsque,

(1) Voy. Valin, tome 1er, page 709.

par exemple, le navire, au lieu d'aller à Montevideo, se rend à Calcutta, ou bien encore, si l'engagement a été contracté pour un temps déterminé et sans indication des lieux où le navire doit aborder, lorsque, par suite de la destination qui lui est donnée en sortant d'un port, le voyage peut se prolonger au-delà du temps fixé. Ces deux dernières circonstances n'en ont pas moins pour résultat, en effet, de porter atteinte aux conventions arrêtées à l'armement, et, de même que ces conventions ont été souscrites librement, elles ne peuvent pareillement être modifiées sans l'aveu de l'équipage.

Beaussant (n° 267) fait observer que l'acceptation par la majorité des nouvelles dispositions prises ne saurait lier la minorité ; qu'il y aurait là oppression du faible par le fort. Cette opinion est la conséquence évidente des articles 1108 et 1109 du Code Napoléon, portant qu'une des conditions essentielles à la validité d'une convention est le consentement, et que le consentement n'est pas valable s'il a été extorqué par violence. Il résulte donc, tant de ces articles que de l'article 4, tit. VII, liv. II de l'ordonnance de 1681, que le matelot est fondé à demander son débarquement toutes les fois qu'il est apporté des modifications aux conditions de son engagement.

Quoi qu'il en soit, cette manière de voir n'est pas conforme à celle de Locré, car voici comment cet auteur s'exprime sur l'article 255 du Code de commerce (1), relatif à la prolongation du voyage.

« Dans la règle ordinaire, le matelot ne s'étant engagé » que pour le premier voyage, ne devrait pas être lié pour

(1) « Art. 255. Si le voyage est prolongé, le prix des loyers des matelots » *engagés au voyage* est augmenté à raison de la prolongation. »

» la prolongation ; mais comment entreprendre des expé-» ditions maritimes si l'on n'est pas assuré qu'une fois à la » mer elles arriveront au lieu plus éloigné jusqu'auquel le » cours des événements ou de nouveaux ordres de l'affré-» teur l'obligeront de les conduire? Et comment avoir » cette assurance si l'équipage peut se débander dès qu'on » est parvenu au point d'abord indiqué? L'intérêt du com-» merce exigeait donc que l'engagement du matelot conti-» nuât de subsister pour la prolongation. »

Locré a fait ici une erreur évidente ; il a raisonné dans l'hypothèse où cet article donnerait à ceux qui dirigent les expéditions du navire le droit de prolonger l'engagement de l'équipage à leur gré, tandis qu'il ne règle qu'une simple affaire de salaire pour le cas tout spécial où l'équipage *étant engagé à forfait*, le voyage serait prolongé postérieurement à l'engagement. Les matelots, en effet, ne savent pas toujours où le capitaine a l'intention de se rendre en prenant la mer; ils peuvent n'acquérir la certitude du changement de destination qu'après le départ, alors qu'il n'est plus temps de demander à débarquer; la prolongation peut résulter d'un séjour dans le port plus long que le matelot engagé au voyage ne devait le supposer; et le législateur avait en conséquence à prévoir le cas où, l'engagement ayant été stipulé à forfait, c'est-à-dire à raison d'une somme fixe pour un voyage déterminé, ce voyage serait ensuite prolongé du fait du capitaine ou de ceux dont celui-ci représente les intérêts. Mais tel a été l'unique but de l'article 255, ainsi qu'il est facile de s'en convaincre en comparant cet article avec la première partie de l'article 6, tit. IV, liv. III de l'ordonnance de 1681 (1). Ces deux dis-

(1) En cas que le voyage soit prolongé, les loyers des matelots loués au voyage seront augmentés à proportion.

positions sont identiques, et comme on ne peut supposer que l'ordonnance qui, par l'article 4, tit. VII, liv. II, donnait aux gens de mer le droit de débarquer de leur propre volonté lorsque le capitaine entreprenait un voyage pour lequel ils ne s'étaient pas engagés, les ait contraints, par l'article 6, tit. IV, liv. III, de subir cette prolongation, il s'ensuit que l'article 255 du Code de commerce ne donne pas le droit, dans ce cas, de retenir un matelot malgré lui. L'intérêt du commerce, invoqué par Locré à l'appui de son opinion, peut bien permettre de prolonger le voyage sans demander l'assentiment de l'équipage, sauf à le rétribuer ensuite proportionnellement à la prolongation (1) ; mais il ne saurait autoriser à le garder à bord lorsqu'il proteste contre l'extension donnée à ses engagements. C'est aux parties intéressées dans l'expédition à faire formuler les conventions de manière à ce que le navire ne puisse être retenu dans le port faute d'équipage pendant le cours d'une opération ; et quand elles ont négligé de prendre leurs précautions, elles doivent s'attendre à subir les conséquences du principe en vertu duquel nul ne peut être contraint à faire au-delà de ce qu'il a promis.

Voyons maintenant comment le matelot peut exercer le droit qu'il a de débarquer toutes les fois qu'il est apporté des modifications aux conditions de son engagement.

L'article 2 de l'arrêté du 5 germinal an XII porte : « La » conduite sera pareillement payée aux gens de mer qui » seront débarqués pendant le cours des voyages par ordre » des commissaires des relations commerciales et autres » agents établis par le gouvernement dans les pays étran- » gers, ou des officiers d'administration préposés à l'in-

(1) Voir à ce sujet le n° 50.

» scription maritime, dans les ports de la république, *pour* » *faire cesser les troubles que leur présence aurait occa-* » *sionnés ou pourrait faire naître dans le navire, ou* » *pour d'autres causes particulières qui auraient fait* » *juger ce débarquement absolument nécessaire.* »

Il résulte de cette disposition que les commissaires de l'inscription maritime, en France et aux colonies, et les consuls, en pays étranger, ont tous les pouvoirs nécessaires pour prononcer le débarquement des matelots lorsque le voyage est changé ou prolongé, car ce sont là des circonstances qui doivent faire juger le débarquement *absolument nécessaire,* du moment que les gens de mer ne peuvent être contraints de faire un service pour lequel ils ne sont pas engagés. Toutefois, avant de rendre leur décision, les autorités maritimes ou les consuls doivent employer tous les moyens dont ils disposent pour amener les matelots à consentir à la prolongation ou au changement de voyage; une légère augmentation de salaire doit suffire pour arriver à ce résultat. Mais si, tous les moyens de conciliation étant épuisés, le matelot persiste dans sa demande, son débarquement ne peut lui être refusé, et il a droit, dans ce cas, non seulement à son rapatriement aux frais de l'armateur, mais encore, comme la prolongation ou le changement de voyage devient à son égard un véritable congé donné sans cause valable, il rentre, pour les loyers, dans l'application de l'article 270 du Code de commerce, qui sera ci-après examiné, à moins que le commissaire ou le consul ne lui trouve sur les lieux un embarquement avec salaires.

Il importe donc au plus haut degré de rédiger les clauses de l'engagement de manière à ce que l'armateur puisse modifier à son gré la destination de son bâtiment.

Bien que le matelot soit fondé à demander son débarquement lorsque le voyage est changé ou prolongé, il faut cependant qu'il puisse être immédiatement rapatrié. Si donc, en pays étranger ou aux colonies, il ne se trouvait sur les lieux aucun bâtiment devant opérer prochainement son retour en France, le débarquement devrait être différé jusqu'à l'arrivée du navire dans un port où le rapatriement pourrait être effectué, car nous verrons au chapitre *de la conduite* et *du rapatriement* qu'une loi d'ordre public exige que tout marin débarqué en cours de voyage rentre immédiatement dans son quartier. Mais il y aurait lieu de mentionner sur le rôle d'équipage les motifs pour lesquels la demande du matelot n'aurait pu être accueillie, afin de lui donner les moyens de réclamer des dommages-intérêts en réparation de la contrainte qu'il aurait eue à subir.

Enfin, pour compléter cet examen, il convient de prévoir le cas où le voyage serait changé ou prolongé dans un pays où il n'y aurait pas d'autorité française. Dans cette circonstance, le matelot ne pouvant débarquer de son propre mouvement, devrait se borner à protester jusqu'à ce qu'il pût faire valoir ses droits à son débarquement, et, s'il y avait lieu, à des dommages-intérêts.

En aucun cas, le capitaine ne peut congédier ses matelots sans l'intervention de l'autorité compétente.

44. Si l'intérêt de la navigation oblige les matelots à se consacrer au service du navire sur lequel ils se sont embarqués jusqu'à la fin de leur engagement, le législateur a, d'un autre côté, comme on vient de le voir, pris de sages dispositions pour empêcher que les gens de mer ne fussent à la merci de ceux qui les emploient, en défendant de les congédier sans l'intervention du commissaire ou du consul.

L'article 270 du Code de commerce, qui sera ci-après examiné, leur accorde même de fortes indemnités lorsqu'ils justifient qu'ils ont été congédiés sans cause valable.

Cet article étant ainsi formulé : « Tout matelot qui jus- » tifie qu'il est congédié sans cause valable a droit à une » indemnité contre le capitaine, » et se terminant par la défense « de congédier, dans aucun cas, un matelot dans » les pays étrangers, » Beaussant conclut (n° 278) de ce que le Code de commerce est postérieur aux actes rappelés dans le numéro précédent, que le capitaine peut toujours, dans un port de la métropole, congédier un homme de l'équipage sans l'intervention du commissaire, à charge seulement de donner à ce fonctionnaire avis de la mutation; et si l'auteur n'étend pas cette faculté aux colonies, c'est parce qu'il pense qu'elles ont une législation spéciale dans l'ordonnance du 11 juillet 1759, dont l'article 5 défend de débarquer un seul homme de l'équipage sans l'autorisation du commissaire, sous peine de 300 livres d'amende pour chaque homme débarqué sans permission.

En admettant que l'article 270 ait, sur ce point, modifié la législation antérieure, le décret-loi du 19 mars 1852, qui défend, sous peine d'une amende appropriée au genre de navigation auquel est affecté le bâtiment, de débarquer aucun individu porté à un titre quelconque sur un rôle d'équipage sans l'intervention de l'autorité maritime ou consulaire, aurait retiré le droit qui, selon Beaussant, était donné au capitaine par l'article dont il s'agit. Mais le décret-loi du 19 mars 1852 n'étant, sous ce rapport, que la reproduction de la disposition correspondante de l'ordonnance du 31 octobre 1784, dont les pénalités ont été amoindries, il importe d'examiner, dans l'intérêt de ce décret, jusqu'à quel point l'auteur était fondé dans son opinion.

Ce ne peut être que la défense écrite dans l'article 270 du Code de commerce, de débarquer des matelots en pays étranger, qui l'ait conduit à penser que, dans les ports de France, les capitaines pouvaient débarquer leurs matelots sans en faire la demande au commissaire; et il importe de remarquer dès lors que si l'article 270 du Code de commerce, dont les termes sont identiques à ceux de l'article 10, tit. IV, liv. III de l'ordonnance de 1681 (1), y a ajouté la défense dont il s'agit, elle se trouvait aussi dans l'article 27, tit. Ier, liv. VIII de l'ordonnance de 1689. Or, du moment que, sous l'empire des législations de 1681 et 1689, le règlement du 8 mars 1722, la déclaration du roi du 18 décembre 1728, l'ordonnance du 1er août 1743, l'ordonnance du 31 octobre 1784, l'arrêté du 5 germinal an XII (voir le n° précédent), avaient défendu de débarquer des matelots dans les ports de France sans l'*intervention du commissaire*, il est évident que l'article 270 du Code de commerce, qui n'est, sous ce rapport, que la reproduction des législations de 1681 et 1689, ne pouvait avoir abrogé les actes rendus depuis 1722 jusqu'à l'an XII de la République.

Remarquons aussi que cette défense, qui ne peut évidemment se référer qu'au cas où le navire se trouve dans un port étranger privé d'autorité consulaire, puisque les consuls ont reçu de toutes les ordonnances sur la matière, et notamment de celle du 29 octobre 1833, le droit de statuer sur le débarquement des gens de mer, aurait dû lui montrer, au contraire, que l'article disposait seulement pour le cas où le matelot aurait été débarqué à l'insu de l'autorité compétente, et où dès lors il n'aurait pu faire valoir ses droits. Tel est le sens de l'article 270 : il veut que le

(1) « Si le maître congédie le matelot sans cause valable, il lui paiera, etc. »

capitaine qui débarque un matelot sans cause valable lui paie une indemnité sans préjudice de l'amende encourue pour débarquement non autorisé ; mais il n'a pas d'autre portée, et Beaussant en a complètement méconnu l'esprit.

Ainsi, laissant de côté le décret-loi du 19 mars 1852, le Code de commerce n'avait point rapporté une mesure qui, sauvegardant à la fois les droits du marin, les intérêts de l'armateur et les besoins de l'inscription maritime, a particulièrement pour objet d'assurer aux gens de mer la protection qui leur est due en compensation des charges qu'ils supportent, d'empêcher que la navigation ne soit compromise par des congés donnés sans contrôle (1) et de suivre avec exactitude les mouvement des marins.

Beaussant, tout en soutenant que le capitaine avait le droit de congédier en France un homme de son équipage sans l'intervention du commissaire, pensait néanmoins qu'il devait donner à ce fonctionnaire avis du congédiement ; et bien qu'il ne parle pas de la présentation du marin congédié au bureau de la marine, nous considérerons cependant cette présentation comme sous-entendue, car elle eût été indispensable pour régler la position du matelot au point de vue de l'inscription maritime.

Voyons maintenant jusqu'à quel point le triple intérêt qui s'attache à l'intervention de l'autorité maritime en matière de débarquement des gens de mer pouvait être sauvegardé par ce tempérament.

(1) Nous avons vu (n° 14) qu'en principe, le capitaine doit consulter l'armateur pour l'embarquement d'un homme de son équipage, et il devrait en être de même du débarquement ; mais comme l'armateur ne peut pas suivre son navire dans toutes ses escales, c'est dans l'intervention du commissaire qu'il trouve la garantie que les hommes agréés par lui ne seront pas congédiés sans motif.

Le service de l'inscription maritime ne l'était pas suffisamment, car l'article 2 de l'arrêté du 5 germinal an XII, reproduit dans le n° précédent, exigeant que tout marin débarqué soit rapatrié dans son quartier, et donnant au commissaire juridiction pour mettre les frais de conduite, soit au compte du marin, soit au compte des armateurs, cette disposition n'aurait pu recevoir son exécution si le commissaire n'avait pas eu à connaître des motifs du débarquement. Cependant, l'article 270, même en lui donnant le sens exagéré que lui a attribué Beaussant, n'abrogeait pas, quant à ce, l'arrêté du 5 germinal an XII.

En ce qui touche l'intérêt de l'armateur et celui des gens de mer, nous avons vu que l'article 2 précité dispose que le débarquement des matelots en cours de voyage ne doit être prononcé que dans le cas où il est jugé absolument nécessaire. L'article 270, tel qu'il a été interprété par Beaussant, eût donc porté également atteinte à ces deux intérêts, du moment que le caprice du capitaine aurait déterminé le débarquement d'un matelot. Et l'armateur, en particulier, eût été d'autant plus lésé d'une telle interprétation, que les frais de rapatriement sont d'abord mis à sa charge, sauf son recours contre le capitaine, lorsque ce n'est pas le matelot qui doit les supporter.

Mais nous venons de voir que l'article 270 du Code de commerce n'avait pu rapporter l'arrêté du 5 germinal an XII, ni les actes qui l'ont précédé; il est donc inutile de s'étendre plus longuement sur ce sujet. Nous ne terminerons pas toutefois sans faire remarquer que si le capitaine avait eu le droit de débarquer un homme de son équipage sans l'intervention de l'autorité maritime, les matelots seraient devenus de simples serviteurs à gages, contrairement à l'esprit et à la lettre de la législation qui les régit, et que dès lors il n'eût pas été possible de les soumettre à une discipline spéciale ; car cette discipline ne repose que sur ce principe que les marins du commerce ne sont pas attachés à la personne qui les rétribue, mais seulement au service du bâtiment sur lequel ils sont embarqués.

On s'étayerait encore de l'opinion de Valin, qui, sous l'empire de l'article 10, tit. IV, liv. III de l'ordonnance de 1681, dont l'article 270 du Code de commerce n'est que la reproduction, disait que « dès que le matelot était » compris dans le rôle d'équipage, il ne pouvait être con- » gédié que du consentement du commissaire des clas- » ses. » (1). Enfin, tous les textes concernant les marins du commerce, si le cadre de cet ouvrage permettait de les passer en revue, viendraient démontrer que l'opinion de Beaussant ne trouvait pas de justification.

L'auteur terminait ainsi son article :

« Le maître doit pouvoir toujours, même sans cause » valable, et en s'exposant personnellement à une indem- » nité, renvoyer le matelot avant ou pendant le voyage : » les tribunaux de commerce jugeront le droit et le mon- » tant de l'indemnité. »

Pourquoi refuser aux commissaires une juridiction qui leur a été donnée par l'ordonnance du 1er août 1743 et par l'arrêt du 5 germinal an XII ? A des matelots, à des gens aussi pauvres que peu familiarisés avec la procédure, les juges qu'il faut ne sont pas des tribunaux où l'on vient poser des conclusions en forme et devant lesquels on ne peut intenter une action qu'en avançant les frais de l'instance. Les juges qu'il leur faut, ce sont des fonctionnaires qui leur rendent une justice gratuite et prompte et sachent

(1) Voy. Comm. sur l'article 2, tit. VII, liv. II, tome 1er, page 552.

d'autant mieux faire reconnaître leurs droits qu'ils ont aussi mission de réprimer leurs écarts. Laissons à des hommes pratiques le soin de décider s'il y aura de l'inconvénient à ce qu'un matelot reste à bord malgré la volonté de son capitaine ; ils savent par devoir (1) et par expérience que l'intérêt de la navigation et celui des matelots doivent trouver devant eux la même protection. Laissons-les tenir une balance qui ne saurait être mieux placée que dans leurs mains ; et loin de propager de fausses doctrines, respectons les lois que nos pères, aussi sages que nous, ont établies et fait exécuter sans réclamation.

Durée présumée de l'engagement des marins en l'absence de conventions particulières.

45. Dans les limites tracées par l'article 1780 du Code Napoléon (« on ne peut engager ses services qu'à temps, ou pour une entreprise déterminée »), et sauf la réquisition pour le service de l'État, les matelots peuvent louer leurs services pour plusieurs voyages, pour plusieurs années (n° 32). En l'absence de conventions particulières, quelle est la durée légale qui doit être assignée à leur engagement ?

Cette question est résolue par les explications que nous avons données (n° 15) sur le caractère du rôle d'équipage ; car si le rôle d'équipage fait seul foi des conditions d'engagement des gens de mer, il est évident que la durée légale de cette pièce détermine, à défaut d'une convention spéciale ayant pour objet de restreindre ou proroger la

(1) Ordonnance du 15 avril 1689, liv. VIII, tit. V, art. 18 : « Enjoint, Sa » Majesté, aux commissaires des classes de protéger le commerce de ses » sujets et de faciliter la navigation des bâtiments marchands autant que le » bon ordre et la discipline des classes le pourront permettre. »

durée de l'engagement, le temps pendant lequel les matelots sont tenus de rester à bord, de même que celui pendant lequel l'armateur est obligé de les garder. Or, aux termes de l'article 2 du décret-loi du 19 mars 1852, le rôle d'équipage devant être renouvelé à chaque voyage (1), pour les bâtiments armés au long cours, et tous les ans, pour ceux armés au cabotage ou à la petite pêche, il en résulte qu'à défaut de convention contraire, la durée légale de l'engagement des gens de mer naviguant au long cours est fixée au terme du voyage, et que la durée légale de l'engagement de ceux naviguant au cabotage ou à la petite pêche est fixée à l'époque du renouvellement du rôle, soit que l'engagement ait eu lieu à l'armement, soit qu'il s'agisse de marins embarqués dans le cours de la durée assignée au rôle d'équipage.

C'est ainsi que la question a d'ailleurs été décidée par une dépêche du ministre de la marine, en date du 8 juin 1853, et par le Tribunal de commerce de Rouen (jugement du 12 novembre de la même année).

Changement de capitaine. — Changement de navire.

46. Les auteurs qui ont écrit sur le droit maritime se sont tous préoccupés des difficultés qui pourraient naître, parmi l'équipage, du changement du capitaine et du changement de navire pendant la durée de l'engagement. Boulay-Paty, partageant l'opinion de Valin, Pothier, etc., etc., dit que le changement de capitaine n'est pas un motif suffisant pour légitimer le débarquement des matelots, « parce

(1) On entend ici par *voyage* le temps qui s'écoule entre le départ d'un navire expédié de France pour une destination de long cours et son retour dans un port de la métropole. (Rapport qui précède le décret du 19 mars 1852).

» que ce n'est pas tant envers la personne du maître qu'ils » s'engagent qu'envers le bâtiment, » et ne fait, avec ses devanciers, aucune différence entre le changement de capitaine et le changement de navire.

Après avoir démontré et reconnu en principe (n° 12) que les matelots ne sont pas attachés à la personne du capitaine, mais seulement au service du bâtiment, nous en conclurons, avec les auteurs, que le changement de capitaine ne peut modifier en rien l'engagement des matelots, pourvu que, sauf le cas de force majeure dûment justifié, le capitaine substitué ait été breveté dans les formes établies. Mais il n'en est pas de même du changement de navire, et l'on comprendra qu'il n'est pas indifférent aux marins de s'embarquer sur tel ou tel bâtiment, si l'on considère le soin avec lequel est appelée l'attention des passagers sur les qualités nautiques des bâtiments destinés à en recevoir. Nous estimons, en conséquence, que le changement de navire autorise, comme le changement de voyage, le matelot à demander son débarquement, et qu'ici encore la majorité ne peut s'imposer à la minorité. Toutefois, Pothier nous met sur la trace d'une exception en appuyant son opinion « de la circonstance où quelque accident arrivé au navire aurait contraint d'en substituer » un autre. »

Aux termes des articles 296 et 391 du Code de commerce, le capitaine dont le navire a été déclaré innavigable est tenu de s'en procurer un autre à l'effet de transporter les marchandises au lieu de leur destination. Il est évident que s'il se trouve en mesure d'exécuter cette obligation, l'équipage n'a pas le droit de s'y opposer, car le changement de navire devient, dans ce cas, par le fait seul des dispositions de la loi, une des clauses tacites du son engagement. Mais nous n'apercevons pas d'autres circonstances qui puissent obliger le matelot à s'embarquer sur le bâtiment substitué.

Les gens de mer ne peuvent être arrêtés pour dettes civiles.

17. L'article 231 du Code de commerce veut que le capitaine et les gens de l'équipage qui sont à bord, *ou qui sur les chaloupes se rendent à bord pour faire voile*, ne puissent « être arrêtés pour dettes civiles, si ce n'est à » raison de celles qu'ils auraient contractées pour le voyage ; » et que, même dans ce dernier cas, ils ne puissent être » arrêtés s'ils donnent caution. »

L'article 14, tit. I, liv. II de l'ordonnance de 1681 portait : « Défendons d'arrêter pour dettes civiles les maî- » tres, patrons, pilotes et matelots *étant à bord* pour faire » voile, si ce n'est pour dettes qu'ils auront contractées » pour le voyage. »

A quoi Valin ajoutait :

« Je croirais pourtant que ces mots : « *étant à bord* » » ne doivent pas tellement être pris à la lettre qu'ils ne » puissent s'entendre du cas des *dernières chaloupes où* » *le capitaine s'embarque avec le reste de ses gens;* et » qu'ainsi, qu'ils soient déjà embarqués dans ces chaloupes, » *ou qu'ils soient encore sur le quai*, ils ne peuvent être » arrêtés pour dettes civiles, attendu que, dans ces cir- » constances, c'est tout comme s'ils étaient à bord. »

Ainsi, l'article 231 du Code de commerce n'est autre que la reproduction de l'article 14, tit. Ier, liv. II de l'ordonnance de 1681, amendé d'un avis de Valin et suivi d'une exception qui est la conséquence de l'article 215 (1).

(1) Le bâtiment prêt à faire voile n'est pas saisissable, si ce n'est à raison

Il était utile que Valin expliquât ce qu'il fallait entendre par les mots « *étant à bord* », qui marquaient dans l'ordonnance le moment où les équipages ne pouvaient être arrêtés pour dettes civiles, afin de faire comprendre que ces mots ne devaient pas être pris dans un sens trop restreint; mais on s'étonne de trouver dans l'article 231 du Code de commerce, à l'état de disposition réglementaire, l'expression « *ou qui sur les chaloupes se rendent à bord,* » dont l'auteur s'est servi pour traduire sa pensée, expression qui, dans son esprit, avait un caractère d'autant moins restrictif, qu'il ajoutait que le matelot se rendant à bord ne pourrait pareillement être arrêté sur le quai pour dettes civiles.

Remontant donc à la pensée du premier législateur qui a voulu marquer l'instant où l'intérêt des expéditions maritimes s'opposerait à ce que les matelots fussent arrêtés pour dettes civiles, nous considérerons les mots « *étant à* » *bord, ou qui sur les chaloupes se rendent à bord pour* » *faire voile,* » comme purement énonciatifs, et, tirant nos motifs de la même source, nous dirons qu'il suffit, comme en matière de saisie de navires, pour qu'il y ait lieu à l'application de l'article en question, que le *bâtiment soit prêt à faire voile*. Or, d'après le § 2 de l'article 215, le navire est censé prêt à faire voile lorsque le capitaine est muni de ses expéditions pour le voyage; cette disposition paraît donc devoir fixer le moment où les matelots ne peuvent être arrêtés pour dettes civiles.

Nous ajouterons, avec les auteurs, que l'exception créée

des dettes contractées pour le voyage qu'il va faire; et même dans ce cas, le cautionnement de ces dettes empêche la saisie.

Le bâtiment est censé prêt à faire voile lorsque le capitaine est muni de ses expéditions pour son voyage.

par l'article 231 du Code de commerce ne trouverait pas d'application en matière criminelle ; qu'elle est étroitement restreinte aux dettes civiles ; que l'on ne doit pas reconnaître comme *contractées pour le voyage* des dettes qui n'auraient pas uniquement pour but son accomplissement ; enfin, avec Pardessus, que la caution ne s'oblige qu'à la représentation du débiteur au retour du bâtiment, sauf à payer s'il déserte, ou si, pour toute autre cause, il ne revient pas à la fin de la campagne.

Examinons maintenant les causes qui, abstraction faite du renouvellement du rôle d'équipage, mettent fin à l'engagement des gens de mer ou y apportent des modifications.

Cas où les gens de mer cessent d'être employés par le fait des propriétaires, capitaines et affréteurs.

48. Cette première cause est clairement posée par les articles 252 et 257 du Code de commerce, lesquels portent textuellement :

» Art. 252. Si le voyage est rompu par le fait des pro-» priétaires, capitaines et affréteurs, avant le départ du » navire, les matelots loués au voyage ou au mois sont » payés des journées par eux employées à l'équipement du » navire. Ils retiennent pour indemnité les avances reçues.

» Si les avances ne sont pas encore payées, ils reçoi-» vent pour indemnité un mois de leurs gages convenus.

» Si la rupture arrive après le voyage commencé, les » matelots loués au voyage sont payés en entier aux ter-» mes de leur convention.

» Les matelots loués au mois reçoivent leurs loyers sti-» pulés pour le temps qu'ils ont servi, et, en outre, pour

» indemnité, la moitié de leurs gages pour le reste de la » durée présumée du voyage pour lequel ils étaient en» gagés.

» Les matelots loués au voyage ou au mois reçoivent, en » outre, leur conduite de retour jusqu'au lieu du départ du » navire, à moins que le capitaine, les propriétaires ou af» fréteurs, ou l'officier d'administration, ne leur procurent » leur embarquement sur un autre navire revenant audit » lieu de leur départ. »

» Art. 257. Si les matelots sont engagés au profit ou au » fret, il ne leur est dû aucun dédommagement ni jour» nées pour la rupture, le retardement ou la prolongation » de voyage occasionnée par force majeure.

» Si la rupture, le retardement ou la prolongation arri» vent par le fait des chargeurs, les gens de l'équipage ont » part aux indemnités qui sont adjugées au navire.

» Ces indemnités sont partagées entre les propriétaires » du navire et les gens de l'équipage, dans la même pro» portion que l'aurait été le fret.

» Si l'empêchement arrive par le fait du capitaine ou des » propriétaires, ils sont tenus des indemnités dues aux » gens de l'équipage. »

Toutefois, ces articles donnent lieu à quelques observations.

On remarque d'abord une omission dans l'article 252, au passage où il est dit : « Si les avances ne sont pas » payées, ils reçoivent pour indemnité un mois de leurs » gages convenus. » Cette disposition, qui comprend à la fois les matelots engagés au mois et les matelots engagés au voyage, ne peut être appliquée, en ce qui concerne ces derniers, sans le secours d'une interprétation qui consiste à arbitrer quelle devait être la durée ordinaire et commune du voyage projeté, à répartir la somme fixée sur chaque mois de cette durée, et à donner la valeur d'un mois. (Boulay-Paty, d'après Delaporte).

Passant à l'article 257, on voit que si l'empêchement arrive par le fait des chargeurs, les gens de l'équipage ont droit aux indemnités adjugées au navire, et que, s'il provient du fait des propriétaires ou du capitaine, ceux-ci *sont tenus des indemnités dues aux gens de l'équipage.*

Premier point : *Indemnités dues par les chargeurs.*

L'expression *adjugées* porte à croire que, dans le cas d'empêchement occasionné par les chargeurs, le législateur a voulu que les indemnités à payer fussent fixées par les tribunaux. Si donc un arrangement était arrêté entre les chargeurs et les intéressés au bâtiment, il ne pourrait être opposé aux matelots qu'autant que ceux-ci y auraient formellement souscrit, ou bien qu'il ne résulterait de cet arrangement aucune réduction sur les sommes qu'ils auraient reçues s'il n'y avait pas eu empêchement. Nous remarquerons encore que, lorsqu'il y a rôle d'équipage ouvert, un arrangement de cette nature doit, pour être valable, être pris de concert avec l'autorité maritime ou consulaire, spécialement chargée de maintenir les droits des marins. (Voir ce qui a été dit à ce sujet n° 15).

Raisonnant dans l'hypothèse où aucun arrangement n'aurait été fait et où les intéressés au navire s'abstiendraient de poursuites, ce ne serait point à l'équipage à traiter avec les chargeurs ou à les citer en justice pour obtenir le paiement des indemnités auxquelles il aurait droit, non seulement parce que l'article 257, en disposant que les gens de mer ont part aux indemnités adjugées au *navire*, fait porter l'initiative de la demande uniquement sur l'armateur du bâtiment, mais encore parce que l'article

271 du Code de commerce ayant affecté d'une manière absolue le navire et le fret aux loyers des matelots, sans faire de distinction suivant la nature de l'engagement, il en résulte que le matelot, quel que soit le mode de rétribution de son travail, ne doit demander cette rétribution qu'à l'armateur ou au propriétaire du bâtiment. (Voy. n° 20).

Deuxième point : *Indemnités dues par le capitaine ou les propriétaires.*

On ne voit ici ni par qui seront fixées les indemnités, ni sur quelles bases elles seront établies : le Code se borne à constater le droit.

A défaut d'arrangement avec le concours du commissaire ou du consul du port où s'élèverait la difficulté, comme il s'agirait ici de contestations entre associés, elles sembleraient devoir être portées devant des arbitres, aux termes de l'article 51 du Code de commerce ; mais nous verrons ci-après que l'article 633 du même Code exige que toutes les affaires relatives aux loyers des matelots soient jugées par les tribunaux de commerce.

Quant au chiffre de l'indemnité, il doit évidemment être établi sur le taux moyen des produits que le navire aurait rapportés s'il avait suivi sa destination sans empêchement.

L'article 257 ne parle pas non plus de la conduite qui, dans le cas d'empêchement après le départ du bâtiment (1), est accordée par l'article 252 aux marins engagés au mois ou au voyage. Il serait toutefois superflu d'ajouter que le silence qu'il garde à cet égard ne peut être invoqué contre eux, car la conduite est d'ordre public, et l'armateur

(1) Les matelots peuvent avoir droit à la conduite même lorsque le voyage est rompu avant le départ du bâtiment ; c'est lorsqu'ils sont inscrits dans un autre quartier que celui du port d'armement. (Voy. n. 95).

doit toujours en répondre. (Arrêté du 5 germinal an XII. — Décret-loi du 4 mars 1852).

Interdiction de commerce. — Arrêt.

49. Ces deux cas font l'objet des articles 253 et 254 du Code de commerce, ainsi conçus :

« Article 253. S'il y a interdiction de commerce avec » le lieu de la destination du bâtiment, ou si le navire est » arrêté par ordre du gouvernement avant le voyage com- » mencé, il n'est dû aux matelots que les journées employées » à équiper le bâtiment.

« Article 254. Si l'interdiction de commerce ou l'arrêt » du navire arrive pendant le cours du voyage, dans le cas » de l'interdiction les matelots sont payés à proportion du » temps qu'ils auront servi ; dans le cas de l'arrêt, le loyer » des matelots engagés au mois court pour moitié pendant » le temps de l'arrêt ; le loyer des matelots engagés au » voyage est payé aux termes de leur engagement. »

On doit entendre par *interdiction de commerce avec le port de destination* la défense faite par le gouvernement du port d'expédition d'aller dans le port de destination, ou le refus du gouvernement du port de destination de recevoir le bâtiment, ou bien encore le blocus du port de destination (1). Quant à *l'arrêt du gouvernement*, c'est le séjour momentané que le navire est contraint de faire dans un port, soit par ordre du gouvernement du lieu, soit par suite d'un blocus qui exposerait, pendant un temps assez court pour ne pas produire l'interdiction, le navire à être

(1) Voir à ce sujet le chapitre IX, tit. II des « *Règles internationales et* « *Diplomatie de la mer,* » par M. Ortolan.

pris à sa sortie, soit par suite de toute autre circonstance de même nature (1).

Malgré la distinction faite par l'article 254, entre l'interdiction et l'arrêt, Pardessus pense (nº 679) « qu'il appar- » tient à l'armateur de décider si l'arrêt doit le faire renon- » cer à son expédition, et conséquemment produire la » rupture du voyage ; que son intérêt garantit l'équipage » de toute possibilité de fraude. »

Cette opinion n'étant accompagnée d'aucun raisonnement, nous ignorons sur quoi l'auteur a pu le fonder. Voyons ce qui se passe à l'égard du fret :

« Article 278. Le chargeur peut, pendant l'arrêt du » navire, faire décharger ses marchandises à ses frais, à » condition de les recharger ou d'indemniser le capitaine, » c'est-à-dire le fréteur.

Or, si l'on compare, dans l'espèce, les rapports respectifs du chargeur et du fréteur avec ceux de l'armateur et de l'équipage, on en conclut que l'armateur doit à l'équipage dont il a loué les services ce que le chargeur doit au fréteur dont il a loué le bâtiment, et que si le chargeur ne peut renoncer à l'expédition pendant la durée de l'arrêt qu'en indemnisant le fréteur aux termes de l'article 278, l'armateur ne peut, de son côté, décider que l'arrêt produira la rupture du voyage qu'en indemnisant l'équipage conformément à l'article 252.

Ainsi l'armateur, ou le capitaine son représentant, qui, le cas échéant, n'aurait pas consulté l'équipage, avec le concours de l'autorité maritime ou consulaire intervenant

(1) Une ordonnance du 21 avril 1746 (Valin, tome Ier, page 690) avait assimilé à l'arrêt du gouvernement le temps pendant lequel les bâtiments naviguant sous escorte devaient attendre dans les rades le départ des convois.

au double point de vue de l'intérêt des marins et de leur rapatriement, assumerait une responsabilité dont les tribunaux ne le déchargeraient assurément pas.

Comparons maintenant les articles 253 et 254 avec les articles 4 et 5, tit. IV, liv. III, de l'ordonnance de 1681 :

« Art. 4. En cas d'interdiction avec le lieu de la desti-
» nation du vaisseau avant le voyage commencé, il ne sera
» dû aucuns loyers aux matelots engagés au voyage et au
» mois, et ils seront seulement payés des journées par eux
» employées à équiper le bâtiment ; et si c'est pendant le
» voyage, ils seront payés à proportion du temps qu'ils au-
» ront servi. »

« Art. 5. Si le vaisseau est arrêté par ordre souverain
» avant le voyage commencé, il ne sera aussi dû aux ma-
» telots que les journées employées à équiper le navire ;
» mais si c'est pendant le cours du voyage, le loyer des
» matelots engagés au mois courra pour moitié pendant le
» temps de l'arrêt, et celui des matelots engagés au voyage
» sera payé aux termes de leur engagement. »

Ces articles ne diffèrent pas des articles 253 et 254 du Code de commerce ; ce sont les mêmes dispositions reproduites sous une autre forme, et l'on remarque dans les deux législations la même erreur en ce qui touche les gens de mer engagés *au voyage*, lorsque le voyage est commencé. En effet, s'il s'agit de l'interdiction de commerce, le 2e § de l'article 254, qui, formulé d'une manière générale, s'applique aux matelots engagés au voyage comme à ceux engagés au mois, ne rétribue les premiers qu'à proportion du temps pendant lequel ils ont servi, tandis que, s'il s'agit de l'arrêt du gouvernement, le 4e § de cet article ne leur accorde aucune augmentation ; l'équité voulait cependant, du moment que, dans le cas de l'interdiction, les matelots engagés au voyage étaient assimilés aux matelots engagés au mois, il en fût de même pour le cas de l'arrêt; ou bien, du moment que, dans le cas de l'arrêt, ils ne reçoivent aucune augmentation, sans doute parce que leur engagement a été stipulé à forfait, que le caractère de cet engagement ne fût pas méconnu pour l'interdiction et qu'ils fussent payés, dans ce cas comme dans celui de l'arrêt, aux termes de leur engagement.

Cette anomalie avait inspiré à Valin les réflexions suivantes, dont il est regrettable qu'on n'ait pas tenu compte :

« Ceci bien considéré, il n'est point fait d'injustice dans » ce dernier cas (l'arrêt) au matelot engagé au mois. En » pareille circonstance, il n'aurait pas été naturel que le » propriétaire du navire, qui ne gagne aucun fret durant » l'arrêt de prince, eût payé aux matelots leurs gages en » plein. Et, d'un autre côté, il n'aurait pas été juste que, » pendant tout ce temps-là, ils eussent, eux, fait le ser- » vice du navire pour leur seule nourriture. Il fallait donc » avoir recours à un tempérament, et il est tel que le ma- » telot engagé au mois n'a aucun sujet de plainte, puisque » ce nombre de mois, nécessaire pour l'accomplissement » du voyage, lui sera toujours payé en plein, outre les » gages qu'il gagne pour moitié durant le temps de la dé- » tention. Mais pourquoi le matelot engagé au voyage ne » doit-il avoir que la somme qu'il a stipulée à forfait, quel- » que longue que soit la durée de la détention? Pourquoi » est-il de pire condition que l'autre? C'est ce que l'on ne » comprend pas. Ainsi, il y a lieu de dire qu'*en cette par- » tie notre article est en défaut;* mais, comme il a été » observé, ces sortes d'engagements au voyage sont au- » jourd'hui fort rares. »

Ces explications sont satisfaisantes, en ce qui touche les

matelots engagés au mois. Mais il est à remarquer que, loin de déférer aux observations du commentateur en ce qui touche les matelots engagés au voyage, la Commission chargée d'élaborer le Code de commerce s'est au contraire efforcée de justifier la disposition par laquelle elle n'a fait aucune diminution sur leurs salaires dans le cas de l'arrêt. Nous extrayons le passage suivant de l'*Esprit du Code de commerce*, par Locré :

« Si, dans le cas de force majeure (1), les loyers des » matelots engagés au mois ont été jugés réductibles, pour- » quoi ne le seraient-ils pas pour les matelots engagés au » voyage? Telle est la question qu'on a faite sur la dispo- » sition qui nous occupe. »

Voilà la réponse de la Commission : « Le matelot engagé » au voyage ne peut être réduit dans ses gages de deux » manières. Son engagement est relatif à un voyage dont » la durée est à peu près connue : il a nécessairement cal- » culé cet engagement sur la durée ordinaire du voyage, » et ses loyers lui sont payés dans cette proportion. *C'est » un engagement à forfait, où chacun des contractants » court la même chance*. Si un empêchement de force » majeure prolonge le voyage, il nous paraît que cette pro » longation est pour le matelot l'équivalent d'une réduction » de ses gages.

» *Je me suis engagé, dira-t-il, pour un voyage ; j'ai dû » calculer les accidents qui pourraient le prolonger comme » ceux qui pourraient l'accélérer ; j'en ai couru les évé- » nements; le prix de mon engagement était calculé sur » un service de six mois, qui est la durée présumée du » voyage; un arrêt ou un autre accident de force majeure*

(1) L'expression « force majeure » désigne ici l'*arrêt*. Voyez l'auteur.

» *l'a prolongé de trois mois; c'est donc un service gra-*
» *tuit de trois mois qui résulte de mon engagement.* »

Chaque mot de ces explications de la Commission démontre qu'elle a méconnu le caractère de l'engagement à forfait en l'assimilant à l'engagement au mois, dans le cas de l'interdiction de commerce ; car si, pour l'arrêt, elle lui a conservé ce caractère, elle ne devait pas le lui enlever pour l'interdiction, ou bien elle devait, comme le proposait Valin, assimiler l'engagement au voyage à l'engagement au mois dans les deux cas.

Les regrets que Valin éprouvait à cet égard étaient atténués par la considération que les engagements au voyage étaient devenus rares; toutefois il en existe encore, et bien que les cas d'interdiction de commerce ou d'arrêt du gouvernement soient encore beaucoup plus rares, nous ne voyons pas avec moins de regret que le législateur moderne n'ait pas déféré à l'opinion du savant commentateur. Afin de remédier à cet état de choses, nous ne pouvons que conseiller aux matelots de s'abstenir de contracter des engagements au voyage toutes les fois que les circonstances pourraient faire craindre l'interdiction ou l'arrêt.

Les articles 253 et 254 du Code de commerce ne s'appliquent qu'aux marins engagés au mois ou au voyage, les gens de mer engagés au profit ou au fret n'ayant rien à prétendre dans le cas de rupture, retardement ou prolongation de voyage occasionnée par force majeure. (Art. 257).

Il paraît utile de mentionner ici l'article 27 de l'ordonnance du 29 octobre 1833, ainsi conçu :

« Lorsque, par les ordres d'un gouvernement étranger,
» des navires français auront été retenus et séquestrés, les
» consuls emploieront les moyens convenables pour obtenir
» leur relaxation et des indemnités s'il y a lieu ; ils feront,

» en attendant l'issue de leurs démarches, tout ce que » pourront nécessiter la conservation des équipages ou la » sûreté des hommes qui descendent à terre.»

Cela posé, il importe de remarquer qu'en réduisant de moitié les salaires des matelots engagés au mois, et en n'accordant pas d'augmentation de loyers à ceux engagés au voyage, pour la durée de l'arrêt, bien que leur travail ne cesse pas et que cette réduction de loyers affecte les ressources de leurs familles, l'article 254 du Code de commerce n'a eu en vue que le préjudice causé à l'armateur et n'a pas prévu le cas où la détention donnerait lieu à indemnité. (Voy. Valin et Locré). Lors donc que des indemnités sont accordées, elles doivent être affectées par privilége spécial à l'acquittement des loyers entiers, pour les matelots engagés au mois, et, pour les matelots engagés au voyage, au paiement d'un dédommagement évalué, pour chaque jour d'arrêt ou de séquestre, au moyen de la division des salaires convenus par le nombre de jours que l'expédition était présumée devoir durer. Cette marche est indiquée, en ce qui concerne ces derniers, par ce qui se pratique dans le cas de l'interdiction pendant le cours du voyage, et dans celui de la rupture du voyage avant le départ du navire. (Articles 254, § 2, et 252, § 2 (1).

D'un autre côté, nous avons vu que, dans le cas d'interdiction de commerce après le départ du bâtiment, les loyers des matelots engagés au voyage sont réduits proportionnellement à la durée du service, bien que l'engagement ait été stipulé à forfait ; que les matelots engagés au mois ne sont payés que pour le temps pendant lequel ils ont servi. Cet état de choses ne se justifiant que par les pertes

(1) On ne s'occupe pas ici des matelots engagés au profit ou au fret, lesquels participent incontestablement aux indemnités accordées au bâtiment.

que l'interdiction de commerce occasionne à l'armement, il en découle encore que, si cette interdiction donne lieu à des indemnités, les uns et les autres doivent, avant tout autre prélèvement, être payés de leurs loyers comme il est dit dans l'article 252 du Code. Dans le cas de l'arrêt comme dans celui de l'interdiction, c'est donc sur ces bases qu'auraient à se régler les agents chargés de stipuler l'indemnité.

La prise d'un bâtiment peut aussi, dans certains cas, donner lieu à des indemnités qui, suivant qu'elle aurait produit l'arrêt ou l'interdiction, devraient incontestablement être affectées au paiement des loyers entiers de l'équipage, en réparation du dommage qu'elle leur aurait causé, et être stipulées de manière à prévenir toute récrimination de la part de l'armateur.

Enfin il y a lieu de remarquer que, dans le cas où la violation d'un blocus, au lieu d'entraîner la prise, ne serait suivie que d'une simple détention, cette détention ne pourrait être, à l'égard des matelots, l'objet d'une réduction de salaires qu'autant qu'ils auraient été partie dans la violation du blocus. (Voir à ce sujet ce que nous avons dit (n° 22) de la confiscation).

Prolongation et raccourcissement du voyage.

50. La prolongation et le raccourcissement font l'objet des articles 255 et 256 du Code de commerce, ainsi conçus :

» Article 255. Si le voyage est prolongé, le prix des » loyers des matelots engagés au voyage est augmenté à » proportion de la prolongation. »

Article 256. Si la décharge du navire se [illegible] volontai- » rement dans un lieu plus rapproché que celui qui est

» désigné par l'affrètement, il ne leur est fait aucune dimi-
» nution. »

Nous avons vu (n° 43) que la prolongation du voyage autorisait les gens de mer à demander leur débarquement, mais qu'ils ne pouvaient pas toujours exercer ce droit parce que le plus souvent ils ignoraient la destination du bâtiment; que si l'article 255 semblait permettre à l'armateur ou au capitaine, son représentant, de prolonger le voyage sans prendre l'avis de l'équipage, ce droit ne s'étendait cependant pas jusqu'à retenir les gens de mer à bord malgré eux.

Réduit à ces termes, l'article 255 n'est pas cependant hors de discussion, car si le matelot est rétribué par cet article proportionnellement à la durée de son service (1), on ne peut pas en conclure que la prolongation ne lui cause aucun préjudice. Des affaires importantes, telles que l'examen de capitaine du commerce (2), un mariage, pouvaient l'appeler en France à l'époque où, aux termes de son engagement, il devait être de retour ; et dans ce cas, le dommage résultant de la prolongation ne serait certes pas couvert par une augmentation proportionnelle de loyers.

Nous pensons, en conséquence, que l'article 255, en disposant que, dans le cas de prolongation, les loyers des matelots engagés au voyage seront augmentés à proportion de la prolongation, ne prive ni ces derniers, ni ceux engagés au mois, du droit de demander des dommages-intérêts

(1) Les salaires des gens de mer naviguant au mois étant comptés d'après le temps de leur service, il y a, dans le cas de prolongation, pour ceux engagés au mois comme pour ceux engagés au voyage, augmentation proportionnelle de loyers du moment que chaque jour de cette prolongation ajoute le prix d'une journée à la somme qu'ils devaient toucher au désarmement.

(2) Les examens de capitaines du commerce n'ont lieu qu'une fois par an et ils ne se subissent que dans quelques ports.

lorsqu'ils n'ont pu échapper aux conséquences de cette prolongation, soit parce qu'ils ignoraient que le navire ne suivait pas sa destination, soit parce qu'il ne se trouvait pas sur les lieux d'autorité maritime sans l'intervention de laquelle les gens de mer ne peuvent débarquer de leur bâtiment, soit enfin pour tout autre motif n'impliquant pas adhésion de leur part. Il nous parait impossible que des conventions librement consenties puissent être modifiées par la volonté de l'une des parties sans indemnité due à celle qui a été lésée ; et loin d'accorder à l'article 255 la portée que lui prête Locré (voy. n. 43), nous sommes au contraire fondé à dire que cet article n'a été inséré dans le Code que *pour mémoire*, et pour rappeler aux gens de mer, trop souvent insouciants de leurs intérêts, que lorsqu'ils sont engagés au voyage ils ont droit, en cas de prolongation, à une augmentation proportionnelle de loyers, mais sans préjudice des dommages-intérêts qu'ils pourraient, ainsi que ceux engagés au mois, avoir à demander par suite de la prolongation. Nous allons voir ci-après que le raccourcissement du voyage ouvre aux matelots des droits à une indemnité, et nous avons vu que cette indemnité est due pour le cas de rupture. La prolongation volontaire, qui porte à leurs conventions une atteinte encore plus grave que celle qui résulte du raccourcisssement ou de la rupture du voyage, ne peut *à fortiori* les laisser sans dédommagement, d'autant plus que l'intérêt de la navigation n'est point ici sacrifié, cette prolongation étant toujours inséparable de chances avantageuses pour son auteur, au moment où elle est décidée, ou d'obligations qu'il avait à remplir.

Mais arrivons au raccourcissement

On a pu remarquer que l'article 256 ne concerne, comme l'article 255, que les matelots engagés au voyage.

Voici comment Pardessus s'exprime (nos 675 et 676) à l'égard de ceux engagés au mois : « Ils sont payés (dit-il) du » temps qu'ils ont servi, et reçoivent pour toute indemnité » la moitié de leurs gages pour la durée présumée du » voyage, sans considérer si le tort qu'ils éprouvent est plus » considérable, ou s'ils ont pu trouver à se louer de suite » sur un autre navire. » En d'autres termes, Pardessus renvoie à l'exécution pure et simple de l'article 252, parce qu'en effet le raccourcissement volontaire du voyage n'est autre chose, à l'égard des matelots, qu'une rupture du voyage pour lequel ils s'étaient engagés.

Boulay-Paty, après s'être arrêté sur la différence à établir entre la décharge dans un lieu plus rapproché occasionnée par force majeure, et celle qui doit être attribuée à l'armateur, au capitaine, etc., n'hésite pas non plus à dire que, dans ce dernier cas, les matelots engagés au mois doivent être traités comme dans le cas de l'article 252.

Locré ne s'attache qu'à la lettre de l'article 256, et ne se préoccupe pas des matelots engagés au mois.

L'opinion de Pardessus et de Boulay-Paty repose sur les termes correspondants de l'ordonnance de 1681, ainsi que nous allons le démontrer par un rapprochement.

Sous l'empire de cette ordonnance, la rupture du voyage après le départ du navire, au lieu d'attribuer aux matelots loués au mois « leurs loyers stipulés pour le temps de leur » service et en outre la moitié de leurs gages pour le reste » de la durée présumée du voyage, sans préjudice de leur » conduite de retour » (art. 252 du Code de comm.), ne leur donnait droit qu'aux loyers dus pour le temps de leur service et pour celui « qui leur était nécessaire à s'en retourner » au lieu du départ du vaisseau. » (Art. 3, tit. IV, livre III). D'un autre coté, l'article 6 du même titre (Décharge du navire dans un lieu plus rapproché que celui qui était désigné, ou *raccourcissement du voyage*) voulait de même que les matelots engagés au mois ne fussent payés qu'en proportion de la durée de leur service.

Cela posé, en comparant ces articles 3 et 6 de l'ordonnance de 1681, on remarque que leurs dispositions sont identiques, car si, dans le cas de *décharge dans un lieu plus rapproché*, les matelots engagés au mois ne recevaient pas, comme dans le cas *de rupture après le départ du navire*, le salaire « afférent au temps nécessaire pour s'en retourner au lieu du départ du vaisseau, » c'est parce qu'à cette époque, où les voyages de mer ne comprenaient que l'aller et le retour au port d'expédition, la décharge dans un lieu plus rapproché était toujours censée ramener le navire au lieu où il devait effectuer son retour. Il n'y avait donc pas lieu de se préoccuper, dans ce cas, des loyers nécessaires aux marins pour s'en retourner au port d'armement, comme dans le cas de rupture après le voyage commencé, lequel suppose que le navire a été désarmé dans tout autre port que celui où il devait revenir, ou bien que sa destination a été changée ; et l'on est fondé à dire que si, dans l'ancienne législation, le raccourcissement était considéré comme la rupture après le départ du navire, il ne peut, dans la nouvelle, en être différemment.

Valin (sur l'art. 6, qui traite à la fois de la prolongation et du raccourcissement) ne pensait pas que les matelots engagés au mois eussent à se plaindre de n'être payés que proportionnellement à la durée de leur service, parce que (dit-il du raccourcissement) ils pouvaient aisément trouver de l'occupation ailleurs. Mais on doit croire que c'est par distraction qu'il a formulé cette opinion, car ce sont ses observations sur l'article 3 (titre des loyers) qui ont fait modifier cet article dans un sens plus favorable aux matelots. (Voy. Locré, sur l'art. 252). Peut-être aussi a-t-il été dominé, en écrivant sur l'article 6, par le texte dudit article 3, qui ne rétribuait les matelots que pour la durée de leur service et pour le temps nécessaire à se rendre chez eux. Quoi qu'il en soit, il n'est pas supposable qu'il soit entré dans la pensée de l'auteur de ne payer les gens de mer engagés au mois, dans le cas de raccourcissement, que proportionnellement à la durée de leur service; car le raccourcissement exerce incontestablement la même influence sur l'engagement des gens de mer que la rupture, et, dans ce dernier cas, il voulait que le matelot engagé au mois reçût *la totalité de ses loyers eu égard à la durée présumée du voyage*. (Voy. Comm. sur l'art. 3, et Locré sur l'art. 252).

De tout ce qui vient d'être dit à ce sujet, il résulte donc que l'opinion de Pardessus et de Boulay-Paty doit prévaloir, et qu'il y a lieu d'assimiler le raccourcissement volontaire du voyage à la rupture imputable aux propriétaires ou autres intéressés.

Nous distinguerons trois cas de prolongation ou de raccourcissement en ce qui touche les loyers des gens de mer :

La force majeure,

L'unanimité des parties intéressées,

La volonté des propriétaires, capitaines et affréteurs, sans adhésion de l'équipage, ou toute autre circonstance impliquant responsabilité.

Premier cas. Lorsque les gens de mer sont engagés au mois, nous n'hésitons pas à assimiler le raccourcissement par force majeure à l'interdiction de commerce prévue par l'article 254 du Code, et il semblerait dès lors que la prolongation dût être assimilée à l'arrêt du gouvernement prévu par le même article. (Voy. le n° précédent) ; mais il y a lieu de remarquer que, dans le cas de l'arrêt, le navire étant mouillé dans le port, l'équipage a moins de soins à lui donner qu'à la mer, tandis que la prolongation n'amoindrit pas ses obligations, et nous pensons en conséquence que lorsqu'il y a prolongation du voyage par force majeure, les gens de mer engagés au mois doivent être payés de leurs loyers entiers pour la durée de cette prolongation (1), à moins qu'elle ne soit de nature a être assimilée à l'arrêt, ce qui ne peut dépendre que des circonstances.

Quant aux matelots engagés au voyage, il est dans la nature de leur engagement que leur salaire ne soit pas augmenté lorsque le voyage est prolongé par force majeure, de même qu'il ne doit pas être diminué lorsqu'il est raccourci pour la même cause ; et si l'article 254, § 2, leur a fait une diminution pour le cas de l'interdiction de commerce, qui est bien cependant un cas fortuit de raccourcissement, cette disposition, que nous avons combattue dans le n° précédent, ne saurait être étendue au-delà de la circonstance à laquelle elle se rapporte.

Il est inutile d'insister sur ce que l'on doit entendre par *force majeure*. On conçoit, sans le secours d'aucun exemple, que la circonstance présentée comme ayant ce caractère doit être telle que les armateurs, capitaines et affréteurs puissent être fondés à en décliner la responsabilité.

Ainsi, lorsqu'un bâtiment relâche pour éviter l'ennemi ou la tempête, pour débarquer des malades, pour réparer des avaries résultant d'accidents de la navigation ; lorsque le capitaine ne peut se procurer sur les lieux l'argent

(1) Opinion conforme à celle de Pardessus (voy. n. 686, § 5).

nécessaire pour payer les réparations occasionnées par ces avaries ; lorsqu'il se conforme à l'article 279 du Code de commerce (1) ; lorsqu'au moment de sortir du port, le navire est retenu pour des causes analogues, indépendantes de la volonté des armateurs, capitaines et affréteurs, ou de la responsabilité qu'ils doivent encourir : dans de telles circonstances, il y a prolongation du voyage par force majeure ; et si, suivant leur nature, ces circonstances rendent le raccourcissement nécessaire, ce raccourcissement doit prendre aussi le même caractère.

Mais lorsque la prolongation ou le raccourcissement proviennent de ce que le navire n'était pas muni à son départ des objets indispensables à sa navigation, de sa vétusté, de ce qu'il a été impossible au capitaine de se procurer des fonds pour continuer le voyage ou pour payer des réparations urgentes ne procédant pas de la force majeure ; lorsque le navire n'a pas été chargé en temps voulu ou que son chargement lui a manqué ; lorsque, enfin, la responsabilité des armateurs, capitaines et affréteurs, ne peut être déclinée, il est évident que, dans les cas de ce genre, ils ne peuvent invoquer la force majeure.

C'est à l'armateur, au surplus, à administrer la preuve de force majeure, soit qu'il y ait prolongation ou raccourcissement, soit qu'il y ait rupture de voyage (2). Jusque-là, il n'est pas recevable à refuser aux gens de mer le bénéfice des articles 255, 256, 252 et 257 du Code de commerce.

Deuxième cas. S'il y a unanimité entre les parties,

(1) Dans le cas de blocus du port pour lequel le navire est destiné, le capitaine est tenu, s'il n'a des ordres contraires, de se rendre dans un des ports voisins de la même puissance où il lui sera permis d'aborder.

(2) Toutes ces circonstances doivent être examinées avec soin, car elles pourraient être créées en vue de frauder les droits des matelots.

c'est-à-dire si l'équipage a adhéré à la prolongation ou au raccourcissement du voyage, l'acte qui constate cette adhésion détermine les droits et les obligations de chacun. Toutefois, les commissaires de l'inscription maritime et les consuls doivent veiller à ce que cet acte ne porte aucun préjudice aux matelots, et leur attribue tout ce que l'équité ne permettrait pas de leur refuser.

Troisième cas. Si la prolongation ou le raccourcissement ont lieu sans l'adhésion de l'équipage ; si l'un et l'autre cas sont la conséquence d'événements dont l'armateur ou les autres intéressés doivent répondre, tels que ceux qui viennent d'être examinés, les articles 255, 256 et 252 du Code de commerce fixent, ainsi qu'il suit, la quotité des loyers des matelots engagés au voyage et de ceux engagés au mois :

Dans le cas de prolongation, une augmentation proportionnelle de salaires, pour ceux engagés au voyage ; et le paiement de la solde jusqu'au jour de la cessation du service, pour ceux engagés au mois.

Dans le cas de raccourcissement, la totalité des salaires stipulés, pour ceux engagés au voyage ; et, pour ceux engagés au mois, une solde composée des salaires entiers jusqu'au jour de la cessation du service et de la moitié des salaires convenus à partir de cette époque jusqu'au terme présumé du voyage.

Mais nous avons vu que la prolongation que l'armateur ou d'autres intéressés auraient décidée sans la participation de l'équipage, donnerait aussi droit, en faveur des matelots engagés au mois ou au voyage, à des dommages-intérêts qui, en cas de contestation, seraient réglés par les tribunaux.

On ne s'occupe pas ici des gens de mer engagés au profit ou au fret; leurs droits, dans le cas de prolongation ou de raccourcissement, sont réglés par l'article 257 du Code de commerce, examiné n° 48.

Rupture de voyage par force majeure.

51. Nous n'avons envisagé la rupture du voyage, au point de vue de la force majeure, que lorsqu'elle est le résultat de l'interdiction de commerce; mais il doit être entendu que tout ce qui vient d'être dit du raccourcissement par force majeure s'applique à la rupture produite par la même cause, c'est-à-dire que, lorsqu'une rupture de ce genre arrive pendant le voyage, les matelots engagés au mois doivent être payés à proportion du temps qu'ils ont servi, et les matelots engagés au voyage, comme si le voyage s'était achevé.

Dans le cas où elle aurait lieu avant le commencement du voyage, il nous paraîtrait juste toutefois de ne l'assimiler qu'à l'interdiction de commerce, c'est-à-dire de n'allouer aux matelots que le prix de leurs journées; car il n'y aurait pas, pour ceux engagés au voyage, commencement d'exécution du contrat.

Retardement.

52. Quelques auteurs, et notamment Pardessus (n° 685), se sont préoccupés de l'événement par lequel le voyage d'un navire est momentanément suspendu, ce qu'ils nomment *retardement*. Cette position ne pouvant être assimilée qu'à l'arrêt du gouvernement, ou à l'un des cas de prolongation que nous avons examinés plus haut, on se borne ici à la mentionner pour ordre.

Naufrage, innavigabilité.

53. Nous avons donné (n° 20) le texte des articles 258 et 259 du Code de commerce, relatifs aux cas de prise, bris et naufrages; l'article 260, qui en est le complément, porte :

« Les matelots engagés au fret sont payés de leurs loyers » seulement sur le fret, à proportion de celui que reçoit le » capitaine. »

Il est inutile de reproduire ici ce qui a été dit au sujet de ces deux premiers articles; le sens erroné qui leur a été donné nous oblige seulement à faire remarquer que si le naufrage provenait de la vétusté du navire ou de toute autre cause dont l'armateur serait responsable, les gens de mer auraient droit, non seulement à la totalité de leurs loyers jusqu'au jour du naufrage, quels que fussent le fret des marchandises sauvées et la valeur des débris du bâtiment, mais encore à une indemnité réglée comme dans le cas de rupture de voyage résultant de son fait (1) (n° 48), et il en serait de même de la prise, dans le cas où il n'y aurait pas lieu de la considérer comme occasionnée par la force majeure.

L'*innavigabilité* est toujours distincte du naufrage, en ce qu'elle ne suppose pas le bâtiment brisé sur les rochers ou perdu en pleine mer. Elle se classe en deux catégories :

(1) Aux termes de l'article 207 du Code de commerce, le capitaine perd son fret et répond des dommages-intérêts de l'affréteur, si celui-ci prouve que lorsque le navire a fait voile, il était hors d'état de naviguer : la preuve étant admissible, nonobstant et contre les certificats de visite au départ.

Cette disposition est une raison de plus à l'appui de l'opinion exprimée ci-dessus, car on doit aux matelots un bâtiment propre à la navigation, et non pas un navire qui ne serait pas en état de suivre sa destination et sur lequel leur vie serait en danger.

1° L'innavigabilité résultant du vice propre de la chose, de sa vétusté, du défaut d'argent pour exécuter des réparations urgentes qui ne sont pas nécessitées par des circonstances de force majeure, lorsque le capitaine ne trouve pas à emprunter à la grosse, la confiscation par suite de l'inobservation dès lois, etc.;

2° Celle qui résulte de la force majeure, tels que l'incendie, la condamnation du navire par suite d'avaries éprouvées à la mer, le défaut d'argent pour réparer ces avaries lorsque le navire peut être réparé, etc.

Dans le premier cas, le débarquement des matelots donne lieu à l'appplication des articles 252 et 257 du Code de commerce (1); car la rupture du voyage ne peut être imputée qu'à l'armateur, soit directement, soit indirectement, comme répondant des faits du capitaine.

Dans le second cas, l'innavigabilité devrait, suivant l'opinion que nous avons émise n° 20, être assimilée au naufrage et avoir les mêmes effets, quant aux loyers dus à l'équipage ; car nous avons démontré que jusqu'ici les articles 258 et 259 du Code de commerce ont été faussement interprétés; que, dans l'esprit de la disposition correspondante de l'ordonnance de 1681, il fallait les considérer comme un texte énonciatif permettant aux armateurs, dans *toutes les circonstances de force majeure* qui anéantiraient le bâtiment, de se libérer envers les matelots par l'abandon

(1) En ce qui touche le défaut d'argent, que nous n'hésitons pas à mettre au nombre des faits de l'armateur donnant lieu à l'application des articles 252 et 257 du Code de commerce, lorsque les réparations sont occasionnées par la vétusté du navire, son vice propre, etc., nous ne pensons pas que ce soit donner trop d'extension aux articles dont il s'agit; car l'innavigabilité qui ne résulte que du peu de valeur du bâtiment, du peu de confiance qu'inspire le voyage aux prêteurs à la grosse, du peu de crédit de l'armateur, etc., ne saurait certes être présentée comme un cas de force majeure.

des débris du navire et du fret, à la condition de rapporter tous les frets touchés par eux ou en leur nom depuis l'armement. Toutefois, si cette opinion ne prévalait pas; si la jurisprudence continuait à admettre, tout en n'acceptant pas les erreurs de Valin, que l'armateur ne doit, en cas de naufrage, les loyers du dernier voyage que jusqu'à concurrence des débris du navire et du fret des marchandises sauvées, il faut bien se rappeler que l'application des articles 258 et 259 devrait être restreinte aux seuls cas de *prise*, *bris* et *naufrage*, et ne pas être étendue à l'innavigabilité qui serait la suite d'un incendie, d'une dislocation générale occasionnée *sans bris* par le mauvais temps, etc. Du moment que ces articles continueraient à être considérés comme une disposition comminatoire ayant pour unique objet d'intéresser plus étroitement les matelots à conduire le navire au port, ils ne pourraient, en effet, être invoqués lorsque cette obligation aurait été remplie; ce serait le cas de la rupture ordinaire par force majeure, et, quelle que fût la valeur du navire et du fret au moment où le bâtiment serait arrêté dans sa navigation, les armateurs n'en seraient pas moins tenus de payer les matelots engagés au mois jusqu'au jour de leur débarquement, les matelots engagés au voyage aux termes de leur engagement (1), les matelots engagés au profit et au fret à proportion des bénéfices réalisés, et de pourvoir, en outre, à leur rapatriement, la force majeure les exemptant seulement dans ce cas de l'indemnité réglée par les articles 252 et 257 du Code de commerce.

Aux termes de l'article 259, les matelots, en cas de naufrage, sont payés de *leurs loyers échus* sur les débris

(1) Voir à cet égard ce que nous avons dit du raccourcissement.

du navire et subsidiairement sur le fret; et nous avons vu, en étudiant le raccourcissement, que, sauf l'interdiction de commerce, les autres circonstances de force majeure, par suite desquelles le voyage est abrégé ou rompu, donnaient droit, à l'égard des matelots engagés au voyage, au salaire promis à l'armement. Mais si le produit des débris et le fret sont insuffisants, comment devront-ils être traités? Il y a lieu de distinguer :

S'il se trouve à la fois, à bord du navire, des gens de mer engagés au mois et des gens de mer engagés au voyage, il est évident que ceux-ci ne peuvent être traités plus favorablement que les premiers, et qu'il y a lieu, dans ce cas, de réduire leurs loyers au taux de ceux des marins engagés au mois.

Si l'équipage entier a été engagé au voyage, il faut évaluer les salaires par mois au moyen de l'opération que nous avons indiquée n° 48, et le traiter comme s'il était engagé au mois.

Les matelots engagés au fret ne sont payés, aux termes de l'article 260, qu'à proportion du fret des marchandises sauvées; car leurs salaires n'étant imputables que sur le fret, ils ont renoncé, par cette espèce d'engagement, au droit qu'ont les matelots engagés au mois ou au voyage sur les débris du bâtiment. Les loyers des gens de mer engagés au profit ne peuvent de même être imputés que sur les profits. Toutefois, l'article 271 du Code de commerce ayant affecté, sans distinction de nature d'engagement, le navire et le fret aux loyers des matelots, le produit total des débris du navire et du fret n'en est pas moins le gage spécial des sommes ou produits que l'armateur aurait à compter à l'équipage par suite d'engagements au profit ou au fret.

L'article 261 porte : « De quelque manière que les ma-

» telots soient loués, ils sont payés des journées par eux » employées à sauver le bâtiment. » Le prix de ces journées est imputé en première ligne sur les produits (circulaire du 19 mai 1848) ; les salaires occupent le second rang, les frais de rapatriement le troisième.

Débarquement d'office à la demande du capitaine.

54. Antérieurement au décret du 24 mars 1852, il était fait souvent usage du droit que confère aux commissaires de l'inscription maritime et consuls l'article 2 de l'arrêté du 5 germinal an XII (1), autorisant ces fonctionnaires à débarquer les matelots d'office par mesure disciplinaire. C'était, en effet, le moyen de répression le plus efficace qu'il eussent à leur disposition, car non seulement les gens de mer ne sont payés dans ce cas que pour le temps pendant lequel ils ont servi, quels que soient le lieu et l'époque de leur débarquement, mais encore les frais de leur retour sont à leur charge, s'ils ne trouvent pas à s'embarquer sur les lieux.

Le décret-loi du 24 mars 1852 punit aujourd'hui la majeure partie des faits qui donnaient lieu à l'application de l'article précité. Toutefois, on y a encore recours lorsqu'il s'agit de réprimer des fautes réitérées qui, sans prendre le caractère de délits justiciables du tribunal maritime commercial, ne permettent cependant pas de laisser à bord le marin qui s'en est rendu coupable. Des motifs étrangers à l'insubordination, tels que l'inhabileté évidente, peuvent aussi motiver cette application.

Cette cause de résolution du contrat est une des plus graves qui soient soumises à la décision de l'autorité ma-

(1) Cet arrêté figure *in extenso* au n° 94.

ritime. S'il est difficile, en effet, de refuser à un capitaine le débarquement d'un homme qu'il déclare ne pouvoir plus conserver, ce n'est pas non plus sans assumer une grande responsabilité que le commissaire de l'inscrition maritime ou le consul prive, même momentanément, cet homme de l'exercice de sa profession. Il faut donc des causes sérieuses, comme l'indiquent les mots *absolument nécessaires* de l'article 2 de l'arrêté de l'an XII, et comme le prescrit d'ailleurs l'article 24 de l'ordonnance du 29 octobre 1833, sur les consulats, à moins que le capitaine ne se soumette aux conséquences de l'article 270 du Code de commerce, qui sera examiné n° 60, pour que ces fonctionnaires se décident à prononcer un tel débarquement, après avoir pourvu, bien entendu, au rapatriement du marin ou à son embarquement sur un autre bâtiment français.

L'ordonnance du 29 octobre 1833 fait un devoir aux consuls d'entendre contradictoirement le capitaine et le matelot. C'est toujours une obligation en France et aux colonies.

Lorsque le capitaine demande à débarquer un matelot pour cause d'inhabileté, il convient d'abord d'examiner si tous les intérêts ne seraient pas conciliés en faisant consentir ce dernier à recevoir un salaire plus faible que celui qui lui aurait été promis à l'armement. S'il refuse, ou si le capitaine déclare ne vouloir le conserver à aucun prix, nous conseillons de prendre l'avis des principaux de l'équipage avant de prononcer le débarquement.

Débarquement ordonné à la demande du matelot.

55. Le débarquement d'office, à la demande d'un matelot, a peut-être encore plus d'inconvénients que celui qui est ordonné à la demande du capitaine; car, s'il ne s'agit plus ici de priver au même degré un homme de ses moyens

d'existence, un tel débarquement pourrait avoir pour effet de compromettre le succès de l'expédition. Dans ce cas, il faut peser avec soin les explications données par le capitaine sur les raisons invoquées par le matelot pour obtenir son congédiement. S'il résulte de cet examen que le motif allégué n'est pas suffisant, on ne peut que renvoyer le plaignant à bord, soit purement et simplement, soit après avoir pris les précautions voulues pour que les griefs ne se renouvellent plus.

Si les raisons données sont indépendantes du service du bâtiment, si, par exemple, le débarquement est sollicité pour des affaires pressantes, avec production de lettres ou autres preuves, l'autorité maritime doit d'abord faire des démarches auprès du capitaine pour l'amener à consentir au débarquement, et s'efforcer, dans le cas où le marin serait absolument nécessaire au navire, de lui trouver un remplaçant. Ce n'est enfin qu'à la dernière extrémité que le congédiement peut être accordé, malgré les objections du capitaine.

Mais lorsque ce congédiement est demandé pour cause de mauvais traitements non mérités ou trop rigoureux, soit de la part du capitaine ou de ses officiers, soit de la part des autres matelots, le commissaire ou le consul doit immédiatement procéder à une enquête, et, si les faits lui sont suffisamment prouvés, ne pas hésiter à prononcer le débarquement avec toutes les conséquences de droit et sans préjudice des poursuites à exercer en vertu du décret disciplinaire et pénal.

Dans le cas où les gens de mer sont débarqués sur leur demande et pour des motifs étrangers au service du navire, il paraît inutile d'ajouter qu'ils cessent d'être payés à dater de leur débarquement.

Débarquement de gré à gré.

56. Lorsque le débarquement est sollicité d'un commu accord, le commissaire ou le consul doit d'abord examin le motif pour lequel il est demandé; car, s'il cachait u cause qui, telle que la maladie, ouvre aux matelots d droits auxquels ils ne peuvent renoncer en vertu de la l du 4 mars 1852, ce ne serait point un débarquement gré à gré qu'il y aurait lieu de prononcer, mais un déba quement pour cause de maladie. Cette remarque s'appliqu également à tout autre motif qu'il serait contraire aux lo ou au bon ordre de passer sous silence.

Il conviendrait aussi d'examiner si la police de la navi gation se concilierait avec un débarquement non justifi Ainsi, par exemple, s'il y avait déjà des étrangers à bo du bâtiment, et si, par suite du débarquement sollicité le *minimum* de marins français imposé par la loi du 21 se tembre 1793 était dépassé, on ne devrait évidemment consentir qu'autant que les motifs donnés rentreraient da l'un des cas qui rendent ce débarquement absolument né cessaire, ce qui ne pourrait résulter que des explicatio demandées aux parties.

D'un autre côté, la défense de débarquer des marins e France, aux colonies ou à l'étranger, sans l'intervention d commissaires et des consuls, ayant pour objet principal d connaître exactement leur position et d'empêcher qu'ils n s'*habituent* loin de leurs foyers, qu'ils soient privés de res sources sur une terre éloignée, etc., le débarquement d gré à gré ne peut être accordé qu'après qu'il a été pourv au rapatriement du matelot, ainsi que nous le verrons a chapitre VII.

En définitive, les mutations de ce genre ne doivent êtr

autorisées que lorsqu'elles ne portent aucune atteinte aux intérêts que les commissaires et consuls ont mission de protéger.

Lorsque rien ne s'oppose à ce qu'un débarquement de gré à gré soit prononcé par l'autorité compétente, les matelots sont payés de leurs salaires pour le temps pendant lequel ils ont servi, c'est-à-dire jusqu'à leur débarquement. Quant à la conduite, nous verrons, au chapitre VII, comment elle doit être envisagée dans ce cas.

Débarquement pour cause de maladie.

57. La maladie est une cause de débarquement devant laquelle toute autre considération disparait. Mais il est à remarquer que, dans certains cas, elle n'est pas tellement évidente que le commissaire ou le consul puisse décider en pleine connaissance de cause. Quelquefois elle est contestée par le capitaine ou par le matelot (1).

Lorsque le capitaine ne refuse pas d'accorder les avantages auxquels les gens de mer ont droit en pareil cas, il n'y a aucun doute à concevoir.

Mais si, tout en ne contestant pas la maladie, il refuse ces avantages, qui consistent à accorder au matelot débarqué pour cette cause le bénéfice de l'article 262 du Code de commerce, et à donner caution solvable, aux termes de l'arrêté du 5 germinal an XII, pour le paiement des frais de maladie et le rapatriement,

S'il la conteste,

Si elle est contestée par le matelot;

Dans ces circonstances, les commissaires et consuls

(1) Les maladies syphilitiques étant exclues du bénéfice de l'art. 262 du Code de commerce, les matelots qui en sont atteints contestent quelquefois leur maladie. Ils pourraient aussi le contester pour un autre motif.

n'ont aucun élément de décision, et ils doivent, s'il se trouve sur les lieux des officiers de santé de la marine, les consulter au préalable, ou, à défaut d'officiers de santé entretenus par l'État, s'adresser à l'un des médecins recommandables du pays. Sur le vu du certificat qui leur est remis, ils prononcent alors, soit le débarquement pour cause de maladie, avec toutes les conséquences de l'article 3 de l'arrêté de l'an XII et de l'article 262 du Code de commerce, soit le rejet de la demande du capitaine ou du matelot, suivant le cas.

Nous avons donné (n° 24) le texte de l'article 262; l'article 264 porte :

« Si le matelot, sorti du navire sans autorisation, est » blessé à terre, les frais de ses pansement et traitement » sont à sa charge : il pourra même être congédié par le » capitaine.

» Ses loyers, dans ce cas, ne lui seront payés qu'à pro» portion du temps qu'il aura servi. »

Rien n'est plus juste que cette disposition, car il importe au plus haut degré qu'un matelot ne puisse descendre à terre sans l'autorisation du capitaine, à qui il doit obéir et qui en répond. D'un autre côté, la présence des hommes à bord est d'un intérêt tel qu'il n'est pas possible d'admettre qu'ils puissent quitter le bâtiment sans la permission de leur chef. Mais il faut remarquer que cet article est restreint au cas où le matelot serait blessé à terre après y être allé sans autorisation; qu'il ne pourrait être étendu à celui où il serait légalement absent de son bord, quel qu'en fût d'ailleurs le motif, et que si cette autorisation a été accordée, le matelot blessé a le droit de faire imputer ses traitement, pansement et salaires sur le navire auquel il appartient. Les gens de mer ne sont pas, en effet, des prisonniers qui doivent continuellement garder le bord, et la permission qu'ils obtiennent de descendre à terre, lorsque le capitaine croit devoir la leur accorder, devient pour l'armateur une obligation tacite de les traiter de la même manière que s'ils n'étaient pas sortis du bâtiment (1). Toutefois, ces réflexions ne s'appliquent qu'au cas où le matelot descendu à terre aurait été blessé par accident; ce serait aux tribunaux à examiner s'il ne l'aurait point été par sa faute, et à ne lui accorder le bénéfice de l'article 262 qu'autant que la blessure ne serait pas le résultat d'une rixe ou de tout autre fait coupable.

Maintenant, quelle est la portée qu'il faut donner à l'article 262 en ce qui touche le paiement des salaires?

Valin, sur l'article correspondant de l'ordonnance de 1681, dit que cette disposition a entendu leur allouer leurs salaires *en plein* (voyez Comm. sur l'article 11, tit. IV, liv. III), c'est-à-dire comme s'ils avaient servi pendant toute la campagne. Cependant, malgré la clarté des termes de l'ordonnance et du Code, malgré l'opinion du savant commentateur, les armateurs ont longtemps prétendu qu'ils ne devaient payer les matelots qui ne pouvaient continuer le voyage pour cause de maladie que jusqu'au jour où le navire avait quitté le port où ils avaient été laissés, et qu'ils n'étaient plus tenus ensuite que des frais de rapatriement; enfin, que les conséquences de l'article 262, quant au paiement des salaires entiers, étaient restreintes au cas où le matelot était soigné à bord et non débarqué. Tel n'est pas le sens de la loi, qui, comme le dit Pothier, « a eu pour but, en accordant des avantages spéciaux aux » marins, de porter un plus grand nombre de personnes à

(1) Opinion conforme à celle de Pardessus (n° 688), et à celle de Boulay-Paty et de Locré, sur l'article.

» embrasser cette profession, » et dont la disposition a été dictée par l'intérêt qu'inspire un homme laissé malade loin de chez lui et privé des moyens de travailler. La Cour de cassation a d'ailleurs dissipé les doutes que l'on pouvait concevoir à cet égard par un arrêt du 5 juin 1851, dont voici le dispositif :

» Vu les articles 262 et 271 du Code de commerce ;

» Attendu qu'aux termes de ces articles, les matelots, » officiers et tous autres gens de l'équipage d'un navire » doivent, s'ils tombent malades pendant le voyage, être » soignés et traités aux frais du navire ; qu'ils doivent, en » outre, être payés de leurs loyers pendant tout le temps » que dure le voyage ;

» Attendu que la loi ne fait aucune distinction entre le » cas où les marins malades sont traités à bord du navire » et celui où les soins qu'exige leur état de maladie leur » sont donnés à terre dans un hôpital ; que dès lors, dans » ces deux cas, les frais de maladie doivent également être » mis à la charge du navire, qui n'en a pas moins l'obligation de payer aux marins malades le montant de leurs » loyers ; que ce n'est que lorsque les marins, sortis du navire sans autorisation, sont blessés ou tombent malades » à terre, que les frais de pansement et de traitement sont » mis à leur charge par l'article 264 du Code de commerce, et que ce n'est que dans ce cas que leurs loyers » ne sont dus qu'à proportion du temps qu'ils ont servi ;

» Attendu qu'il résulte des qualités du jugement attaqué » que le demandeur, embarqué sur le navire l'*Alcyon*, » destiné à faire le voyage de l'Inde, en qualité de lieutenant et maître, tomba malade pendant le voyage, et que » le capitaine, à son arrivée à La Réunion, le fit déposer à » l'hôpital de Saint-Denis, et continua sa route.

» Attendu que, quoique tous les frais de séjour de Chou-
» rito dans l'hôpital de Saint-Denis et de son retour à Bor-
» deaux, lieu de son embarquement, aient été payés par
» l'armateur ou le capitaine du navire, le montant de ses
» loyers ne lui en était pas moins dû pour tout le voyage
» du navire, *jusqu'au jour de son désarmement.*

» Qu'en jugeant le contraire, le jugement attaqué a ex-
» pressément violé les articles précités, etc. »

Ainsi la jurisprudence est désormais fixée sur ce point : Tous les gens de mer, quelle que soit la dénomination sous laquelle ils aient été embarqués, qui tombent malades à bord des bâtiments du commerce et qui sont laissés à terre pour se rétablir, sont payés pendant toute la durée du voyage du navire jusqu'à son désarmement. En d'autres termes, ils ne cessent pas de faire partie de l'équipage, et sont traités comme celui-ci, soit que le navire désarme en France, soit qu'il désarme aux colonies ou à l'étranger, soit enfin qu'il périsse postérieurement à l'époque où ils auraient été mis à terre.

Appliqué au cas où, le bâtiment étant destiné pour un long voyage, le matelot tombe malade dans les premiers jours, l'article 262 paraît accorder aux gens de mer un avantage excessif; mais si l'on considère qu'il s'opère à cet égard une compensation, en ce que les marins débarqués pour cause de maladie suivent le sort de ceux qui restent à bord, et que, lorsqu'ils sont laissés à terre, au retour du navire, loin de leur pays, sur une terre étrangère, cet avantage disparaît pour faire place à une privation de salaires pendant tout le temps qui s'écoule entre la rentrée du bâtiment et l'époque à laquelle ils arrivent dans leurs quartiers; si l'on embrasse toutes les nuances intermédiaires de la question ainsi présentée à ses points de vue extrêmes, on en conclut vite qu'il eût été difficile au législateur de distinguer. Il importe de faire remarquer, d'ailleurs, que le ministre de la marine, dans le rapport qui précède le décret du 4 mars 1852, par lequel la disposition de l'article 262 a été déclarée mesure d'ordre public à laquelle on ne peut déroger (art. 6, Code Napoléon), a ajouté à l'arrêt de la Cour de cassation du 5 juin 1851 :

« Mais il doit être entendu que le marin perd le béné-
» fice que lui réserve cet article à dater du jour où il em-
» barque avec salaires sur un autre bâtiment. Il est évi-
» dent que, dans ce cas, le nouvel engagement consenti
» volontairement par le marin a pour effet de rompre celui
» qu'il avait contracté avec son précédent capitaine. »

Il ne serait pas juste, en effet, qu'à la faveur de l'article 262, les gens de mer, désintéressés par leur nouvel engagement, grevassent leur premier bâtiment de salaires qui ne leur ont été accordés par la loi que parce que leur état de maladie les met hors d'état de travailler. Cette déclaration du ministre est aussi un appel à leur délicatesse et leur commande de ne pas rester inactifs lorsqu'après avoir recouvré la santé, ils trouvent à s'embarquer de nouveau. Au besoin, les commissaires de l'inscription maritime et les consuls pourraient leur en faire une obligation.

Il résulte des termes généraux de l'article 262 que les matelots sont payés, traités et pansés aux dépens du navire, c'est-à-dire de l'armateur, quelle que soit la nature de leur engagement (1).

En ce qui touche les frais de maladie, cela ne peut faire difficulté. C'est là une charge qui incombe particulièrement à l'armateur, et à laquelle il doit pourvoir comme il

(1) Voyez jugement du Tribunal de commerce de Dunkerque, du 14 février 1849, relatif aux matelots engagés à la part.

pourvoit à ce que son navire soit suffisamment muni de vivres, de médicaments, etc. Il en est de même des loyers des marins engagés à salaires fixes, car c'est lui qui les paie en tout état de cause. Mais la part revenant aux marins engagés à profits éventuels, par qui sera-t-elle supportée ?

Si l'on ne s'arrêtait qu'au texte de l'article 262, qui, loin de faire une distinction suivant la nature de l'engagement, dispose au contraire que cette part doit être supportée par le bâtiment, il semblerait que l'armateur dût pareillement en faire les frais. Toutefois, en réfléchissant à la nature de l'engagement à la part et à ce que, suivant l'interprétation donnée à l'article 262 par la Cour de cassation, le matelot est traité comme s'il était resté à bord jusqu'au désarmement, on est fondé à en conclure que les parts doivent être faites indépendamment de toute circonstance de maladie, et que l'armateur ne contribue à celle qui est donnée au matelot débarqué pour cette cause que dans la proportion de son intérêt.

Passons à un autre point.

La loi n'a pas prévu le cas où le matelot malade est remplacé à bord de son bâtiment. Que faut-il décider lorsque ce remplacement a eu lieu ?

En considérant que la perte occasionnée par la privation des services du marin débarqué pour cause de maladie se répartit également, lorsqu'il n'est pas remplacé sur tous les éléments appelés à recueillir les fruits de l'expédition, on est naturellement conduit à en tirer la conséquence que le remplacement, dont l'objet est d'accroître les bénéfices dans une proportion équivalente à cette perte, doit de même être à la charge de la société.

Ainsi, lorsque le marin dont l'engagement a été stipulé

à la part, tombe malade et qu'il n'est pas remplacé, cette part lui est comptée, à la fin du voyage, comme si ses services n'avaient pas été interrompus.

Lorsqu'il est remplacé, il faut considérer la part donnée au remplaçant, ou les frais qu'il occasionne, comme dépense commune se répartissant également sur tous les éléments de la société, et opérer comme dans le cas précédent.

Les loyers des gens de mer engagés au mois sont évidemment payés jusqu'au jour du désarmement, ou jusqu'au jour où ils ont pu trouver un autre embarquement, si cette circonstance se présente avant le désarmement. Quant à ceux qui sont engagés au voyage, il résulte des termes généraux de l'article 262 et de la nature de cet engagement qu'ils ont droit à la somme promise à l'armement. Mais il y a lieu de prévoir le cas où ils trouveraient à s'engager avant le désarmement du navire : Il faudrait alors leur fixer des salaires par mois calculés sur la durée moyenne du voyage, et les traiter comme s'ils avaient été engagés au mois jusqu'au jour où ils se seraient embarqués sur un autre bâtiment.

En ce qui touche les matelots engagés à la part laissés à terre pour cause de maladie, leur premier devoir, après la guérison, est d'employer utilement leur temps s'ils sont dans l'impossibilité de rejoindre leur bâtiment, ou s'il leur a été donné un remplaçant. Toutefois, nous pensons qu'il leur est facultatif, dans ce cas, de renoncer à leur premier engagement à partir du jour où ils s'embarquent de nouveau, ou de rapporter à la société ce qu'ils auraient gagné jusqu'au terme du voyage du navire sur lequel ils étaient primitivement embarqués. Le texte de l'article 262 justifie pleinement cette faculté, qui ne comporte d'ailleurs d'exception pour aucune espèce d'engagement. Si donc les matelots engagés au mois ou au voyage, laissés malades à terre, n'ont pu, à partir de leur guérison et jusqu'au désarmement de leur premier bâtiment, gagner de salaires équivalents à ceux que leur a réservés la loi, nous pensons de même qu'il leur est permis de les rapporter à l'armateur et de demander à être traités comme s'ils n'avaient pas trouvé à s'engager de nouveau.

Aux termes de l'article 263 : « Le matelot est traité et » pansé aux dépens du navire et du chargement, s'il est » blessé en combattant contre les ennemis ou les pirates. » (Voyez articles 400 et 401.) »

Nous terminerons ce sujet par l'indication d'une circulaire du 14 décembre 1852, par laquelle le ministre de la marine a décidé :

1° Que les sommes acquises pendant son séjour à l'hôpital, par un marin du commerce blessé ou tombé malade au service du navire, seraient soumises à la prestation des invalides ;

2° Que le temps passé dans cette position, loin du bâtiment, serait compté dans la supputation des services mixtes qui ouvrent des droits à la demi-solde ;

3° Que, pour éviter toute méprise, on se servirait au lieu du mot *débarqué*, dans les apostilles à faire sur les rôles d'équipage, d'une expression plus propre à caractériser la position particulière du marin mis à terre pour cause de maladie.

Décès du matelot.

58. Article 265 du Code de commerce. « En cas de mort » d'un matelot pendant le voyage, si le matelot est engagé

» au mois, ses loyers sont dus à sa succession jusqu'au » jour de son décès (1).

» Si le matelot est engagé au voyage, la moitié de ses » loyers est due s'il meurt en allant ou au port d'arrivée. » Le total de ses loyers est dû s'il meurt en revenant.

» Si le matelot est engagé au profit ou au fret, sa part » entière est due s'il meurt le voyage commencé.

» Les loyers du matelot tué en défendant le navire sont » dus en entier pour tout le voyage, si le navire arrive à » bon port. »

Examinons séparément chacun des paragraphes de cet article.

§ 1er. — On ne peut s'empêcher de voir une contradiction entre ce paragraphe et l'article 262. Il résulte en effet de leur rapprochement que, pour le simple cas de maladie, le matelot, quel que soit son engagement, reçoit la totalité de ses loyers s'il meurt le voyage commencé ; et que, s'il succombe à une blessure ou à une autre maladie contractée au service du navire, ses héritiers, qu'il laisse toujours dans la misère, ne peuvent réclamer ses salaires que jusqu'au jour de son décès, s'il était engagé au mois.

Nous ne pouvons qu'appeler de tous nos vœux l'attention du législateur sur cette anomalie.

§ 2. — On ne peut que répéter ici ce qui a déjà été dit en faveur du matelot engagé au voyage, c'est que, dans

(1) Pardessus (nº 674) dit que, dans l'engagement au mois, le mois commencé est acquis quoique le voyage soit achevé avant le dernier jour. Le dernier paragraphe de l'article 265 est une preuve évidente du contraire.

Dans la pratique, les loyers des marins engagés au mois se décomptent par mois de trente jours jusques et y compris le jour de débarquement, en évitant toutefois de faire double emploi, si le matelot débarquant d'un navire passe immédiatement sur un autre.

les différentes circonstances où il s'est agi de régler ses salaires, on ne l'a pas traité aussi bien que l'exigeait la nature de son engagement.

Ainsi, dans ce cas, son service étant abrégé par sa mort, qui est la plus fatale des forces majeures, ses héritiers devraient recevoir la totalité de ses loyers, du moment que la prolongation par force majeure (art. 254, — arrêt) ne donne lieu à son égard à aucune augmentation de loyers. Mais ce qui s'explique encore moins, c'est la nouvelle contradiction où se trouve notre paragraphe avec l'article 262.

En effet, si le matelot engagé au voyage tombe malade au service du bâtiment, cet article lui accorde l'intégrité de ses salaires, soit qu'il tombe malade en allant, soit qu'il tombe malade en revenant; et si, au lieu de se rétablir, il meurt, le deuxième paragraphe de l'article 265 n'attribue à ses héritiers que la moitié du prix de sa vie en le supposant décédé dans la traversée d'aller! Le législateur seul peut remédier à cette regrettable distinction, dont on cherche en vain la cause.

Le Code suppose ici que le voyage ne se compose que d'une traversée d'aller et d'une traversée de retour; c'est ce qui a lieu presque toujours dans ces sortes d'engagements. Toutefois, s'il comportait plusieurs escales, ce serait aux tribunaux à décider, en cas de contestation, ce que l'on devrait entendre par l'aller et par le retour dans l'application de notre paragraphe aux matelots engagés au voyage.

Dans le cas où le marin mort pendant le voyage aurait été engagé pour la traversée seulement, la somme entière qui lui aurait été promise ou comptée serait acquise à ses héritiers. (Sentence de l'Amirauté de Marseille, du 31 juillet 1753, citée par Valin).

§ 3. — La disposition de ce paragraphe vient corroborer à propos ce que nous avons dit (nº 24) de la manière dont Valin a traduit l'expression « voyage commencé ; » car, lorsque le marin, après s'être engagé pour un voyage, trouve la mort dans l'exercice de ses fonctions, on ne peut faire dépendre le droit des héritiers à l'obtention de ses loyers de la condition que « le navire ait fait voile et navigué » pendant vingt-quatre heures ; » et si, par suite, le voyage doit à son égard être censé commencé dès l'instant où il a succombé au service du bâtiment, il ne peut en être autrement du cas de maladie. (Art. 262 du Code de commerce).

En ce qui touche la part dévolue aux héritiers, tout ce que nous avons dit de la maladie s'applique au décès, et cette part doit leur être comptée de la même manière, soit que le matelot décédé n'ait pas été remplacé à bord du bâtiment, soit qu'il lui ait été donné un remplaçant.

Malgré cette équitable et juste application de la disposition du § 3 de l'article 265, cet article a cependant fait l'objet, dans les engagements pour la pêche de la morue de conventions particulières qui y dérogeaient expressément pour n'attribuer aux héritiers du matelot décédé que la part réalisée au jour de son décès.

Valin dit, au sujet de cette disposition :

« Cependant, comme il ne s'agit ici que d'une société » de travaux, c'est-à-dire qui ne peut fructifier que par le » travail commun des associés, et que le travail auquel » le défunt était obligé de son côté ne peut être supplé » par ses héritiers, il semblerait qu'au lieu de leur attri- » buer sa part entière, il serait plus juste de la faire ac- » croître à ses associés comme demeurant chargés de con- » tinuer son travail, et de ne faire part des profits à se

» héritiers qu'à raison du temps qu'il aurait travaillé. Mais, » enfin, la loi étant portée en leur faveur, il faut s'y con- » former, et dire que c'est un moyen qu'elle a imaginé pour » encourager les matelots à former ces sortes de sociétés » ou d'entreprises, en donnant à chacun cette assurance » que s'il vient à mourir dans le cours de l'entreprise, sa » part entière passera à ses héritiers. »

Ainsi, Valin considérait la disposition dont il s'agit comme une dérogation au droit commun, et c'était assurément un motif de plus pour l'exécuter étroitement; car, lorsque le législateur fait une exception au droit commun, c'est évidemment parce qu'il veut qu'elle ne reste pas comprise dans les termes généraux dont il l'a détachée. Or, le législateur ayant eu pour but, dans le cas qui nous occupe, d'encourager un mode d'engagement très-favorable aux entreprises de ce genre, puisque les profits que l'on en retire sont d'autant plus importants que les équipages sont plus intéressés à les faire réussir, et de donner, par cette espèce d'assurance mutuelle, des moyens d'existence à la famille du matelot qui succombe jusqu'à ce qu'elle puisse se créer d'autres ressources, il faut bien reconnaître qu'une dérogation justifiée par des raisons aussi puissantes devait être respectée.

Mais, contrairement à l'opinion de Valin, nous dirons même que le § 3 de l'article 265 du Code de commerce n'est pas une dérogation au droit commun. L'article 1868 du Code Napoléon porte en effet :

« S'il a été stipulé qu'en cas de mort de l'un des asso- » ciés, la société continuerait avec son héritier, ou seule- » ment avec les associés survivants, ces dispositions seront » suivies; au second cas, l'héritier du décédé n'a droit » qu'au partage de la société, eu égard à la situation de

» cette société lors de son décès, et ne participe aux droit » ultérieurs qu'autant qu'ils sont une *suite nécessaire* de » ce qui s'est fait avant la mort de l'associé auquel il suc- » cède. »

Or, dans l'engagement à la part, il n'est pas besoin de stipuler que, si l'un des associés vient à décéder, la société continuera entre les membres survivants, car le navire ne désarme pas par suite de ce décès : l'entreprise se poursuit; la société continue par conséquent de fait. Et, certes, les droits de l'héritier sur les opérations ultérieures sont bien une *suite nécessaire de ce qui s'est fait avan la mort de l'associé* auquel il succède, lorsqu'il s'agit surtout de la pêche de la baleine ou de la morue, dont les commencements sont toujours les plus difficiles. Il serait souverainement injuste qu'après avoir préparé le succès de l'expédition, le marin qui succomberait avant d'en recueillir les fruits ne pût transmettre à ses héritiers la part qu'i aurait reçue s'il n'avait pas trouvé la mort à son service.

Pothier, expliquant les motifs de la disposition de l'ordonnance de 1681, à laquelle correspond le § 3 de l'article 265, fait cette réflexion fort judicieuse :

« Il (le matelot) n'aurait reçu que cette part dans le fre » ou le profit pour toute récompense de services, si des » accidents avaient prolongé la durée du voyage pendant » un temps très-long, quoique cette récompense eût été » alors beaucoup inférieure au juste prix de ses services; » il doit, par la même raison, avoir la même part lorsque » le temps de ses services est abrégé par la mort. »

Boulay-Paty (sur le même article, et se fondant sur un arrêt du 21 février 1736, rapporté par Bonnet) s'exprime à ce sujet de la manière suivante :

« Soit que le matelot meure ou qu'il vive, la société

» commence *au départ du navire* et ne finit qu'à son ar-
» rivée. »

Nous venons de voir ce qu'il faut entendre par l'expression « au départ du navire. » Elle doit être remplacée par celle-ci : « au moment où le matelot est au service de » l'expédition. »

Ainsi, soit que l'on considérât la disposition du § 3 de l'article 265 comme dérogeant au droit commun, soit qu'on la considérât comme rentrant dans la loi générale, elle devait être étroitement exécutée du moment qu'elle avait fixé particulièrement l'attention du législateur et qu'elle avait reçu l'approbation de célèbres auteurs. Aussi le décret-loi du 4 mars 1852 a-t-il fait justice de cette tendance à modifier le droit écrit par des conventions particulières, en déclarant que la disposition dont il s'agit est une mesure d'ordre public à laquelle il est interdit de déroger. (Art. 6 du Code Napoléon). La marine de l'État, qui se recrute par celle du commerce, est en effet étroitement intéressée à ce que les gens de mer trouvent dans l'exercice de leur profession des avantages qui compensent les fatigues et les dangers inséparables de la navigation.

Nous ne terminerons pas sans faire remarquer que l'on pourrait éluder ce décret en désarmant fictivement le bâtiment, et que dès lors il importe de ne considérer comme désarmement de fait que celui par suite duquel le reste de l'équipage est congédié et le navire affecté à une autre destination.

§ 4. — Ici la loi ne distingue ni ne permet de distinguer. Quelle que soit la nature de l'engagement du matelot, quelle que soit l'époque de sa mort, ses héritiers ont droit aux loyers qu'il aurait gagnés s'il avait fini le voyage, du moment qu'il a été tué en défendant le navire ; ce qu'il faut appliquer (dit Valin) « au cas où, durant le combat, le » matelot faisant simplement le service de la manœuvre, » se sera tué en tombant, ou aura été blessé par sa chute, » de manière qu'il sera mort des suites de sa blessure. »

L'article pose cependant, pour condition de l'obtention du salaire entier, l'arrivée à bon port du bâtiment. Mais cette restriction ne s'applique évidemment qu'au cas où le navire aurait été empêché d'arriver à bon port par une circonstance de force majeure; car si l'empêchement avait eu lieu pour une cause impliquant responsabilité, les loyers du marin qui aurait perdu lavie en défendant le bâtiment, ou qui serait mort de ses blessures, devraient être comptés aux héritiers comme ils le seraient au reste de l'équipage. Il importe de faire remarquer aussi, comme dans le cas de l'article 258, que le dernier paragraphe de l'article 265 ne porte que sur le voyage pendant lequel le bâtiment a péri, c'est-à-dire sur la période qui s'écoule entre sa dernière sortie d'un port quelconque et sa perte. En ce qui touche les sommes à payer aux héritiers pour la période antérieure, dans le cas où une cause de force majeure empêcherait le bâtiment d'arriver à bon port, il est inutile de dire qu'elles ne pourraient être différentes de celles qui seraient dues aux hommes de l'équipage ayant la même position que le défunt.

Maintenant, que faut-il entendre dans le § 4 de l'article 265 par cette expression : « si le navire arrive à bon » port. »

On ne peut pas supposer que ce soit le port marqué pour la fin du voyage, ni même le port pour lequel le navire était expédié; le Code n'a eu certainement en vue, dans ce cas comme dans celui de l'article 258, que le lieu où le bâtiment aborderait après avoir échappé à la prise.

Quant à l'imputation des loyers dus aux héritiers du marin mort en défendant le bâtiment, Valin, faisant remarquer que le point était déjà résolu par l'article 11 (Marin blessé en combattant), pensait (sur l'article 15 correspondant au § 4 de l'article 265) « que la portion due pour la » période comprise entre le décès et l'arrivée du navire à » bon port, devait leur être payée aux dépens du navire et « de la cargaison. »

Les dispositions dont il s'agit ayant été littéralement reproduites par le Code dans les articles 263 et 265, l'opinion du commentateur n'a donc rien perdu de son poids.

Captivité des gens de mer.

59. Les articles 266, 267, 268 et 269 du Code de commerce traitent de la captivité des gens de mer, et leur accordent certaines compensations, suivant les circonstances dans lesquelles ils ont été faits captifs; mais la conquête d'Alger, en bannissant les pirates de la Méditerranée, a bien affaibli l'intérêt qui s'attachait à ces articles, car la piraterie que l'on rencontre sur d'autres points du globe est loin d'être aussi puissante que celle dont la France a purgé l'Europe. Nous ne les examinerons, en conséquence, qu'au point de vue de l'analogie que peut y trouver la position des marins faits prisonniers de guerre sur les bâtiments marchands.

« Art. 266. Le matelot pris dans le navire et fait esclave » ne peut rien prétendre contre le capitaine, les propriétaires ni les affréteurs, pour le payement de son rachat.

» Il est payé de ses loyers jusqu'au jour où il est pris et » fait esclave. »

En temps de guerre maritime, il est de règle que l'on s'empare des navires marchands appartenant à la puissance ennemie, et que l'on fasse les matelots prisonniers, afin de priver cette puissance de leurs services. Il ne paraît pas possible de traiter plus favorablement ces prisonniers de guerre que notre article n'a traité les matelots pris dans le navire et faits esclaves. Nous ferons observer toutefois, en ce qui touche les gens de mer engagés au voyage, qu'il eût été plus conforme aux règles de l'engagement à forfait de les payer comme s'ils avaient achevé le voyage, au lieu de réduire leurs salaires proportionnellement au temps passé à bord de leur bâtiment.

« Art. 267. Le matelot pris et fait esclave, s'il a été envoyé en mer à terre pour le service du navire, a droit à l'entier payement de ses loyers.

» Il a droit au payement d'une indemnité pour son rachat si le navire arrive à bon port. »

La première partie de cet article est encore applicable au cas où, en temps de guerre, un matelot serait envoyé en mer ou à terre pour le service du navire et serait fait prisonnier. Il devrait lui être tenu compte de ses loyers pour *toute la durée présumée du voyage*, car, ainsi que le fait remarquer Locré, la disposition n'est pas limitée à la condition que le navire arrive à bon port (1).

Qui répondra de ces salaires si le navire n'arrive pas à bon port? L'armateur, évidemment, lorsqu'il s'agira d'engagements au mois ou au voyage ; mais si l'engagement a été stipulé au profit ou au fret, le complément de loyers nous paraît devoir être supporté, au moyen d'une contribution,

(1) Il résulte, en effet, du rapprochement des deux paragraphes de l'article 267 que cette condition est spéciale au droit à l'indemnité de rachat.

Nous nous félicitons d'avoir à constater ici qu'il est des circonstances où il n'est pas nécessaire que le navire arrive à bon port pour que les matelots reçoivent les loyers auxquels ils ont droit.

par tous les membres de la société, dans la proportion de leur intérêt.

Les articles 268 et 269 ne traitent que de l'indemnité de rachat, et nous n'avons pas à nous en occuper, car les prisonniers de guerre ne sont pas rachetés, comme autrefois les esclaves. La durée de leur détention est subordonnée aux circonstances ou aux conventions des puissances belligérantes.

Débarquement du matelot sans cause valable.

60. L'article 270 du Code de commerce porte :

« Tout matelot qui justifie qu'il est congédié sans cause » valable, a droit à une indemnité contre le capitaine.

» L'indemnité est fixée au tiers des loyers si le congé a » lieu avant le voyage commencé.

» L'indemnité est fixée à la totalité des loyers et aux frais » du retour si le congé a lieu pendant le cours du voyage.

» Le capitaine ne peut, dans aucun des cas ci-dessus, » répéter le montant de l'indemnité contre les propriétai- » res du navire.

» Il n'y a pas lieu à indemnité si le matelot est congédié » avant la clôture du rôle d'équipage (1).

(1) Nous trouvons, en rapprochant le deuxième paragraphe du cinquième, la confirmation de l'opinion que nous avons émise au sujet de l'expression : « voyage commencé », dans l'application des articles 262 et 265. En effet, si le Code, sans exiger la condition que le navire ait pris la mer, accorde le tiers des loyers au matelot congédié sans cause valable après la clôture du rôle d'équipage; s'il accorde des indemnités aux gens de mer congédiés avant le départ du navire, dans le cas des articles 252 et 257, alors que, dans ces deux hypothèses, le matelot peut s'engager sur d'autres bâtiments, il est bien évident qu'il a entendu que la clôture du rôle marquerait le commencement du voyage pour les matelots tombés malades ou décédés au service du navire. S'il en était autrement, les articles 252, 257 et 270 seraient plus favorables que les articles 262 et 265, ce qui est inadmissible.

» Dans aucun cas, le capitaine ne peut congédier un » matelot dans les pays étrangers. »

Les gens de mer ne pouvant être débarqués sans l'intervention des commissaires de l'inscription maritime ou des consuls, il paraît impossible, à moins qu'il n'y ait délit de débarquement non autorisé, qu'un matelot débarqué par ordre de l'autorité compétente puisse prouver qu'il a été congédié sans cause valable. Quoi qu'il en soit, afin de prévenir les difficultés qui pourraient s'élever à cet égard (car les commissaires de l'inscription maritime et les consuls ne sont autorisés à statuer que sur la conduite et le rapatriement, — arrêt du 5 germinal an XII, — l'indemnité réglée par l'article 270 étant du ressort des tribunaux de commerce), il est très-important que ces fonctionnaires mentionnent sur les rôles d'équipage les motifs pour lesquels le débarquement a eu lieu, en réservant la question d'indemnité, toutes les fois qu'ils obtempèrent, malgré leurs convictions, aux instances d'un capitaine qui n'apporte que des raisons insuffisantes à l'appui de la demande qu'il forme pour le congédiement d'un matelot. (Voy. n° 54).

Valin (sur l'art. 4, tit. VII, livre II) dit que «si le capitaine » allonge la navigation malgré les matelots, ceux-ci pour- » ront le quitter, et que non seulement ils le pourront sans » offense, mais encore que, comme c'est par son fait que » cela arrive, et que cela vaut congé de sa part, il sera » tenu du payement des gages en entier et des frais de » retour. »

Ce respect des engagements à une époque où la liberté des hommes était comptée pour peu de chose, n'a pu que se raffermir. Nous rappellerons donc ici ce que nous avons dit (nos 43 et 50), c'est que si, le voyage étant changé ou prolongé, les matelots sont retenus à bord malgré leur volonté, ils ont droit à des dommages-intérêts; et l'opinion qui précède, du célèbre commentateur, vient à propos à l'appui de celle que nous avons exprimée à ce sujet.

Dans l'engagement au voyage, c'est inconstestablement, aux termes du § 3 de l'article 270, la totalité de la somme convenue que doit recevoir le matelot congédié sans cause valable en cours de voyage; de même que le matelot engagé au mois a droit en pareil cas à la totalité de ses loyers calculés sur la durée moyenne du voyage. Lorsque les gens de mer sont engagés au profit ou au fret, il semblerait que l'indemnité dût être égale à la part qui reviendrait aux matelots restés à bord du bâtiment; mais comme cette indemnité est due dès l'instant même où le capitaine est convaincu de congédiement sans cause valable, ce ne peut être que sur le taux moyen des bénéfices que devait rapporter l'expédition qu'il y ait lieu de l'établir, d'autant plus que si le marin congédié sans cause valable n'était pas remplacé, la portion revenant à l'équipage se trouverait amoindrie par le fait du congédiement. Il y a même lieu de remarquer que, dans ce dernier cas, le capitaine devrait des dommages-intérêts aux autres membres de l'équipage, en réparation du préjudice que ce débarquement leur aurait causé.

Il n'y a pas lieu de s'arrêter sur ce que l'on doit entendre par le mot *voyage* dans l'application de notre article; le voyage comprend ici, comme dans les autres cas que nous avons examinés, tout le temps qui s'écoule entre l'embarquement des matelots et le désarmement du bâtiment. C'est au surplus la définition admise par la Cour de cassation (arrêt du 5 juin 1851, reproduit n° 57, et arrêt de la Cour impériale de Bordeaux, du 1er août 1855, reproduit n° 20).

En ce qui touche les gens de mer congédiés sans cause valable avant le commencement du voyage, nous n'avons pas à discuter s'il eût été plus conforme aux principes d'accorder à ceux qui auraient été engagés au voyage la totalité du salaire convenu ; la loi n'ayant pas distingué, il faut dire que les matelots loués au mois reçoivent le tiers des loyers calculés sur la durée moyenne du voyage; les matelots loués au voyage, le tiers du salaire convenu ; et les matelots engagés à la part, le tiers de la part que reçoivent ordinairement les marins dans les expéditions du genre de celle pour laquelle ils avaient loué leurs services.

Il importe de bien remarquer que si la disposition de l'article 270 s'applique à tout le temps qui s'écoule entre l'embarquement du matelot et le désarmement du navire, elle ne doit pas s'étendre au-delà, parce que, dans ce cas comme dans tous ceux qui viennent d'être traités, c'est le *voyage* et non pas la durée de l'engagement que le Code a pris pour base des droits qu'il confère aux matelots. Ainsi la faculté de louer des gens de mer pour un certain temps, sans désignation de voyage ou de bâtiment, n'a pu modifier l'article 270, et le matelot engagé dans ces conditions ne pourrait opposer que les règles du droit commun au congé qui lui serait donné dans l'intervalle qui séparerait son débarquement d'un navire de son embarquement sur un autre.

Désertion.

61. La désertion a pour effet de priver le déserteur de la solde qui lui était due sur le bâtiment auquel il appartenait au jour du délit. La moitié de cette somme retourne à l'armement, l'autre moitié est versée à la caisse des invalides. (Loi du 13 mai 1791. — Décret du 24 mars 1852, art. 69). Aussi, afin que le délinquant n'échappe pas à la peine que

la loi lui inflige, lorsque les commissaires de l'inscription maritime ou les consuls apostillent sur les rôles d'équipage des avances faites aux matelots, les créanciers doivent-ils être prévenus que le paiement de ces avances reste toujours subordonné au cas de désertion. (Dépêche du 12 octobre 1835).

Réquisition pour le service.

62. La réquisition pour le service de l'État est toujours considérée comme un cas de force majeure qui n'assujettit le matelot à aucune indemnité. Toutefois, les intérêts du commerce sont sauvegardés à cet égard par l'obligation imposée à l'autorité requérante de ne lever des hommes appartenant à l'équipage des bâtiments marchands que dans le cas de nécessité absolue et à charge d'en justifier. (Décret du 15 août 1851). Les salaires des marins ainsi levés sont décomptés, quelle que soit la nature de leur engagement, jusqu'au jour de leur débarquement, et l'armateur est complètement libéré envers eux à partir de ce moment.

Apostilles.

63. Lorsque le rôle d'équipage est arrêté, cette pièce faisant seule foi des droits respectifs des parties, il importe qu'il soit gardé minute, dans les bureaux de l'inscription maritime et dans les chancelleries des consulats, de toutes les apostilles faites sur les rôles qui peuvent influer sur le salaire du marin, afin qu'on puisse y recourir dans le cas où elle viendrait à se perdre. Les règlements exigent que ces apostilles soient écrites lisiblement, sans abréviations, et toujours signées par l'autorité de laquelle elles émanent.

Nous avons vu qu'il était défendu aux capitaines de faire

des avances à leurs matelots sans l'autorisation des commissaires ou des consuls. Par l'article 30 de l'ordonnance du 29 octobre 1833, il est recommandé à ces derniers de n'accorder ces autorisations qu'après avoir reconnu la nécessité des avances, et de veiller à ce que la monnaie du pays ne soit évaluée qu'au prix réel du change.

Il est sans doute bien rare qu'un matelot conteste une avance apostillée par l'autorité compétente ; mais afin de ne pas l'exposer à la méconnaître, on ne doit pas négliger de faire ces apostilles en sa présence et de lui en donner lecture. Quant à la question de savoir s'il pourrait contester la sincérité de l'annotation, elle se résout incontestablement par la négative, puisque les commissaires et les consuls, soit qu'il s'agisse de subsistances, de loyers de maisons ou de vêtements, soit qu'il s'agisse d'à-comptes ou de parfaits payements, ont reçu mission expresse de la loi de présider à tout ce qui peut affecter la solde des marins et d'en établir la constatation. Le rôle d'équipage émanant d'ailleurs d'un fonctionnaire public, est un acte authentique et fait foi jusqu'à inscription de faux. Si cependant on reconnaissait, au désarmement, des erreurs dans les annotations faites en cours de voyage, soit au détriment du matelot, soit au détriment de l'armateur ou du capitaine, il ne pourrait évidemment y être donné suite, et il conviendrait alors d'annexer au rôle d'équipage un procès-verbal de redressement appuyé de témoignages suffisants. Mais, afin de prévenir ces difficultés, rappelons que les apostilles doivent être lisiblement écrites, que les sommes doivent y être mentionnées en toutes lettres et qu'il doit en être donné lecture aux parties.

Les écritures que nécessite l'obligation de ne payer les matelots que dans leurs quartiers (1), reculent souvent jus-

(1) Voyez la fin du n° 35, § 1.

qu'au désarmement le payement des salaires dus à ceux qui sont débarqués en cours de voyage, ce qui leur cause un préjudice considérable, surtout lorsqu'ils proviennent d'un bâtiment auquel il reste encore à faire plusieurs mois de campagne.

D'un autre côté, il arrive quelquefois que, pour obvier à cet inconvénient, les officiers qui procèdent au débarquement autorisent les capitaines à solder, ailleurs que dans leurs quartiers, les gens de mer qui se trouvent dans ces conditions, contrairement aux prescriptions de l'ordonnance du 18 décembre 1728 et de la déclaration du 19 janvier 1734.

Examinons s'il ne serait pas possible, tout en faisant la part des intérêts que ces ordonnances ont voulu sauvegarder, de les exécuter d'une manière mieux appropriée aux besoins de notre époque sans rien changer au fond des mesures qu'elles ont prescrites.

Il est encore nécessaire de faire ici la différence entre le passé et le présent.

Autrefois, les levées ne portaient que sur les hommes présents dans les quartiers, et le plus sûr moyen d'obliger les gens de mer à s'y montrer fréquemment était sans contredit de décider que leurs salaires ne leur seraient comptés que dans ces quartiers.

Aujourd'hui, au contraire, la levée permanente atteint le marin partout où il se trouve.

Autrefois, les voyages des bâtiments marchands étaient circonscrits dans l'*aller* et le *retour*, et duraient conséquemment peu de temps.

Aujourd'hui, les voyages comportent un grand nombre d'escales et durent quelquefois jusqu'à deux et trois années.

Il y a donc lieu de conclure de ces rapprochements :

1° Qu'il n'y a plus autant d'intérêt à tenir la main à ce que les gens de mer se rendent dans leurs quartiers après leur débarquement d'un navire du commerce;

2° Qu'il importe de ne pas reculer jusqu'au désarmement le payement des salaires de ceux qui sont débarqués en cours de voyage.

Mais, comme l'ordonnance du 18 décembre 1728 a aussi eu pour objet, en ramenant le matelot au sein de sa famille, de l'obliger à y consommer le fruit de ses travaux, au lieu de le dissiper au loin, on ne doit payer directement hors de leurs quartiers que les gens de mer qui n'ont pas de famille à soutenir, ou ceux qui, par leurs antécédents, leur position, etc., paraissent dignes de cette exception à la règle générale. Il n'est même pas permis de faire aucun payement direct dans les consulats, car l'ordonnance du 18 décembre 1728, en obligeant les matelots débarqués en pays étranger à revenir en France pour y toucher leurs loyers (1), a encore eu pour but de prévenir la désertion.

Toutefois, c'est à tort, ainsi que nous l'avons vu n° 35, que l'on attend au désarmement pour exiger le versement des salaires des marins débarqués en cours de voyage, lorsqu'il n'y a pas lieu de leur en faire le payement direct. L'article 3 de l'ordonnance de 1728, qui n'a point été modifié par la déclaration du 19 janvier 1734, ni par aucun acte postérieur, n'a pu autoriser cette interprétation. Or, cet article porte :

« Ils (les capitaines) ne pourront aussi laisser et congé-
» dier aucuns matelots de leurs équipages dans les ports
» de notre royaume, terres et pays de notre obéissance où

(1) Une circulaire du 10 février 1852, spéciale aux naufrages en pays étranger, recommande de ne donner que des à-comptes, même aux officiers.

» ils iront faire leur commerce, où dans lesquels ils relâ-
» cheront, sans en faire faire mention au bas de leurs rôles
» d'équipage, par les officiers des classes, ou par ceux qui
» en feront les fonctions, à peine de 60 liv. d'amende pour
» chaque matelot, et *ils seront tenus, sous les mêmes pei-*
» *nes, de remettre les loyers qui pourraient être dus aux*
» *matelots ainsi congédiés, entre les mains desdits offi-*
» *ciers des classes ou de ceux qui en feront les fonctions,*
» *pour le paiement être fait auxdits matelots, dans leur*
» *département.* »

Ainsi, la règle exige dans ce cas que les salaires soient versés à la caisse des gens de mer ou à celle des chancelleries, et le premier devoir des commissaires et des consuls est d'en opérer sans retard la remise dans les quartiers respectifs.

Cette obligation est rappelée dans une circulaire du 31 août 1848 ; mais on en a excepté les salaires des marins laissés à terre, soit pour blessures ou maladies, soit dans l'intérêt de l'armement, en donnant pour motif de cette manière d'opérer que les hommes placés dans une telle position ont droit à leurs loyers jusqu'au jour du désarmement du navire, sauf le cas où ils auraient contracté un nouvel engagement.

« En effet (est-il dit), comme le navire est le *seul gage*
» *des salaires*, il n'est rien dû à l'équipage advenant le
» cas de perte totale de ce navire. Dès lors, il ne serait pas
» équitable de payer, même en partie, le marin délaissé
» pour les causes indiquées ci-dessus, tandis que le res-
» tant de l'équipage, qui a supporté jusqu'au moment du
» sinistre les fatigues et les dangers de la navigation, se
» trouverait privé de la *totalité* de ses salaires. » Et on ajoute : « Cette disposition ne s'applique pas aux autres cas
» de débarquement. »

Il ne peut y avoir dans cette explication qu'une erreur de rédaction, car s'il était exact de dire que le navire est le seul gage des salaires des matelots, on aurait rendu la position de l'individu débarqué pour cause d'insubordination, par exemple, plus avantageuse que celle du marin laissé à terre pour cause de maladie ou de blessure, puisque le premier serait payé incontinent après son débarquement, tandis que le second ne pourrait l'être qu'au désarmement.

Mais nous avons vu que les loyers sont dus aux gens de mer jusqu'au jour où le navire a fait voile d'un port quelconque, indépendamment de toutes circonstances ultérieures, et l'on ne saurait, en conséquence, porter atteinte aux droits des matelots qui restent à bord, en payant à titre d'à-compte, à ceux qui sont laissés à terre et qui, le plus souvent, n'ont aucune autre ressource, ou bien en faisant verser à la caisse des gens de mer ou à celle de la chancellerie, les sommes que ces derniers auraient acquises au jour du départ de leur bâtiment.

Lorsqu'il est embarqué des gens de mer en cours de voyage, ou, avant le départ du navire, après la clôture du rôle d'équipage, nous avons vu que l'on devait observer, pour la constatation des conventions, les mêmes formalités qu'à l'armement. Dans les cas où le prix de l'engagement est directement acquitté par l'armateur ou le capitaine, il n'est pas nécessaire de faire comparaître le reste de l'équipage ; mais si cet engagement est de nature à modifier les conventions des marins déjà embarqués, il est indispensable que ceux-ci participent aux nouveaux engagements.

Il est formellement recommandé d'indiquer avec soin, sur les rôles d'équipage, la provenance des individus qui y sont inscrits.

CHAPITRE IV.

DÉSARMEMENTS.

Attributions des consuls en matière de désarmement.

64. Les consuls ont, en matière de désarmement, les mêmes attributions que les commissaires de l'inscription maritime, ainsi qu'il résulte de l'article 33, ci-après, de l'ordonnance du 29 octobre 1833 :

« Quel que soit le motif pour lequel un navire est désarmé » à l'étranger, les consuls passent la revue de l'équipage, » veillent à ce que les salaires qui lui reviennent soient » versés à la caisse de la chancellerie, et exercent enfin » les mêmes attributions que l'administration de la ma- » rine. »

Cas divers de désarmement.

65. Le désarmement consiste à passer la revue de l'équipage, à contrôler tous les faits qui se sont passés pendant la campagne, à décompter les services et les loyers, à assister au payement de ces loyers, à faire verser à la caisse des gens de mer ceux qui reviennent aux absents pour cause de débarquement, décès, etc., et même ceux des individus présents qu'il y aurait des inconvénients à solder ailleurs que dans leurs quartiers; à faire verser à la caisse des invalides les droits qui lui sont dévolus; enfin, c'est l'ensemble des opérations auxquelles donne lieu la liquidation des faits accomplis pendant la durée de l'armement.

Nous avons vu que l'article 2 du décret-loi du 19 mars

1852 a fixé ainsi qu'il suit l'époque du désarmement des bâtiments du commerce :

A chaque voyage (1), pour les navires armés au long cours,

Tous les ans, pour ceux armés au cabotage ou à la petite pêche (2).

(1) On entend ici par voyage le temps qui s'écoule entre le départ d'un navire expédié de France pour une destination de long cours et son retour dans un port de la Métropole. (Voy. n° 45).

(2) On conçoit tout l'intérêt qui s'attache au renouvellement des rôles d'équipage aux époques fixées, tant au point de vue de la caisse des invalides, de la police de la navigation, de la police de l'inscription maritime et de l'état civil des marins, etc., qu'au point de vue du règlement des sommes revenant aux marins ; car, lorsqu'il arrive que le rôle se perd dans un naufrage, cet intérêt se trouve sérieusement compromis.

Une question se présente ici, c'est celle de savoir si, avant l'époque fixée pour le renouvellement du rôle d'équipage, ce renouvellement doit avoir lieu dans le cas ci-après :

1° Lorsqu'un bâtiment armé à la petite pêche est employé au cabotage et réciproquement ;

2° Lorsqu'un bâtiment armé au long cours est employé au cabotage ;

3° Lorsqu'un bâtiment armé au cabotage est employé au long cours.

Le premier cas ne peut être résolu que par la négative, puisque la pêche et le cabotage sont soumis au même régime en ce qui touche le renouvellement du rôle d'équipage. Il en doit être de même du second cas, si le navire n'a pas encore effectué le voyage de long cours pour lequel il a été armé, ou s'il n'a fait qu'une navigation de cabotage, car l'armement revient alors à un armement au cabotage dont les rôles d'équipage ont une durée d'un an. Mais il en est autrement du troisième cas, parce que la navigation de long cours exige un rôle spécial à chaque voyage, et que le capitaine qui reviendrait de cette destination avec un rôle délivré pour le cabotage, ne pouvant représenter le rôle dont la loi lui prescrit de se munir, serait dès lors en contravention. (Jugement du Tribunal de première instance du Havre, 8 août 1851).

La légende des rôles d'équipage porte d'ailleurs :

« Si le rôle est expédié pour le cabotage, il ne peut servir pour un voyage de long cours.

Toutefois, suivant les circonstances, ce désarmement peut avoir lieu avant l'expiration des délais ci-dessus, à la demande de l'armateur et sauf le paiement d'indemnités aux matelots, s'il y a lieu.

Il est encore procédé au désarmement :

1° Lorsque le navire est vendu en cours de voyage à un étranger, pour plus de moitié de sa valeur ;

2° Lorsqu'il est vendu en justice ou volontairement, au retour du voyage ;

3° Lorsqu'il est déclaré innavigable ;

4° Lorsqu'il est naufragé.

Désarmement par suite de vente à un étranger.

66. La vente volontaire d'un navire à un étranger, avant l'époque fixée pour le renouvellement du rôle d'équipage, ne donne lieu au désarmement que lorsqu'elle est faite pour une portion excédant la moitié de la valeur du bâtiment, parce qu'alors il ne peut plus naviguer sous pavillon français. (Voy. n° 30) (1).

Dans ce cas, il doit être procédé au désarmement, et les commissaires de l'inscription maritime ou les consuls ne doivent pas seulement prendre toutes les mesures nécessaires pour assurer le versement des droits dévolus à la caisse des invalides, le payement des salaires et frais de retour dus à l'équipage, etc.; mais ils doivent encore veiller à ce que les matelots reçoivent les indemnités qui leur sont

(1) Nous ne parlons pas de la vente volontaire faite à un Français, parce que, lorsqu'elle n'a pas pour effet de modifier les obligations de l'équipage, lorsqu'elle n'influe pas sur les salaires, sur la durée ou la forme de l'engagement, etc., le changement de propriétaire ou armateur, comme le changement de capitaine, ne peut donner lieu au débarquement des matelots, qui, ainsi que nous l'avons vu, ne sont pas attachés au service des personnes, mais seulement au service du bâtiment.

attribuées par les articles 252 et 257 du Code de commerce, car la vente d'un navire à un étranger est une véritable rupture de voyage résultant de leur fait, dès lors que ce navire ne peut plus naviguer sous pavillon français.

Lorsqu'un bâtiment français est vendu en France à un étranger, et qu'il ne peut lui être donné qu'un équipage français pour le conduire à destination, une circulaire du 1er décembre 1818 (1) recommande de lui délivrer un rôle provisoire, qui doit être remis au consul à l'arrivée, et prescrit de faire souscrire par l'armateur l'engagement de pourvoir à tous les frais auxquels cet équipage pourrait donner lieu, et à son rapatriement.

Désarmement par suite de vente en justice ou de vente volontaire au retour du voyage.

67. « La vente volontaire d'un navire en voyage ne pré- » judicie pas aux créanciers du vendeur ; nonobstant la » vente, le navire, ou son prix, continue d'être le gage des- » dits créanciers, qui peuvent même, s'ils le jugent conve- » nable, attaquer la vente pour cause de fraude. (Art. 196 » du Code de commerce.) » Mais il en est autrement de la vente en justice et de la vente volontaire au retour du voyage. Dans le premier cas, le privilége est éteint par la vente faite dans les formes établies par le titre II du livre II ; dans le second cas, il est encore éteint, lorsqu'après une vente volontaire, le navire a fait un voyage en mer aux risques et périls de l'acquéreur et sans opposition de la part des créanciers du vendeur. (Art. 193).

L'article 194 ajoute :

(1) *Ann. maritimes de* 1820, p. 488.

« Un navire est censé avoir fait un voyage en mer (1) » lorsque son départ et son arrivée ont été constatés dans » deux ports différents et trente jours après le départ; » lorsque, sans être arrivé dans un autre port, il s'est » écoulé plus de soixante jours entre le départ et le retour » dans le même port, ou lorsque le navire parti pour un » voyage de long cours, a été plus de soixante jours en » voyage sans réclamation de la part des créanciers du ven- » deur. »

D'un autre côté, si les gages et les loyers de l'équipage ont privilége sur la vente des navires (art. 191, § 6), on doit produire à l'appui de la créance les rôles d'armement et désarmement arrêtés dans les bureaux de l'inscription maritime, aux termes de l'article 192, § 4.

Lors donc qu'un navire est vendu en justice, ou volontairement, au retour d'un voyage avant le terme fixé par le décret-loi du 19 mars 1852 pour le renouvellement du rôle, il importe de procéder exceptionnellement au désarmement, s'il reste des loyers à payer à l'équipage ; et le rôle qui en est dressé doit mentionner non seulement le décompte de ces loyers, mais encore, si la vente est de nature à se changer vis-à-vis de l'équipage en rupture de voyage, les indemnités dues en vertu des articles 252 et 257, ainsi que les frais de conduite, car ces allocations ne sont qu'un complément de loyers.

Il paraît inutile de faire remarquer que la saisie du navire pourrait être faite pour payer les salaires de l'équipage dans le cas où, à l'expiration de l'engagement, l'armateur n'aurait pas les moyens d'en acquitter le montant, et qu'en matière de loyers, le commandement de payer est valablement fait

(1) Il est inutile de faire remarquer que cette définition ne s'applique qu'au cas de vente.

à la personne du capitaine, aux termes de l'article 199. Ainsi, lors même que l'armateur serait absent, l'équipage n'en serait pas moins fondé à répéter ses salaires sur le bâtiment.

Si le navire est vendu par suite d'une confiscation à laquelle l'équipage est resté étranger, peut-on prélever les salaires (loyers et indemnité) sur le prix de la vente? Nous pensons que, dans les pays régis par la loi française, le fisc doit, le cas échéant et sauf son recours, tenir compte à l'équipage des sommes qui lui sont dues, puisqu'une disposition particulière de la loi (article 271 du Code de commerce) a spécialement affecté le navire et le fret aux loyers des matelots. Si donc, dans ce cas, il y avait insolvabilité de l'armateur ou nécessité de poursuites, l'équipage n'aurait point à en supporter les conséquences.

Désarmement par suite d'innavigabilité.

68. Nous avons vu (n° 53) qu'il y avait deux espèces d'innavigabilité, celle qui résulte de la force majeure et celle qui peut être imputée aux armateurs, capitaines, etc. Les commissaires et les consuls doivent donc se faire rendre exactement compte des motifs qui l'ont occasionnée, afin d'assurer aux matelots les compensations auxquelles ils ont droit suivant les circonstances. Le ministre recommande d'ailleurs particulièrement aux consuls de veiller à ce que les condamnations pour cause d'innavigabilité ne soient pas prononcées légèrement. (Circulaire du 31 août 1848).

Un bâtiment déclaré innavigable est ordinairement vendu aussitôt après sa condamnation; le navire est désarmé, et les sommes revenant aux matelots sont prélevées sur le montant de la vente. Toutefois, il pourrait arriver que le capitaine, avant de demander la vente (article 237 du Code de commerce), se déterminât à prendre les ordres de ses commettants. Dans cette hypothèse, si les gens de mer restaient à bord, les loyers ne cessant pas de courir, il n'y aurait qu'à attendre. Mais si le navire était désarmé et l'équipage congédié, le capitaine devrait se procurer les fonds nécessaires pour le solder (car le voyage serait terminé par l'innavigabilité et le désarmement), et, en cas de refus, il y aurait lieu de faire ordonner la vente totale ou partielle.

Maintenant, les sommes à payer par suite de désarmement en cours de voyage pour cause d'innavigabilité doivent-elles comprendre, outre les loyers échus, l'indemnité qu'il pourrait y avoir lieu d'accorder, suivant le cas, aux gens de mer, en vertu des articles 252 et 257 du Code de commerce? Évidemment, oui ; car rien ne fait aux équipages l'obligation de demander ces indemnités à l'armateur en personne, lorsque le capitaine peut répondre pour celui-ci. Il est d'ailleurs d'autant plus rationnel de la leur adjuger sur les lieux, que tous les éléments d'appréciation y sont réunis et que, si elle devait être payée au port d'armement, ils ne seraient plus là pour faire valoir leurs droits en cas de contestation.

Les commissaires peuvent suivre les instances auxquelles donnent lieu le payement des loyers des marins.

69. L'impossibilité où se trouvent les gens de mer, continuellement éloignés, de suivre aucune instance, et le dénuement qui se joint à cette mobilité, nous conduisent à examiner ici la question de savoir s'il n'appartient pas aux commissaires de l'inscription maritime de poursuivre, au nom et comme fondés de pouvoirs légaux des équipages, les armateurs ou capitaines qui, par un motif quelconque,

se refusent à acquitter totalement ou partiellement les salaires des marins et les frais de conduite auxquels ils ont droit.

Nous avons vu (nº 5) que les commissaires sont chargés de constater les conventions des gens de mer avec les armateurs ou capitaines, et qu'ils ont mission expresse de veiller à ce que ces conventions ne dérogent pas aux actes considérés comme étant d'ordre public. (Ordonnance du 31 octobre 1784, tit. VII et XIV ; loi du 7 janvier 1791 ; Code de commerce, articles 192 et 250 ; décret-loi du 4 mars 1852 ; rapport qui précède le décret) ;

Qu'au désarmement, ils font la liquidation des salaires ou parts revenant à l'équipage, et qu'ils ont encore ici mission de veiller à ce que les matelots ne soient point lésés ;

Que les règlements exigent le versement à la caisse des gens de mer, afin que les paiements en soient faits dans les quartiers respectifs des marins, des salaires qu'ils ont à recevoir ailleurs que dans leurs quartiers (nº 35) ; d'où résulte incontestablement, pour les commissaires de l'inscription maritime, représentants de cette caisse, le droit de suivre les instances auxquelles peuvent donner lieu la remise de ces salaires ;

Que ces fonctionnaires assurent également le dépôt à la caisse des gens de mer, ou à celle des invalides, de toutes les sommes dues aux marins absents par mort (1), désertion ou autre cause. (Voy. nº 4).

D'un autre côté, les équipages ne versent pas directement à la caisse des invalides les retenues qui sont faites sur leurs loyers ; les armateurs, capitaines et patrons en sont personnellement responsables (art. 66 du règlement du 17

(1) Ils sont aussi chargés des successions maritimes.

juillet 1816), et s'il y a lieu de diriger des poursuites contre ces derniers, elles ne peuvent être intentées que par l'administration de la marine.

Enfin, nous verrons au chapitre de la conduite que cette administration assure en principe le retour des marins dans leurs quartiers, sauf à en répéter les frais contre qui de droit.

Certes, voilà plus de motifs qu'il n'en faut pour résoudre la question par l'affirmative, et il résulte bien évidemment de tout ce qui précède que les commissaires de l'inscription maritime sont autorisés à intervenir, aux lieu et place des matelots, dans toutes les causes où il s'agit de leurs loyers (1); d'autant plus que les gens de mer sont généralement trop pauvres pour suivre une instance, quelque peu importante qu'elle soit; que le commissaire, afin d'atténuer autant que possible les rigueurs de l'inscription maritime, doit être le défenseur naturel et, en quelque sorte, le tuteur légal de la famille maritime; enfin, que ce fonctionnaire représente collectivement l'équipage, ce qui simplifie la procédure et épargne les frais.

C'est ainsi que l'ont compris d'ailleurs le Tribunal de commerce de Nantes (jugement du 20 janvier 1841) et la Cour impériale de Rennes (arrêt du 1er avril suivant). Voir à ce sujet le rapport qui précède le décret du 4 mars 1852.

Il parait inutile d'ajouter que, dans ces sortes d'instan-

(1) L'intervention en faveur des marins présents et domiciliés dans le quartier où s'opère la liquidation, n'est pas absolument rigoureuse, car cette intervention n'est écrite dans la loi et n'existe de plein droit que pour les loyers qui doivent être déposés à la caisse des gens de mer; mais les autres considérations ne permettent pas de la contester. Si d'ailleurs elle l'était, il se trouverait bien parmi l'équipage des hommes absents ou non domiciliés, pour lesquels l'intervention ne pourrait être refusée, et les droits des marins présents et domiciliés se trouveraient ainsi réglés indirectement.

ces, c'est le budget de la marine qui doit faire l'avance des frais, car cette protection spéciale accordée aux gens de mer est un des meilleurs contre-poids du régime de l'inscription maritime. Ce ne peut être qu'une avance, au surplus, l'autorité maritime n'intervenant jamais que pour des causes dont le gain est assuré.

Cas où, par suite d'innavigabilité, le capitaine loue un autre navire.

70. Lorsque, par suite d'innavigabilité, le capitaine loue un autre navire, en exécution des articles 296 et 391 du Code de commerce, les salaires dus à l'équipage n'en doivent pas moins être versés à la caisse des gens de mer, ou à celle des chancelleries, jusqu'au jour du désarmement du bâtiment déclaré innavigable. Si toutefois le versement ne pouvait être effectué, soit parce que la nature de l'engagement y porterait obstacle, soit pour tout autre motif, et si le premier bâtiment cessait, par suite de vente, d'être le gage des loyers de l'équipage, ou bien était insuffisant pour les payer, il ne faudrait pas perdre de vue que la loi, en imposant aux gens de mer l'obligation de suivre le nouveau navire, a dû nécessairement faire porter sur celui-ci, pour le voyage entier, le privilége écrit dans l'article 271 du Code de commerce.

Dans le cas où le capitaine n'aurait pu louer un autre bâtiment, l'article 296 veut que « le fret soit dû à pro- » portion de ce que le voyage est avancé » ; c'est-à-dire que si la distance du point de départ au lieu où le navire se rendait était, par exemple, de 1,500 milles et qu'il n'en eût parcouru que 500, la proportion à établir serait celle-ci :

$$1{,}500 : \text{Fret convenu} :: 500 : x.$$

Telle est l'interprétation qu'il convient de donner à cet

article, quel que soit d'ailleurs le lieu où l'innavigabilité ait été constatée; mais, réciproquement, si le navire faisait naufrage ou était déclaré innavigable dans un lieu plus éloigné du point de départ que le port de destination, on ne pourrait demander un fret plus élevé que celui qui aurait été convenu.

Désarmement par suite de naufrage.

71. Le naufrage est l'événement qui anéantit ou détruit le navire, et le rôle de désarmement qui est dressé dans ce cas est à la fois le décompte des salaires et des services de l'équipage, et l'acte qui constate que le bâtiment a cessé d'exister.

La gestion des naufrages appartient aux intéressés lorsqu'ils en font la demande, et les loyers dus à l'équipage sont alors acquittés par eux dans les formes usitées pour les désarmements ordinaires; mais, à défaut de ceux-ci, ce sont les commissaires de l'inscription maritime et les consuls qui en sont chargés (arrêté du 17 florial an IX, ordonnance du 29 octobre 1833), et qui précomptent sur les produits de sauvetage les salaires acquis par les marins naufragés.

Ces fonctionnaires n'ont qu'à se retirer lorsque les propriétaires, présents ou représentés, revendiquent la direction des opérations de sauvetage (1). Toutefois, dans ce cas, les règlements les invitent à exercer une surveillance à la fois efficace et discrète pour empêcher que des

(1) Mais il faut que tous les intéressés au navire et à la cargaison soient présents ou représentés, car s'il y en avait un seul qui ne le fût pas, les intéressés présents n'auraient aucun droit d'intervention. (Déclaration du 10 janvier 1770, — art. 18. — Dépêche à Brest, du 27 mai 1835. — Voyez Code des bris et naufrages, par Lebeau, n° 32, 1841).

produits ne soient déguisés et prévenir toutes les conséquences qui pourraient en être la suite (1); et comme, avertis toujours les premiers de l'événement, ils peuvent avoir déjà fait des frais pour le sauvetage et la conservation des objets naufragés, il leur est recommandé de prendre des garanties pour le payement de ces frais (2). Quant à nous, nous croyons devoir aller plus loin.

Aux termes de l'article 258 du Code de commerce et de l'arrêté du 5 germinal an XII, les armateurs n'étant tenus, en cas de naufrage, de ne payer les salaires et frais de conduite que jusqu'à concurrence des produits du navire et du fret, il y a lieu d'en conclure :

1° Que l'équipage est un des premiers intéressés dans le sauvetage;

2° Que l'État, qui, en cas d'insuffisance, pourvoit à la subsistance et aux frais de retour des naufragés (voyez circulaire du 30 décembre 1852), y est également intéressé.

Il importe donc, toutes les fois que le commissaire de l'inscription maritime ou le consul, saisi du sauvetage d'un bâtiment naufragé, est requis de donner main-levée aux propriétaires ou à leurs fondés de pouvoir, qu'il ne se dessaisisse qu'après avoir fait donner bonne et suffisante caution pour le montant des loyers dus à l'équipage et pour les frais de conduite.

Ce que nous avons dit plus haut touchant la législation des naufrages suffit à notre sujet, et nous pourrions n'y rien ajouter. Mais, puisque l'occasion nous en est offerte, il nous reste encore à combattre une opinion que nous avons entendu émettre, et qui consiste à reconnaître au capi-

(1) Voyez Circulaire aux consuls, du 31 août 1848.

(2) Application des articles 1917, 1918, 1919 et 1951 du Code Napoléon.

taine le droit de procéder lui-même, à l'exclusion des autorités maritimes, au sauvetage de son navire, en vertu de l'article 237 du Code de commerce, ainsi conçu :

« Hors le cas d'innavigabilité légalement constatée, le » capitaine ne peut, à peine de nullité de la vente, vendre » son navire sans un pouvoir spécial des propriétaires. »

D'où l'on infère que le capitaine peut vendre son navire naufragé et que, le pouvoir de vendre emportant avec lui tous les actes auxquels le sauvetage peut donner lieu, l'arrêté du 17 floréal an IX se trouve abrogé sur ce point par l'article qui précède.

Cette opinion, que Pardessus paraît professer, car il n'accorde aux autorités locales le droit de faire procéder au sauvetage *qu'à défaut du capitaine* (n° 643), pourrait, si elle était admise, préjudicier à la fois :

Aux propriétaires du bâtiment,

Aux équipages,

A la caisse des invalides,

Et à l'État.

Aux propriétaires du bâtiment, en ce que si, dans certains cas, le capitaine a pu être autorisé par la loi à vendre le navire dont l'armateur ne lui a donné que le commandement, ce n'est pas, comme nous le verrons ci-après, dans le cas de naufrage, qui, par sa nature, exige l'intervention de l'autorité publique, afin d'atténuer autant que possible les effets désastreux des sinistres ;

Aux équipages, en ce qu'ils seraient exposés à perdre leurs salaires en tout ou en partie, si la gestion des sauvetages avait lieu sans contrôle et sans garantie ;

A l'État, en ce que c'est l'État qui, en cas d'insuffisance des produits, pourvoit aux frais de retour des marins naufragés ;

A la caisse des invalides, enfin, qui profite des produits non réclamés de bris et naufrages, et qui, d'un autre côté, est d'autant plus intéressée à ce que ces produits soient gérés par des agents du gouvernement que s'ils ne suffisaient pas pour payer les salaires, ses ressources seraient proportionnellement amoindries.

Les capitaines n'offrent, en effet, aucune bonne garantie pour bien représenter ces intérêts en cas de naufrage, et ils sont même, de tous les mandataires qui pourraient être choisis, ceux qui conviendraient le moins sous tous les rapports, car les regrets et les fatigues que leur laisse toujours le naufrage se concilient difficilement avec les travaux et les soins tout particuliers que nécessitent les opérations de sauvetage, ne dût-on d'ailleurs concevoir aucun doute sur la cause de l'événement. Il faut remarquer aussi que les capitaines n'exerceraient pas, lors même qu'il ne serait pas contesté, le droit de réquisition des personnes et des choses aussi efficacement que les commissaires et les consuls, surtout en pays étranger, où la qualité du consul est peut-être la seule considération qui fasse déférer aux invitations de ce genre. (Voy. ordonn. de 1681, liv. IV, tit. IX, art. 7. — Déclaration du 10 janvier 1770, art. 6. — Ordonn. du 29 octobre 1833, art. 66).

L'administration règle les salaires des travailleurs (déclaration de 1770, art. 11 ; — loi du 13 août 1791) ; le capitaine serait obligé d'accorder ce qu'on lui demanderait.

Les fonctionnaires chargés des naufrages, commissaires, syndics et consuls, étant domiciliés sur les lieux, savent exactement où se procurer tous les moyens de sauvetage ; le capitaine, étranger à la localité, ne les trouverait que difficilement et à des prix exorbitants. Il ne saurait, d'ailleurs, où faire déposer les objets sauvés, à qui en confier la garde, et se mettrait nécessairement à la discrétion de gens qui ne leur offriraient leurs services que pour l'exploiter.

Et quand arriverait le moment de la vente, comme il ne pourrait y être procédé que par l'entremise d'officiers ministériels, commissaires-priseurs, etc., les produits de sauvetage seraient encore diminués de la rétribution dévolue à ces agents, tandis que l'administration de la marine, à part quelques menus frais de déplacement, lorsque le naufrage a lieu hors du rayon de 4 kilomètres, ne perçoit point d'honoraires pour procéder aux opérations de sauvetage et à la vente des objets non susceptibles d'être conservés, pour faire verser le montant de cette vente à la caisse des gens de mer, enfin pour remettre les fonds aux ayants droit à toute réquisition.

Mais laissons là les considérations générales pour discuter la question sur les textes.

Il n'est pas nécessaire de remonter au-delà de l'ordonnance de 1681, par laquelle le roi déclara « mettre sous sa » protection et sauvegarde les bâtiments échoués ou jetés » par la tempête sur les côtes, leurs équipages et leurs » chargements, sans aucune distinction entre les natio» naux et les étrangers, les amis et les ennemis, même » les pirates, et généralement tout ce qui serait échappé » d'un naufrage quelconque. » (Liv. IV, tit. IX, art. 1er).

A partir de 1681, les naufrages durent donc être administrés au nom du roi, et les officiers d'amirauté furent, en conséquence, chargés (art. 6) :

« Incontinent après l'avis reçu, de se transporter au lieu » du naufrage, de faire travailler incessamment à sauver » les effets, de se saisir des chartes-parties et autres en» seignements du bâtiment échoué, de recevoir les décla-

» rations des maîtres, pilotes et autres personnes de l'é-
» quipage; de dresser procès-verbal de l'état du navire,
» faire inventaire des marchandises sauvées, les faire
» transporter et mettre en magasin ou lieu de sûreté ; d'in-
» former des pillages et faire le procès aux coupables, à
» peine d'interdiction de leurs charges, et de répondre en
» leurs noms de toutes pertes et dommages envers les in-
» téressés; » enfin, ils furent chargés de toutes les opérations tendant à l'exécution de la loi dont la France donnait l'exemple aux nations civilisées. (Voir les articles suivants).

Le roi ayant fait don à la caisse des invalides de la part dévolue à la Couronne dans les produits non réclamés des bris et naufrages, et les officiers des classes ayant été chargés d'assurer le recouvrement de toutes les ressources de l'établissement, une ordonnance du 23 août 1739 prescrivit aux officiers de l'amirauté de faire avertir les officiers des classes, avant même de se transporter sur les lieux, des bris, naufrages et échouements arrivés sur les côtes de leur ressort, et de les appeler lors des ventes, afin de les mettre en mesure « de prendre connaissance des
» effets sauvés, de s'informer exactement s'ils avaient été
» réclamés dans l'an et jour, et si la délivrance en avait
» été faite aux réclamateurs; à l'effet de quoi ils pouvaient
» exiger sans frais communication des procès-verbaux, ac-
» tes et jugements rendus au sujet desdits réclamateurs. »

Enfin, l'administration des naufrages, réglementée d'une manière plus complète par une déclaration du 10 janvier 1770, et confiée par continuation aux officiers de l'amirauté, sous la surveillance des officiers des classes, fut remise, avec le même contrôle, aux juges de paix, par le décret du 9-13 août 1791, qui supprima les amirautés.

On ne tarda pas à reconnaître que les juges de paix ne

pouvaient efficacement succéder aux officiers de l'amirauté pour les opérations de ce genre ; et comme les officiers des classes avaient une complète expérience de ces opérations, puisqu'ils étaient tenus d'y assister, et que, d'un autre côté, leurs connaissances spéciales et l'autorité qu'ils exercent sur la population maritime auraient pu les faire préférer même aux officiers de l'amirauté ; comme ils représentaient déjà dans les naufrages la caisse des invalides, les équipages et éventuellement l'État, cette attribution fut retirée aux juges de paix, dont la juridiction s'étendait aussi aux prises maritimes (1), et l'arrêté du 17 floréal an IX régla les choses ainsi qu'il suit :

« Art. 1er. A défaut des armateurs, propriétaires, subrécargues et correspondants, l'officier en chef d'administration de la marine, ou, en son absence, celui qui le remplace dans l'ordre du service, sera chargé du sauvetage et de tout ce qui concerne les naufrages, quelle que soit la qualité du navire ; il sera également chargé de la vente des prises, ainsi que l'était le juge de paix, dont il remplit toutes les fonctions à cet égard.

» Les dispositions précédentes seront généralement appliquées aux navires étrangers, à moins que les traités ou conventions ne contiennent des dispositions contraires. »

Dans les consulats, la législation n'a été l'objet d'aucune modification : les dispositions de l'ordonnance du 29 octobre 1833, relatives aux naufrages, ne sont, à peu de chose près, que la reproduction de celle du 3 mars 1781.

Ainsi, depuis qu'un souverain bien digne du peuple français a pris le malheur sous sa protection, l'autorité publi-

(1) Arrêté [illegible] février 1793, article 4.

que n'a pas cessé d'être chargée, dans l'intérêt des absents et du bon ordre, de toutes les opérations auxquelles donnent lieu les naufrages; sa compétence n'a été suspendue, dans l'ancienne comme dans la nouvelle législation, que par la revendication faite par les intéressés, et jamais le capitaine non porteur d'un mandat spécial n'a été considéré comme ayant qualité pour gérer le naufrage de son bâtiment. (Voy. ordonn. de 1681, art. 17, tit. IX, liv. IV; — déclaration du 10 janvier 1770; et arrêté du 17 floréal an IX).

L'opinion que nous réfutons paraît avoir pris naissance dans les explications données par Locré sur l'article 237. Voyons ces explications.

» La Commission, se conformant au texte de l'ordonnance de 1681 (art. 19), avait d'abord décidé qu'en aucun cas, le capitaine ne pourrait vendre le navire de son autorité.

» Le Tribunal de Paimpol dit : *La généralité qui appartient à la rédaction de cet article peut devenir bien préjudiciable au commerce maritime.*

» *Un navire voyageant dans les colonies ou dans toute autre partie éloignée, même sur nos côtes, y fera naufrage, ou recevra des avaries assez considérables pour, dans le premier cas, ne pouvoir être relevé; dans le second cas, pour ne pouvoir être réparé sans qu'il en coûte sa valeur et au-delà..... Ce cas a lieu très-fréquemment, même sur les côtes d'Angleterre.*

» *S'il y a naufrage, le capitaine doit être autorisé à vendre son navire en l'état où il se présente, afin de ne pas* laisser *périr ce qui peut produire un résultat quelconque, soit à l'armement, soit aux assureurs qui le représentent.*

» *Lors d'avaries majeures, soit par leur nature, soit* » *par le haut prix des ouvrages et fournitures à employer* » *pour mettre le navire en état de reprendre la mer,* » *et que ces faits seront constatés par les autorités civi-* » *les du lieu, d'après estimation faite par les ouvriers* » *dans le genre des réparations à faire, il paraît conve-* » *nir aux intérêts du commerce maritime que le capitaine* » *puisse alors faire vendre* publiquement *son navire, en* » *déterminant positivement par la loi que cette vente* sera » reçue, soit par les propriétaires, soit par les assureurs qui » les représentent.

» *Si l'article reste en l'état qu'il est, les navires nau-* » *fragés ou qui auraient éprouvé de grandes avaries,* » *deviendraient en pure perte pour le propriétaire, parce* » *que les capitaines préfèreront, dans le premier cas,* » *de laisser périr la chose, et, dans le second cas, d'en-* » *treprendre des radoubs ruineux afin de ne pas devenir* » *compromis en s'écartant des dispositions de la loi.* »

» Elle y déféra et ajouta l'exception de l'innavigabilité.»

C'est dans ces explications que l'on croit trouver l'abrogation, par l'article 237 du Code de commerce, des lois qui ont confié la gestion des naufrages aux commissaires de l'inscription maritime et aux consuls, parce que, dit-on, le cas de naufrage y a été prévu, et que, si, dans ce cas, le capitaine a le droit de vendre le navire, il a évidemment le droit d'en garder le sauvetage. Quel était le but que se proposait le Tribunal de Paimpol ?

Les termes mêmes de ses observations répondent à cette question : Prévoyant le cas où la chose resterait invendue si le capitaine n'avait pas le droit d'en disposer, il demandait que celui-ci fût autorisé à la vendre plutôt que de la laisser périr, et encore y mettait-il pour condition que le prix de la vente serait reçu par les intéressés. Cette appréhension ne pouvait donc se réaliser là où siégent des autorités spécialement chargées de la gestion des naufrages, c'est-à-dire, en France, aux colonies et dans les circonscriptions consulaires; et l'expression « dans les colonies, même sur nos côtes », trop légèrement jetée dans le corps de l'avis du Tribunal de Paimpol, n'autorise pas à prêter au législateur, qui d'ailleurs ne pouvait ignorer, comme ce Tribunal, l'arrêté du 17 floréal an IX et les actes antérieurs, la pensée d'avoir voulu rapporter, par l'article 237 du Code de commerce, la législation spéciale des naufrages, législation toute d'administration et de police, qui ne devait pas trouver place dans le Code. (Voy. Locré, au commencement du livre II du Code de commerce).

Disons donc qu'il n'est question, dans l'article 237, que de l'innavigabilité qui n'est pas produite par le naufrage. L'autorité publique n'intervenant que lorsqu'il y a naufrage, et restant étrangère aux opérations qui sont la suite des autres cas d'innavigabilité, il fallait, en effet, donner au capitaine les pouvoirs nécessaires pour vendre le navire lorsque les commissaires et les consuls n'auraient pas qualité pour intervenir; mais c'est là le sens unique qu'il faut attacher à l'article 237, et si cet article peut s'appliquer à l'innavigabilité résultant du naufrage, c'est seulement dans les pays où il n'y a pas d'autorité qui puisse en être saisie. Les circonstances justifient cette exception, car, de même que la nécessité fait du capitaine un officier de l'état civil, un juge d'instruction, voire même un médecin, elle doit aussi lui donner le droit de gérer son naufrage, à défaut d'autorité française ayant mission d'y procéder, à moins que les magistrats des lieux n'aient le droit de l'évincer, comme cela se pratique en France pour les bâtiments de certaines nations. Le Tribunal de Paimpol n'a dû avoir en vue que cette seule circonstance en parlant du naufrage dans l'amendement qu'il a présenté ; et le Code de commerce, par un article qui n'a eu d'autre but que de spécifier le cas pour lequel la défense générale faite au capitaine de vendre le navire comporterait une exception, n'a pu rapporter les lois séculaires qui ont confié la gestion des naufrages à des officiers opérant au nom du souverain. Nous ne pousserons donc pas plus loin cette réfutation en ce qui touche le bâtiment.

Quant à la cargaison, l'article 391 du Code de commerce autorise bien, en cas de naufrage, le capitaine à se procurer un autre navire à l'effet de transporter les marchandises au lieu de leur destination, et il peut, dans ce cas, obtenir main-levée du chargement. Mais il ne l'autorise pas à intervenir dans le sauvetage, quand il se trouve sur les lieux des autorités spécialement chargées d'y procéder ; car le capitaine ne représente la cargaison, aux termes de notre article, qu'autant qu'elle est sauvée, reconnue en bon état, et qu'il justifie des moyens nécessaires pour la porter à destination.

En résumé, lorsque le navire est naufragé, le capitaine, à moins qu'il ne soit investi d'un mandat spécial, n'est pas compris au nombre des intéressés qui, aux termes de l'arrêté du 17 floréal an IX, peuvent diriger eux-mêmes les opérations de sauvetage.

Quant aux commissaires de l'inscription maritime et aux consuls, leurs devoirs sont tracés par l'article 6, tit. IX, livre IV de l'ordonn. de 1681, reproduit plus haut. Il est même à remarquer, et cela résulte tant de la législation générale sur la matière que du but que s'est proposé le législateur en attribuant aux officiers d'amirauté et à leurs successeurs la connaissance des naufrages, que le commissaire doit, au premier avis d'un sinistre de ce genre, se rendre sur les lieux, commencer les opérations de sauvetage, et ne laisser agir les intéressés, lorsqu'ils en font la demande, qu'après que l'équipage a été sauvé et que le maintien du bon ordre n'exige plus son intervention ; et encore, après la main-levée accordée par lui, conserve-t-il son droit d'information et de surveillance, aux termes de l'article 18, tit. IX, livre IV de l'ordonn. de 1681, afin de sauvegarder les intérêts généraux.

Nous désirons qu'il soit bien compris que toute cette dissertation n'a d'autre but que de détruire une erreur qui, propagée, pourrait devenir l'objet de difficultés. Les commissaires de l'inscription maritime, de même que les consuls, n'ont aucun intérêt personnel à conserver la gestion des naufrages ; car lorsqu'elle ne compromet pas leur santé, elle leur occasionne un travail considérable, qui n'est pas rétribué et pour lequel ils refuseraient même toute allocation spéciale. Mais où trouverait-on de meilleures garanties que chez les fonctionnaires qui, dans ces circonstances, ont le plus de ressources à leur disposition, qui sont chargés de protéger le commerce maritime, d'assurer le recouvrement des revenus de la caisse des invalides et d'épargner les deniers de l'État !

Opérations de désarmement.

72. Le rôle de désarmement diffère peu du rôle d'armement, dont nous avons donné la définition (n° 1) ; on y a seulement ajouté quelques colonnes pour les décomptes du temps de navigation des matelots et de leurs salaires ou parts.

Nous avons vu (n° 32) qu'une circulaire ministérielle du

22 novembre 1827 recommande beaucoup de célérité dans les désarmements ; cette recommandation se retrouve dans une autre circulaire du 8 juin 1853. Voyons ce que prescrivent à ce sujet les règlements.

L'article 11, tit. VI, de l'édit de juillet 1720 portait :

« Lesdits négociants et armateurs seront pareillement » tenus, lors du désarmement de leurs navires, de rap- » porter, trois jours après, le rôle d'armement au tréso- » rier ; ensemble celui du désarmement qui leur aura été » arrêté par le commissaire de marine, etc. »

Cette disposition a été reproduite, mais sous une autre forme, par l'article 43 du règlement du 17 juillet 1816, ainsi conçu :

« Trois jours après l'arrivée de chaque bâtiment, le ca- » pitaine, maître ou patron, doit remettre au bureau des » classes son rôle d'équipage pour qu'il y soit désarmé ; » expédition du rôle de désarmement est remise au tréso- » rier des invalides pour la perception des droits de la » caisse. »

Ainsi, suivant l'édit de 1720, les rôles de désarmement devaient être arrêtés dans les trois jours du désarmement des bâtiments, c'est-à-dire dans les trois jours de leur arrivée, car l'équipage est toujours congédié dès ce moment ; tandis que, suivant le règlement de 1816, les opérations de désarmement peuvent ne commencer que trois jours après l'arrivée du navire.

L'article 43 du règlement du 17 juillet 1816 est-il le résultat d'une erreur de rédaction, ou a-t-il voulu modifier sur ce point l'édit de 1720 ? On ne peut s'arrêter qu'à la première question pour la résoudre par l'affirmative ; car cet édit, ayant force de loi, ne pouvait être modifié par un règlement ; d'autant plus qu'il était inutile de prescrire aux capitaines de remettre leurs rôles d'équipage au bureau de l'inscription maritime, trois jours après leur arrivée, puisque d'autres dispositions ordonnaient de les y déposer dans les vingt-quatre heures, obligation qui a été renouvelée, sous peine de 25 à 300 fr. d'amende, par l'article 83 du décret-loi du 24 mars 1852.

Ainsi, c'est dans les trois jours de l'arrivée du bâtiment que les rôles de désarmement doivent être dressés, et cette interprétation se trouve confirmée par les circulaires précitées de 1827 et de 1853. Mais il n'est pas toujours possible de les arrêter dans un aussi court délai, surtout lorsqu'il s'agit d'engagements à la part, qui nécessitent des comptes compliqués, dont les éléments ne peuvent souvent être remis que plusieurs mois après le désarmement. Il y a donc lieu de distinguer.

Si l'équipage est engagé à salaires fixes, il doit être payé dans les trois jours de l'arrivée du bâtiment, et il importe que le rôle de désarmement soit, autant que possible, arrêté dans le même délai;

Si l'engagement a été stipulé à profits éventuels, et que ces profits soient de nature à ne pouvoir être réalisés immédiatement, on se borne à passer la revue de désarmement; mais il convient d'avertir les capitaines et armateurs que leurs navires ne pourront reprendre la mer avant qu'ils n'aient soldé l'équipage et acquitté les droits de la caisse des invalides, à moins qu'ils ne fournissent caution solvable à cet effet (1).

Depuis l'institution du régime des classes, il a toujours été recommandé aux capitaines de représenter au désar-

(1) La circulaire du 8 juin 1853 contient, au sujet du renouvellement des rôles d'équipage des bâtiments provenant de long cours ou des grandes pêches, des dispositions dont il importe de se bien pénétrer.

mement les hommes qui leur ont été confiés (ordonnance du 15 avril 1689, art. 21, liv. VIII) et dont ils doivent compte à tous égards, surtout au point de vue de l'inscription maritime. Telle est l'origine des revues de désarmement, lesquelles doivent être faites avec beaucoup de soin et porter non seulement sur les hommes présents, mais encore sur ceux qui ont été débarqués en cours de voyage, qui sont morts, disparus ou désertés. Les armateurs, capitaines et patrons sont personnellement et solidairement responsables du versement à la caisse des gens de mer de la solde due aux absents et des produits des successions et inventaires (règlement du 17 juillet 1816, art. 27), ainsi que de l'acquittement des droits de la caisse des invalides (art. 66). Quant à la solde des déserteurs, après déduction de la retenue en faveur de la caisse sur la somme totale, et des à-comptes dûment autorisés et apostillés par les commissaires de l'inscription maritime ou les consuls, elle est divisée en deux parties égales, dont l'une retourne à l'armement, et l'autre est versée à la caisse. (Décret-loi du 24 mars 1852 et actes antérieurs; — circulaires des 31 juillet 1851 et 12 octobre 1835).

Les rôles de désarmement sont, comme les rôles d'armement, numérotés et compris sous deux séries distinctes qui s'ouvrent au premier janvier de chaque année. (Édit de 1720; — circulaire du 12 octobre 1835).

Dès qu'un rôle de désarmement est terminé, le commissaire expédie des mandats de recette aux services et chapitres respectifs, suivant qu'il s'agit des droits de la caisse des invalides ou des dépôts à faire à la caisse des gens de mer, et les remet au trésorier avec un duplicata du rôle (même circulaire). Les sommes ainsi encaissées doivent être mises, le plus promptement possible, à la disposition des ayants droit. (Voyez circulaire générale à tous les services, du 4 septembre 1849).

Indépendamment des expéditions de rôles qui doivent servir à la justification des sommes encaissées, les commissaires, en France et aux colonies, et les consuls, en pays étranger, sont tenus, toutes les fois que le désarmement ne se fait pas dans le port où le bâtiment a été armé, de transmettre au port d'armement une expédition du rôle de désarmement pour servir à l'annotation des matricules. (Règlement du 17 juillet 1816, art. 44; — règlement du 11 juillet 1759, art. 15; — dépêches des 4 décembre 1835 et 12 août 1836).

Nous avons vu que les commissaires de l'inscription maritime faisaient au désarmement la liquidation des salaires ou parts; dans la pratique, les comptes s'établissent au bureau de l'armateur, mais ces fonctionnaires doivent les vérifier avec soin, afin d'assurer le recouvrement de toutes les sommes qu'ils sont chargés de faire verser à la caisse des gens de mer et à celle des invalides, et de fournir aux matelots toutes les explications qu'ils pourraient avoir à lui demander au sujet de l'interprétation donnée à leurs engagements.

Il a été expliqué (n° 36) que les payements ne pouvaient être effectués qu'au bureau de l'inscription maritime. Quant à ceux à faire aux marins non domiciliés dans le port où s'opère le désarmement, le commissaire, armé du droit de les faire effectuer dans les quartiers respectifs (n° 35), ne doit pas hésiter à en faire usage lorsque l'inexpérience des parties prenantes, ou leur inconduite, lui font craindre que leur argent ne soit dissipé au préjudice de leurs familles (n° 63); les capitaines peuvent lui fournir à cet égard d'utiles avis. Mais il est bon de rappeler qu'il ne faut apporter, lorsqu'il use de ce droit, aucun retard dans les remises à faire aux quartiers des marins.

On ne doit retrancher des salaires, au désarmement, que la retenue en faveur de la caisse des invalides et les sommes dûment apostillées par les autorités compétentes, le ministre se réservant d'apprécier les cas d'urgence qui n'auraient pas permis de se conformer à la règle, si des à-comptes avaient été donnés sans cette intervention. (Circulaires des 12 octobre 1835 et 12 août 1836).

Responsabilité des versements.

73. Nous avons parlé plus haut de la responsabilité qui pèse sur les armateurs, capitaines et patrons, en ce qui touche le versement, à la caisse des gens de mer, de la solde due aux absents et des produits de successions et inventaires (art. 27 du règlement du 17 juillet 1816), à la caisse des invalides, des droits qui lui sont dévolus (art. 66).

L'article 27 précité porte :

« Les capitaines, maîtres et patrons des navires du commerce sont personnellement responsables du versement de la solde due aux absents et des produits des successions et inventaires; »

Tandis que l'article 66 est ainsi conçu :

« Les armateurs, capitaines et patrons des navires marchands sont solidairement responsables des droits de la caisse des invalides. »

A première vue, il semble résulter du rapprochement de ces deux dispositions que les armateurs n'auraient aucune responsabilité dans le premier cas; mais si l'on considère qu'en vertu de l'article 216 du Code de commerce, ils sont responsables des faits de leurs capitaines, on reconnaîtra que leur solidarité est la même dans les deux cas.

L'obligation d'acquitter les droits de la caisse des invalides trouve une sanction pénale dans la suite de l'article 66 et dans l'édit ayant force de loi de 1720, qui défendent de faire aucune expédition nouvelle de rôles aux armateurs, capitaines et patrons avant qu'ils ne l'aient rempli, et sans préjudice des poursuites qui peuvent être dirigées contre eux. Celle de verser la solde des absents et les produits de successions et inventaires est aussi sanctionnée de la même manière, bien que l'article 27 n'en fasse pas mention, puisque les capitaines, maîtres et patrons, et les armateurs (art. 216 du Code de commerce) sont *personnellement* responsables de ces versements et que dès lors ils ne peuvent se soustraire aux mesures coercitives dont dispose l'administration. Il importe de remarquer d'ailleurs que tout ce qui est prescrit pour assurer le recouvrement des prestations en faveur de la caisse des invalides, s'étend de plein droit à celui des sommes dues aux absents, sur lesquelles ces prestations sont prélevées.

Cas où il est fait abandon des droits des invalides.

74. Lorsqu'un navire est naufragé *avec perte entière*, le rôle de désarmement n'est établi que pour constater la navigation de l'équipage ; la caisse des invalides, dans ce cas, fait abandon de ses droits. (Dépêches des 14 mai 1836 et 24 janvier 1837). Toutefois, s'il était dû des loyers aux matelots, ou si des payements leur avaient été faits dans le cours du voyage, les retenues en faveur de la caisse des invalides n'en devraient pas moins être opérées jusqu'à concurrence des droits acquis, ainsi qu'il résulte de l'article 20 du titre VI de l'édit de 1720, dont la teneur suit :

« Et afin que les différentes retenues ordonnées par le

» présent édit ne soient point à charge aux armateurs et » à leurs équipages, voulons, s'il arrive que, par quel» que accident, tel que celui des forbans, les bâtiments » armés, soit au mois ou au voyage, ou à la part, ne fas» sent pas une bonne pêche, lesdits armateurs ou équipa» ges ne soient tenus de payer les droits desdits invalides » qu'au prorata de ce qu'ils apporteront; voulons pareille» ment que les équipages des bâtiments qui pourront être » pris ou se perdre ne paient aussi lesdits droits que sur » le pied de leurs avances *ou de ce qu'ils auront pu de» voir en partant du port de leur armement.* »

Contribution. — Avaries.

75. Les salaires des gens de mer n'entrent point en contribution dans le cas de rachat du navire et des marchandises pillées par des pirates ou prises par les ennemis (art. 304 du Code de commerce); ils ne contribuent pas non plus aux avaries (art. 401); enfin leurs hardes ne contribuent point au jet; et si, pour le salut commun, il en était jeté à la mer, la valeur de celles qui auraient été jetées serait payée par contribution sur tous les autres effets. (Art. 419.)

Toutes ces dispositions doivent être observées à la lettre, lorsque les matelots sont engagés à salaires fixes. Mais, s'ils sont engagés au profit ou au fret, leurs loyers suivent naturellement le sort des choses sur lesquelles ils reposent.

Aux termes des articles 400 et 403 du Code de commerce, « les pansement et nourriture des matelots blessés » en défendant le navire, les loyer et nourriture des mate» lots pendant la détention, quand le navire est arrêté en » voyage par ordre d'une puissance, et pendant les répa-

» rations des dommages volontairement soufferts pour le » salut commun, si le navire est affrété au mois, » sont *avaries communes.*

« La nourriture et le loyer des matelots pendant la dé- » tention, quand le navire est arrêté en voyage par ordre » d'une puissance, et pendant les réparations qu'on est » obligé d'y faire, si le navire est affrété au voyage; la » nourriture et le loyer des matelots pendant la quaran- » taine, que le navire soit loué au voyage ou au mois, » sont *avaries particulières.*

On sait que les avaries communes sont supportées par les marchandises et par la moitié du navire et du fret, au marc le franc de la valeur. (Art. 401 du Code de commerce).

Juridiction en matière de loyers.

76. La loi répute actes de commerce tous accords et conventions pour salaires et loyers d'équipage; tous engagements de gens de mer pour le service de bâtiments de commerce. (Art. 633 du Code de commerce).

C'est donc aux tribunaux de commerce qu'il appartient de connaître des contestations entre les équipages et les armateurs ou capitaines, pour tout ce qui concerne les salaires, et ils connaissent aussi des difficultés qui peuvent s'élever au sujet de l'acquittement des droits de la caisse des invalides, qui font cause commune avec les salaires sur lesquels ils reposent.

Prescription.

77. Nous avons vu (n° 67) comment s'éteignait le privilége donné aux matelots sur le navire, en cas de vente volontaire ou en justice. Aux termes de l'article 433 du

Code de commerce, toutes actions en payement des gages et loyers des officiers, matelots et autres gens de l'équipage, sont prescrites par une année après le voyage fini.

Il est inutile de faire remarquer que le voyage n'est censé fini, dans l'application de cet article, qu'au désarmement du bâtiment. (Arrêt de la Cour impériale de Bordeaux, du 1er août 1855, rapporté n° 20, et arrêt de la Cour de cassation, du 5 juin 1850, rapporté n° 57; jugement du Tribunal de commerce de Bordeaux, du 26 mars 1847).

Ainsi, le privilége des matelots sur le navire se prescrit par le délai d'un an à dater du désarmement. Comment se prescrit celui qui leur est accordé sur le fret?

La Cour impériale de Bordeaux (arrêt du 1er août 1855), se fondant sur la maxime que les meubles n'ont pas de suite par hypothèque, a décidé que lorsque l'armateur a employé le fret à payer ses créanciers, et que ceux-ci l'ont reçu sans opposition ou réclamation des marins, ce fret est passé dans leurs mains affranchi du privilége qui le grevait originairement.

En jugeant ainsi, la Cour a rendu illusoire l'article 271 du Code de commerce, qui, prévoyant le cas où l'armateur pourrait devenir insolvable, a voulu affecter d'une manière absolue le fret gagné pendant le voyage au payement des loyers des matelots. Celui qui le reçoit l'accepte sous cette réserve, et c'est à lui à prendre des mesures en conséquence. À la vérité, nous avons dit nous-même (n° 20) que l'action réelle était en quelque sorte nulle en matière de fret, non seulement parce que ce n'est pas un seul et unique fret payable au retour du bâtiment, mais bien plusieurs frets que l'armateur doit réaliser pendant la durée du voyage; non seulement parce qu'il est des cas où l'armateur est aussi le chargeur de son bâtiment, ou bien où il stipule qu'il lui sera tenu compte du fret dans le lieu même de sa résidence, mais encore parce que la discipline s'opposerait à tout acte conservatoire des matelots en cours de voyage, si les règlements ne leur défendaient pas de demander leurs loyers avant le désarmement.

Mais, en formulant cette opinion, nous avons ajouté que l'action réelle se changeait alors en action personnelle contre l'armateur; et il reste toujours que, si celui-ci ne peut payer, les matelots sont recevables à s'adresser aux parties qui ont reçu les frets réalisés pendant le voyage.

La Cour impériale de Bordeaux a sans doute été dominée par l'opinion qui, le même jour et dans un autre arrêt, lui faisait déclarer que l'*armateur ne peut se libérer par l'abandon du navire et du fret des appointements dus à l'équipage*. Toutefois, lorsque les circonstances sont telles que les gens de mer ne puissent s'adresser efficacement à l'armateur, nous pensons qu'ils n'en restent pas moins, pendant une année après le voyage fini, créanciers du fret ou des frets qu'ils ont gagnés.

Le titre V, livre II, du Code de commerce, est applicable aux gens de l'équipage non marins.

78. D'après l'article 272 du Code de commerce, toutes les dispositions concernant les loyers, pansement et rachat des matelots, sont communes aux officiers et à tous les autres gens de l'équipage.

Cette énonciation comprend évidemment les subrécargues, chirurgiens, mécaniciens, maîtres d'hôtel et cuisiniers.

CHAPITRE V.

DU CAPITAINE.

Le capitaine congédié sans cause valable, ou cause alléguée, rentre dans l'application de l'article 270 du Code de commerce.

79. Le capitaine est la première personne de l'équipage, et, comme nous venons de le voir, toutes les dispositions concernant les loyers, pansement et rachat des matelots lui sont communes, à moins qu'il ne soit mis en opposition avec eux (dit Valin sur l'article 21, tit. IV, liv. III); et encore (ajoute-t-il) « les décisions portées entre lui et les » matelots servent-elles de règle entre lui et les proprié- » taires du navire. » C'est pour ce motif que le titre qui le concerne dans le Code de commerce ne fait pas mention de ses loyers, car la loi a entendu le traiter de la même manière que les autres gens de l'équipage, toutes les fois que cet intérêt se concilie avec la mission spéciale qu'il tient de l'armateur.

L'armateur peut congédier le capitaine, et il n'y a pas lieu à indemnité s'il n'y a convention contraire par écrit (art. 218 du Code de commerce); cependant «le capitaine » de navire engagé pour un voyage est tenu de l'achever à » peine de tous dépens, dommages-intérêts envers les pro- » priétaires et les affréteurs. » (Art. 238).

Cette situation est assurément rigoureuse, et l'on regrette généralement que l'article 218 ne permette pas de comprendre le capitaine dans l'article 270 du Code de commerce, qui accorde une indemnité au matelot qui justifie qu'il est congédié sans cause valable (1). Nous allons examiner le mérite de cette interprétation, qu'il nous est impossible d'adopter.

Lorsqu'on considère que le capitaine est le dépositaire de la fortune de l'armateur, et que, dans un très-grand nombre de cas, il peut la dissiper impunément, on conçoit tout l'intérêt qui s'attache au droit écrit dans l'article 218 du Code de commerce, et l'on en conclut bientôt que l'armateur ne doit point être tenu de rendre compte des motifs qui le portent à en faire usage; car ces motifs, qui ne pourraient souvent se traduire que par des soupçons ou une simple défiance, doivent cependant suffire à celui qui confie le soin de ses affaires à des mains étrangères.

Le droit qui appartient à l'armateur de congédier le capitaine auquel il a donné le commandement de son bâtiment est d'ailleurs si bien compris que les tribunaux n'ont pas hésité à déclarer « qu'il est *d'ordre public;* que toute » stipulation par laquelle l'armateur y renoncerait serait, » dans certains cas, causer la ruine de l'armement, en » même temps que compromettre le sort de l'équipage et » des passagers; que forcer l'armateur à justifier des motifs » de la révocation serait entraîner des procès et des lenteurs » dont les conséquences pourraient être irréparables, etc.

(1) La position que fait au capitaine l'article 238 du Code de commerce, en présence de l'article 218, est encore aggravée par l'article 81 du décret-loi du 24 mars 1852, ainsi conçu : « Tout capitaine, maître ou patron qui, » hors le cas d'un danger quelconque, rompt son engagement et abandonne » son navire avant d'avoir été dûment remplacé, est puni, si le navire se » trouvait en sûreté dans un port, d'un emprisonnement de six mois à deux » ans; si le navire était en rade foraine, la peine d'emprisonnement sera d'un » an au moins et de trois ans au plus.

» Dans l'un et l'autre cas, le coupable peut en outre être privé de commander pendant un an au moins et trois ans au plus. »

(Arrêt de la Cour impériale de Rouen, du 20 janvier 1844).

Mais lorsque l'armateur s'abstient de donner les motifs du congédiement, ne serait-il pas équitable que son silence s'achetât, sur la demande du capitaine, par l'application de l'article 270 du Code ? Telle est la question que nous nous proposons de résoudre.

Le capitaine n'est pas un mandataire ordinaire. Sa mission tient à la fois des fonctions publiques, du mandat et du louage de services ;

Des fonctions publiques, en ce qu'il est magistrat à son bord, chargé de la répression des actes d'indiscipline et de l'instruction des crimes et délits ; qu'il remplit les fonctions d'officier de l'état civil, et même celles de notaire (articles 59, 86 et 988 du Code Napoléon) ; enfin, en ce qu'il doit posséder les vertus militaires, non seulement pour faire face au danger, mais encore pour commander à ses hommes et veiller à leur conservation,

Du mandat, en ce qu'il est chargé des intérêts des armateurs et chargeurs, et qu'il agit à leur lieu et place ;

Du louage de services, en ce que la direction et la manœuvre du bâtiment sont le résultat de connaissances spéciales qu'il ne peut mettre à la disposition de l'armateur sans rétribution particulière.

Dès lors, on conçoit qu'un homme qui remplit des fonctions aussi importantes ne peut être renvoyé comme un simple mandataire, et que le capitaine, une fois dépouillé de son mandat, n'en a pas moins droit à la considération qui s'attache à sa qualité, et aux avantages accordés aux gens de mer en général.

Locré, sur l'article 218, s'exprimait en ces termes :

» La Commission donnée au capitaine n'est pas un louage
» d'industrie, car l'article 1779 du Code Napoléon ne la

» comprend pas dans les trois espèces de louage de cette » nature qu'il énonce; *c'est un simple mandat que l'arti-» cle* 1986 *du même Code autorise*. Or, d'après l'article » 2003, tout mandat finit par la révocation du mandataire » *sans que le mandant soit obligé de faire juger ses mo-» tifs.* »

Assurément le capitaine n'est pas compris dans l'énonciation de l'article 1779, et cette remarque de Locré vient à l'appui de ce que nous avons dit à ce sujet (n° 12). Mais il n'y figure pas parce que ses engagements, comme ceux des matelots, ont fait l'objet de dispositions spéciales de la loi (tit. V, liv. II du Code de commerce); et c'est par conséquent à tort que Locré refuse de reconnaître à la commission du capitaine le caractère de la location de services.

Pardessus a d'ailleurs fait justice de cette opinion en disant (n° 626) : « que les engagements du capitaine sont » une combinaison des contrats de mandat et de louage de » services. »

D'un autre côté, nous avons admis sans réserve que l'armateur ne devait pas être assujetti à faire connaître les motifs pour lesquels il révoque le capitaine préposé à la conduite de son bâtiment. Mais s'ensuit-il que sa commission ne soit, comme l'a pensé Locré, qu'un simple mandat donné aux termes de l'article 1986 du même Code? Assurément, non, car la qualité de mandataire n'est qu'accidentelle et momentanée, et le mandat est ordinairement gratuit, aux termes de cet article; tandis que celle de capitaine est une profession rétribuée et toujours censée l'être. (Ordonnance du 10 mai 1841) (1).

(1) Article 6. Si un capitaine ou maître propriétaire de navires commande en personne son bâtiment, la prestation à verser par lui à la caisse des invalides sera établie sur le taux de la solde moyenne accordée aux naviga-

Le choix d'un mandataire n'est au surplus circonscrit par aucun règlement; *tandis que la loi a tracé le cercle assez étroit dans lequel le capitaine peut être choisi*, ainsi que le faisait remarquer le ministre de la justice en présentant à la Chambre des pairs l'exposé des motifs de la loi du 14 juin 1841, qui a modifié l'ancien article 216.

De tout ce qui précède il résulte donc qu'il y a dans les fonctions de capitaine autre chose que la qualité de mandataire, et que, rentrant dans la catégorie des matelots pour tout ce qui se rattache à la conduite et à la manœuvre du bâtiment, il devrait, comme marin, être assimilé à ces derniers. Admettons cependant qu'on ne puisse lui reconnaître d'autre caractère que celui de mandataire, il n'en aurait pas moins droit à être dédommagé en cas de congédiement sans cause valable; car, aux termes de l'article 2000 du Code Napoléon, « le mandant indemnise le mandataire des » pertes que celui-ci a essuyées à l'occasion de sa gestion » sans imprudence qui lui soit imputable », et l'on doit incontestablement considérer comme *pertes essuyées à l'occasion de sa gestion, sans imprudence qui lui soit imputable*, le congé que reçoit le capitaine, loin de chez lui, en cours de voyage, sur une terre étrangère, du moment que l'armateur s'abstient de justifier des motifs qui le portent à prendre à son égard une mesure aussi rigoureuse. Il y a même lieu de remarquer que Locré se trouve encore en défaut et en contradiction avec lui-même en invoquant l'ar-

teurs qui exerceront, pour la même place de commerce, des commandements analogues.

Article 7. Cette règle sera également suivie dans le cas où un capitaine, ou tout autre marin de l'équipage, aurait fait avec l'armateur des arrangements particuliers ayant pour résultat de lui tenir lieu, en tout ou en partie, de sa solde fixe.

ticle 2003 à l'appui de l'opinion que l'armateur peut congédier le capitaine sans être obligé de faire juger des motifs; car si, dans certains cas, le mandataire peut demander des dommages-intérêts à son mandant, il doit appartenir aux tribunaux d'apprécier les causes de la révocation à la suite de laquelle cette demande est formée.

Ainsi ce n'est pas dans le droit commun qu'il faut chercher l'interprétation de l'article 218 du Code de commerce, mais dans la loi spéciale elle-même, et c'est à cet examen que nous allons nous livrer.

Boulay-Paty, partageant la manière de voir de Locré, pense que le capitaine n'est pas en droit de récriminer du moment que la loi l'autorise à faire avec l'armateur une convention en vertu de laquelle il pourra réclamer une indemnité en cas de congédiement. Mais comment le capitaine pourrait-il en s'engageant demander une semblable clause? Comment supposer qu'un capitaine qui sollicite un commandement commencera par poser cette condition, qui ferait déjà concevoir de lui une mauvaise opinion, que s'il est congédié il aura droit à une indemnité? Si la première démarche venait de l'armateur, il pourrait en être ainsi; mais le nombre des capitaines s'est tellement accru (1) que, loin

(1) Il serait bien à désirer que le nombre des capitaines pût être restreint comme l'est celui des pilotes et de certaines autres professions, car si l'on n'y prend garde, il finira par s'accroître outre mesure à leur propre détriment et à celui de l'inscription maritime, qui s'appauvrit de toutes les nominations nouvelles.

Pour atteindre ce résultat, il suffirait d'arriver progressivement à réduire le nombre des capitaines au long cours au double du nombre des navires affectés à cette navigation, et celui des maîtres au cabotage au chiffre des navires à commander augmenté de moitié.

On rehausse aujourd'hui toutes les professions, et il en est qui, ne pouvant rivaliser d'importance avec celle de capitaine d'un bâtiment de comde faire des conditions, ils sont obligés, pour se procurer des commandements, d'accepter toutes celles qui leur sont imposées.

Mais revenons au texte de l'article 218.

Nous avons vu qu'aux termes de l'article 272 du Code de commerce, toutes les dispositions concernant les loyers de l'équipage sont communes au capitaine ; que les décisions portées entre lui et les matelots servent de règle entre lui et les armateurs, sauf les cas (ajoute Valin sur l'article 21) où il est mis précisément en opposition avec les gens de l'équipage.

La question est ainsi ramenée à examiner si l'article 218, portant que l'armateur peut congédier le capitaine et qu'il n'y a pas lieu à indemnité s'il n'y a convention par écrit, est en opposition avec l'article 270, portant que le matelot

merce, sont cependant d'un accès beaucoup plus difficile. En rendant plus rigoureuses les conditions de nomination, on ne remédierait pas seulement aux deux inconvénients qui viennent d'être signalés, mais le commerce maritime trouverait, sans doute, dans les meilleures garanties que lui offriraient les capitaines, des raisons de se développer encore et d'augmenter ainsi la puissance de nos forces navales.

Aux termes de l'ordonnance du 17 janvier 1846 (art. 40), le capitaine, indépendamment du brevet, soit de capitaine au long cours, soit de maître au cabotage, devrait justifier qu'il possède les connaissances nécessaires pour diriger la marche d'un bâtiment à vapeur et surveiller les opérations du mécanicien.

Malgré l'extension que prend tous les jours la marine à vapeur, cette disposition n'a pas encore été exécutée, et cela est d'autant plus regrettable, que la police du personnel de la machine échappe complètement au capitaine, qui, d'un autre côté, loin de surveiller les opérations du mécanicien, subit, au contraire, l'influence de ce dernier.

En élargissant le cercle des connaissances exigées des capitaines, on devrait donc commencer par remplir la lacune laissée par l'inexécution de l'article 40 de l'ordonnance du 17 janvier 1846.

qui justifie qu'il est congédié sans cause valable a droit à une indemnité.

Nous ne le pensons pas, car l'indemnité dont il est question dans l'article 218 serait plutôt une indemnité générale que le capitaine aurait pu se croire autorisé à demander à l'armateur, en cas de congédiement, que l'indemnité spéciale dont il est question dans l'article 270; et ce qui le prouve, c'est que l'article 208 l'autorise, lorsqu'il y a adjudication du navire, à se pourvoir en dédommagement contre qui de droit.

Ce dédommagement ne pourrait être, en effet, l'indemnité dont il est question dans les articles 252 et 257 du Code de commerce, puisque, aux termes de l'article 272, ces articles sont applicables aux capitaines comme aux matelots. Or, s'il s'agit, dans l'article 208, d'une indemnité différente de celle qui est accordée aux gens de mer, il y a lieu d'en conclure que celle dont il est question dans l'article 218 rentre dans la même catégorie, et que cet article ne porte aucune atteinte à l'assimilation du capitaine à ses matelots, lorsqu'il est congédié sans cause valable, ou lorsque l'armateur s'abstient de faire connaître les motifs du congédiement.

Sous l'empire de l'ordonnance de 1681, Valin (sur l'article 4, tit. VIII, liv. II) « n'admettait pas que le congé » n'emportât aucuns dommages au profit du maître, s'il » était congédié sans cause valable, sous prétexte que » l'article ne disait pas qu'il lui en serait dû, » et terminait ainsi son commentaire sur l'article : « Mais il reste toujours que, sans cause raisonnable de congé, les dommages-intérêts sont dus; cela a toujours été jugé en ce » siége (La Rochelle) tout autant de fois que la question » s'est présentée. »

Il est vrai que cet article 4 ne disait pas qu'il n'y aurait pas lieu à indemnité s'il n'y avait convention par écrit. Mais, comme il n'est pas supposable que le Code ait voulu rendre la condition du capitaine plus désavantageuse que ne l'avait faite l'ordonnance de 1681, il faut conclure, en définitive, de toute cette dissertation :

1° Que le capitaine peut demander les motifs de son congédiement et obtenir, le cas échéant, l'indemnité prévue par l'article 270 du Code de commerce ;

2° Que l'armateur n'est point tenu de faire connaître les motifs de sa décision ; mais que, dans ce cas, son abstention équivaut au congé donné sans cause valable et ouvre au capitaine les mêmes droits que dans le cas précédent.

Quoi qu'il en soit, c'est aux tribunaux de commerce qu'il appartient de juger les difficultés de ce genre, et il suffit à l'autorité maritime ou consulaire d'une réquisition adressée par l'armateur ou son fondé de pouvoir, en vertu de l'article 218, pour que le débarquement soit effectué.

Cas où le capitaine ne peut être congédié sans que l'armateur déduise ses motifs.

80. Il est cependant un cas où le capitaine ne pourrait être congédié sans que l'armateur fît connaître ses motifs, c'est lorsque celui-ci n'aurait pas un officier du même grade à présenter en remplacement du capitaine congédié. Dans ce cas, il y aurait une question de police de navigation qui ne trouverait pas de solution dans le Code de commerce, et l'autorité maritime, loin de se contenter d'un congé pur et simple, ne devrait, au contraire, consentir au débarquement que si les motifs allégués lui paraissaient suffisants, en ayant soin de motiver sa décision sur le rôle d'équipage.

Aux termes de l'article 42 de l'ordonnance du 29 octobre 1833 sur les consulats, lorsqu'il y a lieu, en pays étranger, au remplacement du capitaine, pour cause de maladie ou autre, le consul, sur la requête qui lui est présenté par le consignataire ou par l'équipage, et après avoir pri tous les renseignements propres à l'éclairer, approuve o rejette la requête par une ordonnance signifiée tant au capitaine remplacé qu'au demandeur.

Autant que possible, il ne doit admettre que des capitaines brevetés pour la navigation qu'il s'agit d'entreprendre.

Enfin, la Cour de Cassation a décidé (arrêt du moi d'avril 1852) que le droit de congédier le capitaine n'appartenait qu'au propriétaire et non pas à l'affréteur.

Chirurgiens et Subrécargues.

81. L'ordonnance du mois d'août 1681 s'occupait spécialement de l'*aumônier*, de l'*écrivain*, du *pilote hauturie* et du *chirurgien*.

Il n'est plus embarqué d'aumôniers sur les bâtiments d commerce; le pilote hauturier et l'écrivain se sont confon dus avec le capitaine; et quant aux chirurgiens, ils ont fa l'objet d'une ordonnance du 4 août 1819, qui règle les con ditions de leur réception et les devoirs qu'ils ont à rem plir.

Le chirurgien est soumis à la police et à la discipline d bâtiment. (Art. 3 du décret-loi du 24 mars 1852). L'article 57 le range au nombre des officiers.

Si l'écrivain a disparu du personnel des bâtiments d commerce, nous avons vu (nº 17) qu'il était embarqué de *subrécargues* ou *gérants*, qui, comme l'indique leur nom sont chargés de tout ce qui concerne la partie commerciale de l'expédition, et qui, également classés parmi les officiers du bâtiment (art. 5 ci-dessus), sont soumis à l'autorité du capitaine en ce qui touche la police et la discipline.

Il est désirable que ces fontions soient défendues aux marins proprement dits, non seulement parce qu'elles sont un moyen d'usurpation de commandement, mais encore parce que, mis en présence du capitaine, un subrécargue marin ne peut jamais s'empêcher de pénétrer dans la partie nautique de l'expédition, ce qui donne lieu à des difficultés sans nombre qui en compromettent le succès et nuisent aux intérêts de l'équipage.

CHAPITRE VI.

CONSIDÉRATIONS SUR LES DIVERSES ESPÈCES D'ENGAGEMENT.

SECTION Ire. — ENGAGEMENTS A SALAIRES FIXES.

Engagement au mois.

82. L'engagement au mois est celui qui satisfait le mieux tous les intérêts, en ce que les matelots ainsi engagés ne sont payés qu'en raison de la durée de leurs services; en ce que leur salaire n'étant subordonné à aucune chance de perte ou de gain, ils ne sont pas exposés à perdre le fruit de leurs travaux; et surtout en ce qu'il est le plus favorable à la discipline, les gens de mer ne pouvant exercer, lorsqu'ils sont ainsi rétribués, le droit de censure qu'il est bien difficile de leur interdire dans les engagements à profits éventuels. Il serait donc désirable que tous les engagements fussent stipulés au mois; mais il y a des expéditions qui, telles que la pêche maritime et le transport des marchandises de port à port, exigent que l'équipage soit le plus directement possible intéressé à leur succès, afin qu'il y consacre des soins et une activité qui seuls peuvent les rendre fructueuses, et il importe dès lors de ne porter aucune atteinte à l'usage, qui s'est perpétué jusqu'à nos jours, de stipuler, pour certains armements, des conditions par suite desquelles le matelot ne puisse demander ses loyers qu'aux profits réalisés pendant la navigation.

L'engagement au mois est plus particulièrement usité

dans la navigation au long cours et dans la navigation au grand cabotage (1). Il a été expliqué (n° 58, aux notes) que les salaires des gens de mer engagés au mois se décomptent par mois de trente jours jusques et y compris le jour du débarquement.

Nous avons vu (n° 32) que la circulaire du 22 novembre 1827 autorise les gens de mer à contracter des engagements pour une ou plusieurs années, abstraction faite de l'époque du désarmement; toutefois nous avons fait remar-

(1) On entend par navigation au long cours celle qui se fait au-delà des limites ci-après déterminées :

Au sud, le 30e degré de latitude nord;

Au nord, le 72e degré de latitude nord;

A l'ouest, le 15e degré de longitude du méridien de Paris;

A l'est, le 44e degré de longitude du méridien de Paris.

(Art. 377 du Code de commerce, modifié par la loi du 14 juin 1854).

Ainsi, tous les voyages effectués en dedans de ces limites appartiennent au cabotage.

La distinction entre le *grand* et le *petit cabotage* est à peu près effacée depuis que les maîtres au petit cabotage, compris sous le terme générique de *maîtres au cabotage*, ont été admis à commander, concurremment avec les capitaines au long cours, des bâtiments armés pour le grand cabotage. (Ordonnance du 25 novembre 1827). Toutefois, elle se remarque encore dans l'article 220 du Code de commerce; et s'il était nécessaire de l'établir d'une manière exacte, voici les documents qu'il faudrait consulter :

Règlement du 23 janvier 1727;

Ordonnance du 18 octobre 1740;

Arrêté du 14 ventôse an XI;

Ordonnance du 12 février 1815;

Circulaire du 25 octobre 1827. (*Annales maritimes de* 1828, page 610);

Circulaire du 20 novembre 1827. (*Idem*, page 653).

On appelle, en douane, *petit cabotage*, la navigation qui se fait par bâtiments français entre les ports de la même mer (en Europe, bien entendu), et *grand cabotage*, les voyages des bâtiments français d'un port de la Méditerranée à un port de l'Océan, et réciproquement.

Cette définition convient à la matière que nous traitons.

quer dans le numéro suivant que, nonobstant cet engagement, les matelots ne peuvent invoquer les lois spéciales qui les régissent que pour le temps pendant lequel ils ont figuré sur un rôle d'équipage, de même que le capitaine ou l'armateur ne peut invoquer non plus la répression exceptionnelle de leurs délits que pour des faits accomplis pendant cette période.

Si l'on voulait énumérer tous les inconvénients que présente ce mode d'engagement, il faudrait reprendre tous les cas que nous avons examinés au chapitre III; mais la remarque précédente y suffit, et nous ne croyons même pas avoir besoin de parler des regrets et du dégoût qu'il jette dans l'âme du matelot, généralement inconstant, pour démontrer qu'il ne peut produire aucun bon résultat.

L'engagement le plus rationnel et qui concilie le mieux tous les intérêts est celui par lequel les gens de mer s'engagent à suivre le navire jusqu'à son désarmement; car il résulte des explications que nous avons données n° 12 que si les matelots ne sont pas au service des personnes, ils sont au service du navire et lui doivent tous leurs soins jusqu'à la fin de leur engagement, laquelle, à défaut de convention contraire, est marquée par le désarmement; et quant aux armateurs, ils ne paraissent avoir aucun avantage à conserver leurs équipages au-delà de cette époque, du moment que leur navire est en France et qu'ils ont la possibilité de les reconstituer. Il leur est d'ailleurs facultatif de stipuler à l'armement que, nonobstant le désarmement administratif dans le premier port de retour, l'équipage n'en sera pas moins tenu de conduire le navire jusqu'à son port d'attache. (Circulaire du 8 juin 1863).

Il importe de fixer, au moment de l'engagement, le jour où les matelots devront rallier le bord.

83. Dans l'engagement au mois, les salaires ne courent ordinairement que du jour où le navire franchit les passes ;

Ou bien, s'il s'agit d'un port situé sur un fleuve ou une rivière, à compter du jour où le bâtiment démarre d'un point déterminé.

Enfin, lorsque le bâtiment doit séjourner en rade ou en rivière, les salaires sont souvent réduits de moitié pendant ce séjour.

Ces stipulations donnent lieu à de nombreux inconvénients que nous allons énumérer.

Nous ne parlerons pour le moment que des deux premiers cas.

La meilleure condition de ce genre serait sans doute celle qui tiendrait compte des loyers à partir de l'inscription sur le rôle d'équipage. Cependant si, à l'époque de cette inscription, on fixait le jour où les gens de mer devraient se rendre à bord de leur bâtiment, ils pourraient faire leurs dispositions en conséquence et l'on obtiendrait à peu près le même résultat. Mais que se passe-t-il dans nos deux cas ? Le jour du départ étant indéterminé, les matelots se retirent, les uns dans leurs familles, où les retiennent leurs affections, les autres au cabaret, où les appellent leurs penchants ; et comme ce jour est subordonné aux vents, à la marée, à une infinité de circonstances imprévues, il devient excessivement difficile de les réunir en temps voulu. Ajoutons aussi que pendant ce temps les gens qui ne sont pas retenus chez eux par leurs familles, consomment leurs avances en dépenses superflues ou dangereuses, qu'ils engagent même leurs effets, et que le succès de l'expédition peut être, par suite, sérieusement compromis. Il arrive encore, lorsque le délai se prolonge et que les matelots, après avoir dépensé leurs avances ne trouvent plus de crédit, que l'autorité maritime est obligée de mettre l'armateur dans l'alternative, ou de voir ordonner le débarquement de ses hommes, ou de les payer et nourrir à compter du jour où ils demandent à se rendre à bord. Dans les circonstances où le départ du navire est différé outre mesure, il ne serait pas juste, en effet, que les gens de mer perdissent leur temps à attendre, quand ils auraient pu trouver un engagement avantageux à bord d'un autre bâtiment.

Nous avons cherché à pénétrer l'origine de l'usage, presque général en France, de ne faire compter les gages que du jour où le bâtiment fait route pour sa destination, bien que l'inscription sur le rôle d'équipage ait eu lieu plusieurs jours avant. Cet usage paraît tenir, d'un côté, au caractère exceptionnel du matelot, qui le porte à se livrer, au moment de quitter le port, à toutes les jouissances dont il sera privé à la mer ; de l'autre, à ce que, sur le point de se séparer de sa famille, il veut lui consacrer tous les instants de son séjour en France.

Nous ne prétendons pas contester un état de choses que personne ne nie ; mais comme il a dû se manifester à une époque où la discipline des gens de mer embarqués sur les bâtiments du commerce était à peu près nulle, nous pensons que le décret disciplinaire et pénal du 24 mars 1852 permet de le déraciner d'autant plus facilement qu'un navire en armement a toujours besoin d'hommes de journée dont l'équipage ferait l'office, et que les armateurs ont tout intérêt à s'associer à cette entreprise.

Il est d'ailleurs très-désirable, à un autre point de vue,

que l'on puisse atteindre ce but. Nous voulons parler des poursuites dont sont l'objet les gens de mer qui n'arrivent pas à bord en temps utile, et dont il paraît rigoureux de leur faire supporter les conséquences dans les cas où le jour du départ est resté indéterminé. Il faut remarquer aussi que, tombant sous l'application de la loi du 24 mars 1852, à dater de leur inscription sur le rôle d'équipage (art. 3), un sentiment de justice voudrait qu'ils ne pussent être poursuivis et punis que pour des faits accomplis pendant la période pour laquelle leurs salaires leur seraient comptés.

Enfin l'état de choses actuel offre encore l'inconvénient de laisser des lacunes dans la tenue des matricules, par suite de la nécessité où l'on se trouve d'attendre le retour du bâtiment pour connaître le jour où le navire a fait route et à partir duquel les matelots, ayant commencé à gagner leurs salaires, sont dès lors admis à faire compter leurs services.

L'ordonnance du mois d'août 1681 (liv. II, tit. VII, article 1er) portait :

« Les matelots seront tenus de se rendre, aux jours et » lieux assignés, pour charger les vivres, équiper le navire » et faire voile. »

Que ne revient-on à l'exécution de cette mesure si sage de tous points? Et si elle trouvait une exécution facile dans les lois pénales de l'ordonnance, tombées avec les amirautés, pourquoi n'en serait-il pas de même sous l'empire du décret-loi du 24 mars 1852, qui a rétabli la discipline dans la marine marchande? S'il se rencontre des réfractaires, ils seront punis sévèrement, soit par des peines disciplinaires, soit par des retenues sur leur solde pour frais de remplacement ; mais au moins ceux-là seuls seront atteints, tandis qu'aujourd'hui le meilleur sujet est exposé à manquer le départ de son bâtiment, et perd toujours un temps précieux à guetter le moment où il devra se rendre à bord.

Nous sommes donc amené à émettre ici le vœu qu'une instruction ministérielle prescrive de revenir à l'exécution de l'article 1er, tit. VII, liv. II de l'ordonnance de 1681, qui n'a été abrogé par aucun acte postérieur, et recommande de faire une mention spéciale sur les rôles d'équipage du jour et du lieu où les gens de mer seront tenus d'être à bord. Au moyen de cette mesure :

On appliquera sans hésitation le décret disciplinaire et pénal aux marins qui n'auront pas rejoint leur bâtiment à l'époque fixée, puisque, à partir de cette époque, ils seront payés et nourris, et soumis par conséquent à la même police et à la même discipline que si le navire était en mer ;

Le matelot, retenu à bord par son service, aura moins d'occasions de dissiper ses avances en dépenses inutiles, et saura mieux les employer au soulagement de sa famille ou à l'achat des vêtements dont il doit toujours être abondamment pourvu ;

Il ne supportera plus les conséquences du retard que pourrait éprouver l'expédition du bâtiment pour des causes indépendantes de sa volonté ;

L'équipage étant toujours à bord, on ne perdra plus un temps précieux à le rassembler, et le navire pourra à tout instant faire voile pour sa destination ;

Les matricules ne présenteront plus de lacunes ;

Enfin, si cette mesure occasionne aux armateurs quelques frais de plus en loyers et nourriture, ces frais seront largement compensés par les avantages de toute nature qu'ils trouveront dans son adoption.

En ce qui touche la stipulation qui ne fait courir les loyers, en rivière ou en rade, que pour moitié jusqu'au jour de la mise en mer, nous pensons que c'est une économie mal entendue et qu'on obtient plus de dévouement des matelots en les traitant généreusement qu'en marchandant leurs services.

Avances données au départ.

84. Il nous reste à parler de la facilité avec laquelle les matelots dissipent les avances qui leur sont données lorsqu'ils contractent un engagement. Les auteurs ne se sont point expliqués sur l'origine de ces avances qui sont communes à toutes les espèces d'engagement et même à tous les pays ; mais il est évident qu'elles sont destinées tant à subvenir aux premiers besoins des familles des marins pendant leur absence qu'à procurer à ces derniers les moyens de se pourvoir des vêtements nécessaires pour entreprendre le voyage. Sans cesse exposés, tantôt aux coups de mer, tantôt aux intempéries des régions qu'ils traversent ; travaillant la nuit comme le jour, en plein air, au haut des mâts et toujours sur l'eau, les matelots ont, en effet, d'autant plus besoin d'être bien vêtus que, d'un autre côté, l'exercice de leur profession exige des frottements qui usent promptement leurs effets. Les avances sont donc nécessaires, et il importe dès lors qu'elles ne soient pas détournées de leur destination.

On ne doit pas craindre que celui qui les réserve à sa famille s'embarque sans être convenablement habillé ; sa femme, ses sœurs ou ses filles ne le laisseront pas partir sans que son sac soit en bon état.

Nous n'avons donc à nous occuper que du matelot qui n'ayant pas d'obligations à remplir envers sa famille, ou étant assez déchu pour les négliger, s'embarque demi-nu au risque de compromettre, avec sa santé, le succès de l'expédition pour laquelle il a loué ses services.

Déjà une instruction ministérielle du 25 octobre 1850 (*Bulletin officiel*, page 114, 1er semestre 1851) détermine la composition du sac des marins embarqués sur les bâtiments expédiés pour les côtes occidentales d'Afrique.

Le plus sûr moyen d'obliger les matelots à employer leurs avances à l'achat des vêtements dont ils ont besoin serait donc de généraliser cette mesure; et voici comme elle nous paraîtrait devoir être formulée :

1° Les commissaires de l'inscription maritime ne porteront les gens de mer sur les rôles d'équipage qu'après que le capitaine aura examiné leurs sacs et se sera montré satisfait de leur composition.

2° Lorsque les sacs seront insuffisants, les capitaines recevront l'autorisation de prélever sur les avances le prix des objets non représentés et en feront eux-mêmes l'achat pour ne les délivrer que le jour de la mise en mer.

3° Afin de mettre à couvert la responsabilité des capitaines, une commission composée comme le tribunal maritime commercial, sera chargée d'adjuger annuellement, en séance publique et sur soumissions cachetées, ces sortes de fournitures, dont les prix seront constamment affichés au bureau de l'inscription maritime.

Il paraît inutile de faire remarquer qu'une mesure de ce genre, en contraignant les matelots à donner à leurs avances la destination pour laquelle ils les reçoivent, aurait encore le mérite d'abaisser le prix de leurs vêtements, car la fourniture dont il s'agit serait certainement recherchée.

Nous avons vu que l'ordonnance du 1er novembre 1745 autorise les commissaires de l'inscription maritime à donner privilége sur la solde des gens de mer pour fourniture de hardes et de subsistances, et loyers de maisons. Rien ne s'oppose à ce qu'ils usent de ce droit en faveur des marins sans emploi et privés de ressources, en limitant leurs apostilles au prix de la journée de nourriture et de logement. Mais lorsque ces apostilles sont sollicitées pour des hommes qui ont notoirement dépensé leur argent en débauches pendant leur séjour à terre, elles ne seraient pas seulement, si elles étaient accordées, un encouragement à l'immoralité : elles auraient encore pour résultat fâcheux de compromettre la sûreté de la navigation, en ce qu'elles absorberaient, avec les avances, les gains de la campagne, et porteraient le matelot au dégoût, sinon à la désertion.

Il importe de rappeler, au surplus, que les apostilles faites en faveur d'aubergistes et de fournisseurs ne peuvent avoir aucune suite en cas de désertion, parce qu'alors le marin est censé n'avoir rien gagné, puisque la moitié de sa solde est abandonnée à l'armateur à titre d'indemnité, et que l'autre moitié est dévolue à la caisse des invalides. On conçoit, en effet, que, s'il en était autrement, le déserteur échapperait à la peine que la loi a voulu lui infliger ; et lorsque des apostilles de ce genre sont demandées, il ne faut pas oublier de prévenir les parties qu'on ne leur donne qu'une garantie éventuelle, toujours subordonnée à la désertion du débiteur. (Circulaire du 12 octobre 1835).

Lorsque les commissaires de l'inscription maritime ont des raisons pour ne pas accorder aux aubergistes les apostilles qu'ils réclament, ceux-ci cherchent souvent à obtenir des capitaines le payement de la dette en refusant de livrer les effets des marins qui l'ont contractée. Mais cet abus est facile à réprimer, puisque, aux termes de l'article 231 du Code de commerce, les gens de mer ne peuvent être arrêtés pour dettes civiles lorsque le navire est prêt à fai voile, et qu'on les arrêterait par le fait en retenant leu vêtements, sans lesquels ils ne peuvent entreprendre campagne. Si cependant les magistrats pensaient qu'on pourrait, sans forcer le sens de l'article 231, contraind les aubergistes à se dessaisir des effets de leurs débiteurs il suffirait, pour réprimer l'abus, de prescrire aux agen subalternes de la marine d'inviter les matelots arrivants ne point se loger dans l'auberge qui se serait signalée p une telle pratique, et l'on verrait bientôt les hôteliers renoncer. Ce moyen nous a personnellement réussi.

En Angleterre, il est défendu en principe aux hôtelie de retenir les effets des marins ; et lorsque le fait se produ malgré cette défense, le détenteur, en cas de fraude ou d demande exagérée, est tenu de rendre les effets, et do en outre être condamné à une amende n'excédant pas di livres sterling. Ces affaires sont portées devant le juge d paix et réputées matières sommaires (1).

Frais de remplacement.

85. Lorsque les matelots descendent à terre sans auto

(1) Nor shall it be lawful for any keeper of a public house, or of a lodgir house for seamen, to detain any chest, tools, or other property of ar seaman for any debt alleged to have been contracted by him ; and in case such detention of the chest, tools, or other property of a seaman, it shall l lawful for any justice of the peace at or near the place, upon complai upon oath to be made by or on his behalf, to inquire into the matter upo oath in a summary way ; and, if it shall appear to such justice that the alle ged claim is fraudulent, or that the debt was not fairlay incurred to the fu amount of the claim, by warrant under his hand and seal to cause suc effects to be seized and delivered over to such seaman ; and the person s detaining the same shall forfeit and pay a sum not exceeding ten pounds, a the discretion of such justice.

risation, qu'ils ne rentrent pas à l'heure indiquée, ou qu'ils manquent à leur travail pour un motif quelconque, les capitaines se croient autorisés à prendre des hommes à leur place et réclament ensuite des apostilles pour les sommes qu'ils ont payées à titre de frais de remplacement. Il convient de faire remarquer ici que ce droit de remplacement leur appartient d'autant moins qu'il pourrait même être contesté au commissaire. Toutefois, comme, aux termes de l'article 59 du décret-loi du 24 mars 1852, les marins qui, pendant la durée de la peine de la prison, de la boucle ou du cachot, prononcée en matière de discipline, sont remplacés dans leur service, supportent, au moyen d'une retenue sur leurs gages, les frais de ce remplacement, nous pensons par analogie que le matelot qui manque à son service doit supporter, s'il est remplacé, les frais de son remplacement; mais qu'il appartient à l'autorité maritime d'en apprécier l'opportunité, afin que ces sortes de peines ne soient pas prononcées légèrement, ou en fraude des droits des marins.

Engagement au voyage.

86. L'engagement au voyage doit toujours être bien déterminé, puisque c'est de sa durée probable que dépend la quotité du salaire. Il s'applique principalement :

Aux marins qui ne louent leurs services que pour une traversée;

A ceux qui s'engagent pour la pêche de la morue *à la côte de Terre-Neuve*, et qui, sauf un intérêt peu important dans la pêche, ne reçoivent qu'une somme fixe pour le voyage ;

Enfin, aux mousses et novices qui, sous le nom de *graviers*, sont engagés dans les ports de Manche pour être employés, soit à la côte de Terre-Neuve, soit aux îles Saint-Pierre et Miquelon, aux travaux que nécessite la préparation de la morue.

En ce qui touche ces *graviers*, et principalement ceux qui se rendent aux îles Saint-Pierre et Miquelon, nous ferons remarquer que leurs salaires sont insuffisants ; car ils ne reçoivent guère, en moyenne, plus de 80 fr. (1) pour une campagne qui dure depuis le 1er mars jusqu'au mois de novembre ou décembre, c'est-à-dire près de dix mois, pendant lesquels ils sont assujettis à un travail pénible dans un pays où le froid, la neige, les pluies et les brumes exigent de bons vêtements dont il leur est impossible de se pourvoir avec de pareils loyers, ou bien entassés pêle-mêle sur les bâtiments à bord desquels ils effectuent leurs traversées d'aller et de retour. Il y en a même qui ne reçoivent pas une rétribution égale à la prime d'armement (50 fr.) que l'État accorde à l'armateur en faveur de chaque individu employé en cette qualité (2) ; et une telle situation nous suggère encore une autre remarque importante au point de vue de la législation des primes, c'est que, pour se procurer des jeunes gens aussi peu rétribués, il faut nécessairement s'adresser à des sujets débiles ou

(1) Les chiffres ci-après ont été relevés sur les rôles d'équipage d'un même bâtiment pour les années 1855 et 1856 :

13 individus âgés de 13 à 16 ans, recevant de 50 à 90 fr. pour la campagne, soit une moyenne de 73 fr.

18 individus de 16 à 18 ans, recevant de 60 à 100 fr., moyenne, 75 fr.

23 individus de 18 à 20 ans, recevant de 70 à 110 fr., moyenne, 83 fr.

17 individus au-dessus de 20 ans, recevant de 60 à 110 fr., moyenne, 91 fr.

A Bordeaux et à Bayonne, les *graviers* sont engagés à raison de 20 fr. par mois.

(2) On sait que la prime sur les produits est de 20 fr. par quintal métrique de morue.

ayant des infirmités, et que dès lors le but de cette législation, qui est de former des marins propres au service de la flotte, se trouve complètement manqué (1).

Comme il s'agirait plutôt ici de généraliser une augmentation de salaires, dont il est difficile que chaque armateur prenne l'initiative en particulier, que d'imposer aux riches armements pour la pêche de la morue un surcroît de frais qui sera à peine remarqué, c'est surtout aux Chambres de commerce qu'il appartient d'améliorer cet état de choses, en obtenant que les salaires des *graviers* soient élevés de manière à ce qu'ils puissent être pourvus de vêtements qui les garantissent mieux de la rigueur du climat. Quant à nous, une telle mesure nous paraîtrait au moins aussi utile que l'embarquement de chirurgiens et de coffres de médiments, car on préviendrait par là beaucoup de maladies inhérentes aux intempéries des parages où se pratique la pêche de la morue.

SECTION II. — ENGAGEMENTS A PROFITS ÉVENTUELS.

Les engagements à profits éventuels se contractent :

1° Pour la pêche de la morue, dans les mers d'Islande, sur le Dogger-Banc, sur le grand banc de Terre-Neuve, sur les bancs adjacents et dans le golfe Saint-Laurent;

2° Pour la pêche de la baleine et du cachalot, qui se pratique dans les deux Océan, mais principalement au Kamschatka;

3° Pour la pêche du corail;

4° Pour la pêche maritime côtière;

(1) Quels hommes de dix-huit à vingt ans et au-dessus peut-on avoir pour un salaire de 60 à 70 fr. rétribuant le travail de dix mois !

5° Pour la navigation au petit cabotage, dans laquelle l'engagement est ordinairement stipulé à la part du fret.

Les trois premières expéditions sont rangées dans la catégorie des *grandes pêches;* la quatrième est communément appelée *petite pêche.*

Grandes pêches.

87. Un volume entier ne suffirait pas pour exposer et expliquer toutes les conventions auxquelles donnent lieu la pêche de la baleine et celle de la morue, surtout cette dernière; car ces conventions varient selon les ports d'armement, et deviennent tellement compliquées que nous avons sous les yeux un exemplaire imprimé de celles qui se souscrivent à Granville, renfermant trente articles, sans parler des additions que l'on fait toujours sur les imprimés de ce genre.

Si nous avons reconnu tout d'abord, au commencement de ce chapitre, que la pêche maritime exige que l'équipage soit engagé à la part, afin qu'il ait un intérêt direct au succès de l'expédition, nous n'admettons pas cependant qu'on puisse restreindre les limites dans lesquelles ce but peut être atteint. Il n'est pas besoin de trente articles, en effet, pour déterminer la part qu'il convient d'accorder aux gens de mer dans les armements pour la pêche maritime, soit qu'ils la reçoivent en nature, soit qu'on les intéresse à la vente des produits; et l'on doit craindre, en compliquant ainsi les conventions, ou qu'ils ne les comprennent pas, ou qu'il ne s'y glisse des clauses sujettes à discussion.

Trois principes sont à observer dans les conventions de ce genre :

1° Elles doivent être stipulées de manière à ce que le

matelot, dans la proportion de son intérêt, n'ait pas plus de charges à supporter que l'armateur, c'est-à-dire qu'il soit exempt de toute coopération à des frais étrangers à l'association.

2° Elles ne doivent renfermer aucune clause contraire aux actes déclarés d'ordre public, ou considérés comme des avantages spécialement accordés à la population maritime, et dont l'intérêt général exige qu'elle ne soit pas privée.

3° Toutes les clauses doivent s'interpréter les unes par les autres, et ne pas s'écarter de la nature du contrat. (Art. 1161 du Code Napoléon).

Les stipulations faites en dehors de ces principes seraient inutiles ou dangereuses, et il appartiendrait à l'administration de la marine, chargée de veiller aux intérêts des gens de mer, de mettre en œuvre les moyens dont elle dispose pour amener les parties à y renoncer.

Petite pêche.

88. La petite pêche, surnommée l'*agriculture de la mer*, et pour laquelle les engagements sont aussi stipulés à la part, est celle qui se pratique sur les côtes de France ou des colonies françaises, au moyen de bateaux qui sortent du port et y rentrent tous les jours. On comprend aussi sous cette dénomination la pêche du hareng, qui se pratique dans la Manche et sur les côtes d'Angleterre et d'Écosse.

Les produits de la petite pêche sont aussi variés que les productions de la mer : harengs, maquereaux, merlans, sardines, anchois, thons, raies, soles, chevrettes, homards, huitres, moules, algues; tout ce qui se tire de la mer est du domaine de la petite pêche. Aussi cette industrie occupe-t-elle plus de 30,000 marins et prendra-t-elle encore plus d'extension lorsque la nouvelle réglementation à laquelle elle a été assujettie aura triomphé de la routine et de l'esprit réfractaire des pêcheurs.

Appliquées à des embarcations qui généralement regagnent le port tous les jours et qui, dans un grand nombre de cas, ne sont montées que de deux ou trois hommes, les règles de l'engagement des gens de mer subissent nécessairement des modifications et ne peuvent même souvent être exécutées. Ainsi, les articles 262 et 265 du Code de commerce (voy. nos 57 et 58), en vertu desquels le matelot tombé malade ou décédé pendant le voyage a droit à sa part comme s'il était resté à bord jusqu'à la fin de l'engagement, c'est-à-dire jusqu'au désarmement du rôle d'équipage, et qui sont d'une exécution facile dans les grandes pêches, ne peuvent pas toujours être observées pour la petite pêche. A la vérité, la loi ne distingue pas; mais pourrait-on se conformer sans regret à ses prescriptions, lorsqu'on ne parviendrait à accorder aux pêcheurs malades ou décédés le bénéfice des articles 262 et 265 qu'en amoindrissant un gain à peine suffisant pour la subsistance des familles du propriétaire et de l'équipage des embarcations qu'ils montaient, surtout lorsque cet équipage ne serait composé que de deux ou trois hommes? Assurément, non. Et c'est à des sociétés de secours mutuels qu'il faut demander l'exécution de ces articles.

Déjà les prud'hommies de la Méditerranée y ont pourvu depuis longtemps : au moyen d'une rétribution annuelle subordonnée à l'importance de la pêche, leurs caisses sont en mesure de secourir toutes les infortunes qui se manifestent parmi les pêcheurs. Depuis l'avènement de l'Empereur, il a été créé, sous le nom de sociétés de secours mutuels, des établissements qui remplissent le même but, et nous croyons devoir donner ici, comme spécimen, les statuts de celle de Notre-Dame-d'Arcachon, en exprimant le vœu qu'il en soit établi de semblables dans tous les quartiers maritimes.

CHAPITRE PREMIER.

CONSTITUTION DE LA SOCIÉTÉ, SON BUT, SA COMPOSITION.

Art. 1er. — Il est formé une société de secours mutuels entre les marins compris dans la circonscription maritime du quartier de La Teste.

Art. 2. — Cette société prendra pour nom : *Société de Notre-Dame-d'Arcachon;* elle est placée sous le haut patronage de Sa Majesté l'Impératrice des Français.

Art. 3. — Elle a pour but :

1° De subvenir aux premiers besoins des épouses, enfants, pères, mères, frères ou sœurs, orphelins et mineurs des marins morts à la mer ;

2° De donner des secours aux marins qui, par suite de divers accidents de mer, se trouvent dans une position nécessiteuse;

3° De procurer les soins du médecin et les médicaments aux marins qui auraient contracté des infirmités à la mer.

Art. 4. — Elle assure aussi les soins du médecin et les médicaments, ainsi que les secours nécessaires aux familles des marins qui sont au service de l'État, lorsque ces familles sont dans une indigence notoire.

Art. 5. — La société se compose de membres participants et de membres honoraires.

Art. 6. — Les membres participants sont tous les marins inscrits au quartier de La Teste, qui en font la demande au commissaire de l'inscription maritime; ils prennent part aux avantages de l'association.

Art. 7. — Les membres honoraires sont ceux qui, moyennant

une cotisation dont le montant est fixé par l'article 13 ci après, contribuent à la prospérité de l'établissement.

Les membres de cette catégorie sont admis après la première formation, par le bureau, sur leur simple déclaration.

Art. 8. — Les membres honoraires ne participent point aux avantages de la société.

CHAPITRE DEUXIÈME.

ADMINISTRATION.

Art. 9. — L'administration est confiée à un bureau composé comme suit :

Un président,
Un vice-président,
Un secrétaire,
Un trésorier,
Cinq administrateurs.

Le président est nommé par l'Empereur. Les autres membres du bureau sont élus par l'assemblée générale et peuvent être pris parmi tous les membres de la société indistinctement.

Art. 10. — Le président surveille et assure l'exécution des statuts; il adresse chaque année, à l'autorité compétente, le compte-rendu exigé par l'article 20 du décret du 26 mars 1852 sur les sociétés de secours mutuels.

Le secrétaire est chargé de la rédaction des procès-verbaux, de la correspondance et de la conservation des archives.

Le trésorier fait les recettes et effectue les paiements sur un mandat visé par le président ou le membre du bureau délégué à cet effet.

Art. 11. — Le bureau se réunit chaque fois qu'il est convoqué par le président.

CHAPITRE TROISIÈME.

DES OBLIGATIONS ENVERS LA SOCIÉTÉ.

Art. 12. — La cotisation des membres participants est fixée ainsi qu'il suit :

Pour chaque officier-marinier, matelot, novice et mousse, ci. . . . . F. 3 par an.

Pour chaque maître au cabotage. . . . . 5 —

Pour chaque capitaine au long cours. . . . . . 10 —

Art. 13. — Les membres honoraires paieront une souscription annuelle dont le montant est laissé à leur volonté, mais dont le minimum est fixé à 5 francs.

Toutes ces cotisations et souscriptions sont versées d'avance, au mois de janvier de chaque année, entre les mains du trésorier.

Le versement de la première année sera effectué aussitôt après l'approbation, par qui de droit, des présents statuts.

Art. 14. — Les marins qui toucheront eux-mêmes des décomptes de solde du service de l'État, à la caisse des gens de mer à La Teste, seront invités à verser dans la caisse de secours mutuels deux pour cent du montant de ces décomptes.

Si ce prélèvement s'élève à 3 fr., le marin aura droit aux secours de la société pendant une année, sans préjudice de son entrée dans la société comme membre participant.

CHAPITRE QUATRIÈME.

DES OBLIGATIONS DE LA SOCIÉTÉ ENVERS LES MEMBRES.

Art. 15. — Les secours accordés aux membres participants ou à leurs familles seront donnés en nature et consisteront en denrées alimentaires, chauffage, vêtements et ustensiles de pêche.

Dans certains cas, et exceptionnellement, les secours pourront être donnés en espèce : tels sont les cas de mort ou de pertes.

Art. 16. — Dans le cas de maladie, les soins du médecin et

les médicaments sont donnés au participant, ou à sa famille, lorsqu'il est dans l'indigence.

Art. 17. — Les médecins seront choisis par le bureau dans les divers syndicats du quartier ; leurs honoraires seront payés par abonnement.

Le bureau prend des arrangements avec un ou plusieurs pharmaciens pour la fourniture des médicaments.

Art. 18. — Il ne sera délivré de médicaments pour le compte de la société que contre remise d'un bon revêtu de la signature du médecin.

Art. 19. — Aucun secours n'est dû pour les maladies causées par la débauche ou l'intempérance, ni pour les blessures reçues dans une rixe, lorsqu'il est prouvé que le sociétaire est l'agresseur, ni pour les blessures reçues dans les troubles publics où il aurait pris une part volontaire.

Art. 20. — En cas de décès, les membres participants indigents seront inhumés aux frais de la société.

Art. 21. — Tous les ans, un service funèbre sera célébré par les sociétaires défunts. Le bureau et tous les membres assisteront à cette cérémonie religieuse, qui aura lieu dans la chapelle d'Arcachon.

CHAPITRE CINQUIÈME.

FONDS SOCIAL ET PLACEMENTS DE FONDS.

Art. 22. — Le fonds social se compose :

1° Des versements des membres participants ;

2° De ceux des membres honoraires ;

3° Des subventions accordées par l'État, le département ou les communes ;

4° Et des dons et des legs particuliers.

Art. 23. — Lorsque l'encaisse de la société excèdera deux mille francs, le surplus sera déposé à la Caisse d'épargnes de Bordeaux, par les soins du trésorier.

Art. 24. — Toute modification aux présents statuts devra

être soumise d'abord au bureau, qui jugera s'il y a lieu d'y donner suite.

Aucune modification ne pourra être admise qu'à la majorité des suffrages des membres présents à l'assemblée générale, et devra être approuvée par le Gouvernement.

Par décret impérial du 17 février 1855, le commissaire de l'inscription maritime du quartier de La Teste a été nommé président de cette société.

Engagement à la part du fret.

89. La part dévolue aux équipages, dans cette espèce d'engagement, varie suivant les localités. Tantôt l'armateur se borne à fournir le navire et ne se charge d'aucune dépense, pas même de leur nourriture, tantôt il les nourrit et ne se charge pas des autres frais du voyage; enfin, tantôt il prend à sa charge toutes les dépenses et frais quelconques de la navigation, et l'on conçoit dès lors que la portion attribuée à l'équipage dans le fret soit subordonnée à toutes ces stipulations.

Tout ce qui vient d'être dit des conventions pour les grandes pêches s'applique donc à l'engagement à la part du fret, et ces conventions doivent être établies d'après les mêmes principes, Nous nous bornerons seulement à faire remarquer qu'il est interdit à tout membre de l'équipage d'embarquer des marchandises sans en payer le fret, et que, suivant l'avis d'Émérigon, le capitaine doit rapporter à la société tout ce qu'il reçoit par suite d'une stipulation, et tous les présents un peu considérables qui lui sont faits. Ces présents ne lui sont offerts, en effet, qu'en vertu de son titre de capitaine, et ce titre ne peut lui valoir d'autres priviléges que ceux qui résultent des conventions inscrites au rôle d'équipage.

On appelle *navigation au tonneau* l'engagement par suite duquel, en prenant un chiffre constant pour le tonnage du bâtiment et divisant le fret brut par ce chiffre, on accorde un certain nombre de tonneaux de fret, ou fractions de tonneau, à chaque membre de l'équipage, suivant sa capacité.

C'est le mode d'engagement à la part du fret le mieux imaginé, car, sans cesser d'intéresser les matelots au succès du voyage, il est exempt de toutes ces stipulations dont la complication, l'ambiguité ou la mauvaise rédaction peuvent donner lieu à des difficultés qui toujours portent atteinte à la discipline et compromettent souvent l'opération commerciale elle-même. On ne saurait donc trop s'attacher à le faire prévaloir dans tous les cas.

Course maritime.

90. La course et les armements en guerre et marchandises étaient, en temps de guerre maritime, le théâtre où s'exerçait l'industrie de l'armateur, comme celle du marin qui n'était pas commandé pour le service des bâtiments de la flotte. Mais la course est aujourd'hui abolie, et nous croyons devoir reproduire ici les actes qui ont apporté cette modification profonde au droit maritime.

« NAPOLÉON,

» Par la grâce de Dieu et la volonté nationale, Empereur » des Français,

» A tous présents et à venir, salut ;

» Ayant vu et examiné la déclaration conclue, le 16 » avril 1856, par les plénipotentiaires qui ont signé le » traité de paix de Paris, du 30 mars de la même année,

» Déclaration dont la teneur suit :

DÉCLARATION.

» Les plénipotentiaires qui ont signé le traité de Paris, » du 30 mars 1856, réunis en conférence,

» Considérant :

» Que le droit maritime, en temps de guerre, a été » pendant longtemps l'objet de contestations regrettables;

» Que l'incertitude du droit et des devoirs en pareille » matière donne lieu, entre les neutres et les belligérants, » à des divergences d'opinion qui peuvent faire naître des » difficultés sérieuses et même des conflits;

» Qu'il y a avantage, par conséquent, à établir une doc- » trine uniforme sur un point aussi important;

» Que les plénipotentiaires, assemblés au congrès de » Paris, ne sauraient mieux répondre aux intentions dont » leurs gouvernements sont animés, qu'en cherchant à in- » troduire dans les rapports internationaux des principes » fixés à cet égard;

» Dûment autorisés, les susdits plénipotentiaires sont » convenus de se concerter sur les moyens d'atteindre ce » but, et étant tombés d'accord, ont arrêté la déclaration » solennelle ci-après :

» 1° La course est et demeure abolie;

» 2° Le pavillon neutre couvre la marchandise ennemie, » à l'exception de la contrebande de guerre;

» 3° La marchandise neutre, à l'exception de la contre- » bande de guerre, n'est pas saisissable sous pavillon en- » nemi;

» 4° Les blocus, pour être obligatoires, doivent être » effectifs, c'est-à-dire maintenus par une force suffisante » pour interdire réellement l'accès du littoral de l'ennemi.

» Les gouvernements des plénipotentiaires soussignés

» s'engagent à porter cette déclaration à la connaissance
» des États qui n'ont pas été appelés à participer au congrès
» de Paris et à les inviter à y accéder.

» Convaincus que les maximes qu'ils viennent de pro-
» clamer ne sauraient être accueillies qu'avec gratitude par
» le monde entier, les plénipotentiaires soussignés ne dou-
» tent pas que les efforts de leurs gouvernements pour en
» généraliser l'adoption, ne soient couronnés d'un plein
» succès.

» La présente déclaration n'est et ne sera obligatoire
» qu'entre les puissances qui y ont ou qui y auront accédé.

» Fait à Paris, le 16 avril 1856. »

(Suivent toutes les signatures des plénipotentiaires).

« Sur le rapport de notre ministre et secrétaire d'État
» au département des affaires étrangères,

» Nous avons décrété et décrétons ce qui suit :

» Art. 1er. La susdite déclaration est approuvée et rece-
» vra sa pleine et entière exécution.

» Art. 2. Notre ministre et secrétaire d'État au dépar-
» tement des affaires étrangères est chargé de l'exécution
» du présent décret.

» Fait à Paris, le 28 avril 1856.

» NAPOLÉON. »

Passager gagnant son passage.

91. Il arrive quelquefois que des matelots, désirant se rendre dans un port quelconque, obtiennent du capitaine ou de l'armateur leur passage gratuit, à la condition qu'ils travailleront à bord du bâtiment : c'est ce qu'on appelle des *passagers gagnant leur passage*. Ce mode d'embarquement ayant l'inconvénient de faire perdre à ces passagers-

marins un temps de navigation qui doit leur être compté, puisqu'ils ne cessent pas, dans ce cas, d'exercer leur profession, nous ferons remarquer qu'on peut y obvier en stipulant qu'ils supporteront, pendant la durée de la traversée, la même retenue en faveur de la caisse des invalides que les autres matelots, ce qui permet d'admettre cette navigation dans les états de service et de faire bénéficier la caisse d'une prestation qui lui appartient, car la concession du passage, dans notre exemple, devient une véritable rétribution sur laquelle elle doit exercer ses droits.

Épaves trouvées en mer.

92. Lorsqu'un sauvetage est effectué en pleine mer et qu'il y a lieu d'accorder le tiers du produit aux sauveteurs, aux termes des règlements, quels sont les droits de l'équipage à cette indemnité ?

Valin (sur l'art. 27, tit. IX, liv. IV) pensait que le partage de ce tiers devait être fait entre le propriétaire du bâtiment sauveteur et l'équipage, comme en matière de prises, c'est-à-dire que celui-ci n'avait droit qu'au tiers de l'indemnité de sauvetage. Toutefois il paraît que cette opinion n'était pas universellement admise, car il cite lui-même (Additions, — 2e vol., page 806) une sentence de règlement de l'amirauté de Paris, en date du 4 janvier 1760, qui avait adjugé en entier à l'équipage du *Duc de Chaulnes* le tiers de la valeur du navire le *Samuel*, trouvé abandonné en pleine mer, sans accorder autre chose au propriétaire du bâtiment sauveteur, sur ce tiers, qu'une faible indemnité de 379 livres, d'une part, pour frais de secours et de sauvetage, et de 120 livres, de l'autre, pour les gages et la nourriture de l'équipage pendant cinq jours employés à mettre en sûreté le navire qui avait été trouvé abandonné.

Aujourd'hui, la course étant abolie, les actes qui la régissaient sont virtuellement abrogés, et il n'y a plus dès lors à chercher d'analogie dans ce qui se pratiquait à l'égard des prises faites par des bâtiments appartenant à des particuliers, d'autant plus que si la sentence du 4 janvier 1760 paraît avoir méconnu les droits des armateurs, qui fournissent les instruments indispensables à ces sortes d'opérations, et en éprouvent toujours un préjudice plus ou moins considérable, il ne paraît pas moins rigoureux de n'accorder que le tiers de l'indemnité à ceux qui ont *trouvé* l'objet et qui, souvent au péril de leur vie, en ont effectué le sauvetage.

Celui qui trouve un trésor sur le fonds d'autrui a droit à la moitié de ce trésor, aux termes de l'article 716 du Code Napoléon, par le fait seul de *l'invention*. Cette analogie, en l'absence d'un texte formel, est assurément bien mieux appropriée aux épaves trouvées en mer que celle dont Valin s'est servi; car si l'armateur peut invoquer en sa faveur la considération que, sans son bâtiment, le sauvetage n'aurait pu être opéré, le propriétaire du fonds sur lequel est trouvé le trésor pourrait faire, dans le même sens, un raisonnement qui lui serait encore plus favorable.

Nous pensons en conséquence que les épaves trouvées en mer appartiennent pour moitié à l'armateur du bâtiment sauveteur, et pour l'autre moitié à l'équipage de ce bâtiment. Quant à la répartition à faire entre les membres de cet équipage, elle ne paraît pas pouvoir être établie autrement qu'au *prorata* des salaires ou parts attribuées à chacun d'eux.

Ces sortes d'affaires, en vertu de la législation sur les

naufrages, rentrent dans les attributions des commissaires de l'inscription maritime ; mais, en cas de désaccord, tant sur la portion revenant à l'équipage que sur les bases de la répartition, elles devraient être portées devant les tribunaux de commerce, qui connaissent (art. 633) de toutes les matières concernant l'engagement des gens de mer.

Actes auxquels il est interdit de déroger par des conventions particulières.

93. Nous terminerons ces considérations par quelques réflexions sur le décret-loi du 4 mars 1852.

Ce décret porte :

» Article 1er. Sont considérées comme dispositions *d'or-* » *dre public*, auxquelles il est interdit de déroger par des » conventions particulières, les prescriptions des actes ci- » dessous indiqués, savoir :

» Articles 262, 265 et 270 du Code de commerce ;

» Ordonnance du 1er novembre 1745 ;

» Article 37 de celle du 17 juillet 1816 ;

» Articles 1, 5 et 8 de l'arrêté du 5 germinal an XII, et » 252, § 5, du Code de commerce ;

» §§ 2 et 3 de l'article 3 de l'ordonnance du 9 octobre 1837.

» Toutefois, le bénéfice des articles 262 et 263 du Code » de commerce n'est point acquis à tout marin délaissé à » compter du jour où il embarque avec salaires sur un » autre navire.

» Les dispositions de l'ordonnance du 1er novembre 1745 » seront appliquées à tout marin faisant partie de l'équipage » d'un navire du commerce.

» Article 2. Les ordonnances, règlements et arrêts du » conseil concernant la marine, antérieurs à 1789, et aux-

» quels il n'a point été dérogé, seront appliqués sans qu'il » soit nécessaire d'administrer la preuve de leur enregis- » trement. La production, par le ministre de la marine, le » cas échéant, d'une copie authentique de l'un de ces actes, » suffira pour en assurer la validité. »

Nous avons examiné (n°s 24 et 57) les articles 262 et 263 du Code de commerce relatifs aux loyers et aux frais de traitement et pansement des marins tombés malades ou blessés en cours de voyage; (n° 58) l'article 265, réglant les droits des héritiers des gens de mer décédés; (n° 60) l'article 270 qui accorde une indemnité et des frais de retour au matelot congédié sans cause valable; (n° 35) l'ordonnance du 1er novembre 1745, sur l'insaisissabilité des salaires des marins en général. On a vu (n° 34) que les §§ 2 et 3 de l'article 3 de l'ordonnance du 9 octobre 1837 prescrivent d'exercer une retenue de 3 p. 100, en faveur de la caisse des invalides, sur les décomptes des équipages des bâtiments employés aux grandes pêches; de mentionner sur les rôles d'armement la portion qui leur est attribuée dans les bénéfices éventuels de l'expédition, ainsi que le montant des avances payées; et obligent enfin les armateurs ou consignataires à remettre au bureau de l'inscription maritime, au retour des bâtiments, un compte sommaire des résultats de la campagne, certifié par eux, et faisant connaître ce qui revient à chaque homme.

L'article 37 du règlement du 17 juillet 1816 est ainsi conçu :

« Les parts de prises des marins, comme leurs salaires, » sont insaisissables, sans égard aux réclamations ou oppo- » sitions formées par ceux qui se prétendraient porteurs » d'obligations desdits marins, si ce n'est pour dettes con- » tractées par eux ou par leurs familles, à titre de loyer,

» subsistance et vêtements, et ce, du consentement du com-
» missaire des classes, lequel en aura préalablement fait
» apostille sur les registres et matricules des gens de mer.
» (Arrêté du 9 ventôse an IX, règlement du 2 prairial an XI.»

Enfin, nous examinerons dans le chapitre suivant les articles 1, 5 et 8 de l'arrêté du 5 germinal an XII et le § 5 de l'article 252 du Code de commerce, relatifs à la conduite et au rapatriement des marins dans leurs quartiers.

On avait porté à l'extrême le respect dû à l'article 11, tit. XIV, de l'ordonnance du 31 octobre 1784 (1), laquelle, ainsi que nous l'avons déjà fait remarquer, était imbue des susceptibilités de l'amirauté. Aussi les gens de mer, qui sont sans défense devant ceux qui les emploient lorsque le commissaire de l'inscription maritime s'abstient de faire valoir leurs droits, et qui d'ailleurs ne sont pas moins insouciants de leurs intérêts qu'étrangers à la législation qui les protége, avaient-ils vu peu à peu s'éteindre des avantages accordés par des lois séculaires, et que leur avaient conservés les Codes Napoléon comme un des meilleurs leviers propres à développer la force maritime de la France. Ainsi l'on avait dérogé, par les conventions particulières, aux articles 252, 262, 265 et 270 du Code de commerce, à l'arrêté du 5 germinal an XII, à l'ordonnance du 1er novembre 1745, etc., et l'édifice de l'inscription maritime, créé sous l'inspiration du célèbre Colbert, menaçait

(1) « Ne pourront néanmoins, les commissaires des classes, régler les con-
» ditions des engagements, ni exercer aucune autorité à cet égard, mais ils
» laisseront une entière liberté aux capitaines et gens de mer de faire entre
» eux telles conventions qu'ils jugeront à propos; et en cas de contestations
» sur lesdites conventions ou leur exécution, s'ils ne peuvent accorder les
» parties et les concilier, ils les renverront à se pourvoir, par les voies de
» droit, devant les amirautés. »

de s'écrouler ; car toute force navale repose sur le nombre des matelots dont peut disposer un État, et ce nombre ne peut se maintenir ou s'élever que par la concession de privilèges spéciaux qui compensent les dangers et les fatigues sans cesse renaissants dans la vie de l'homme de mer.

Il était réservé au règne glorieux de l'Empereur de rendre à la population maritime ses lois protectrices, et le décret du 4 mars 1852 y a pourvu. Les dispositions qui y sont énumérées ne doivent donc faire l'objet d'aucune convention particulière sur les rôles d'équipage, ni dans les actes d'engagement qui y sont annexés ; et il importe même de remarquer que, dans l'esprit de ce décret, ce ne sont pas seulement les règlements qu'il rappelle auxquels il ne doit point être dérogé, mais tous ceux qui ont été édictés dans le même but, c'est-à-dire comme contre-poids du régime de l'inscription maritime.

Telle a été la pensée du législateur, qui, en dissipant par l'article 2 les doutes qui auraient pu s'élever au sujet de l'enregistrement des actes antérieurs à 1789, et en faisant résulter cet enregistrement de la production par le ministre de la marine d'une copie authentique de ces actes, a suffisamment manifesté son intention de les faire exécuter.

L'Angleterre, longtemps insouciante pour ses marins, reconnait depuis quelques années qu'ils ont besoin d'une protection particulière et impose à son commerce maritime, afin d'obtenir ce résultat, des obligations et des formalités dont on peut se former une idée par la lecture du *Merchant Seamen's Act*, et qui sont bien plus onéreuses encore que celles auxquelles le commerce français est assujetti. Si nous ne la suivons pas dans cette voie, soyons du moins sévères observateurs de nos lois, qui paraissent suffire à toutes les nécessités. Les armateurs sont d'ailleurs d'autant plus intéressés à leur exécution qu'ils ont pu reconnaître, en voyant leurs armements arrêtés par suite des exigences de la guerre, combien il importe d'attacher le marin à la rude profession qu'il a choisie, afin que le service de la flotte puisse être assuré sans entraver leurs expéditions.

CHAPITRE VII.

DE LA CONDUITE ET DU RAPATRIEMENT

Origine de la conduite payée aux marins.

94. L'ordonnance du 15 avril 1689 portait (art. 21, titre Ier, liv. VIII) :

« Au retour des voyages, les capitaines, maîtres et patrons » viendront au bureau des classes pour représenter leurs » équipages et faire la déclaration de ceux qui seront morts, » qui les auront abandonnés ou qu'ils auront laissés dans » quelque port du royaume ou des pays étrangers, à peine » de 300 livres d'amende. » Et l'article 27 ajoutait à ces prescriptions « la défense, sous peine de 500 livres d'a- » mende, et de plus grande peine le cas échéant, de lais- » ser et congédier aucun matelot dans les pays étrangers. »

Cette obligation de représenter les équipages au bureau des classes, au retour des bâtiments, écrite au point de vue du service des classes dans le titre de l'ordonnance de 1689 relatif *à la levée et à l'enrôlement des matelots*, avait déjà été imposée sous une autre forme par celle de 1681, dont les articles 3 et 10, tit. IV, liv. III, accordaient des frais de retour aux gens de mer débarqués en cours de navigation pour cause de rupture de voyage ou de congédiement sans cause valable.

Ainsi cette dernière ordonnance, dans l'intérêt du commerce maritime dont les armements réclament dans les ports tous les marins débarqués, de même que dans l'intérêt de ces marins que l'on ne pouvait abandonner sans ressources loin de leurs pays ; l'ordonnance de 1689, dans l'intérêt du service de la flotte, assurait le retour des gens de mer dans leurs quartiers.

De là s'est établi l'usage de leur payer une conduite pour se rendre chez eux lorsqu'ils étaient débarqués ailleurs que dans le port auquel ils appartenaient ; ce qui résulte clairement du texte de l'ordonnance du 1er août 1743, et surtout des considérants de cette ordonnance, où il est dit :

« S. M. étant informée qu'à l'occasion des gens de mer » des équipages des bâtiments marchands qui sont congé- » diés dans d'autres ports que ceux où les bâtiments ont » été armés, il arrive de fréquentes contestations pour rai- » son des frais de conduite qu'ils prétendent pour retour- » ner chez eux ; attendu qu'il n'a pas été suffisamment » pourvu par les ordonnances à diverses circonstances qui » forment des difficultés sur ces prétentions ; et S. M. vou- » lant fixer à cet égard *le droit* des gens de mer, etc. etc. »

Dans tous les cas où l'ordonnance du 1er août 1743 accordait la conduite aux marins débarqués des bâtiments du commerce, c'était donc *leur droit* qu'elle avait fixé ; et ce droit a d'ailleurs été encore plus formellement établi, comme on l'a vu dans le numéro précédent, par le décret-loi du 4 mars 1852, qui a déclaré que les articles 1, 5 et 8 de l'arrêté du 5 germinal an XII, copiés avec quelques légères additions sur l'ordonnance de 1743, et le § 5 de l'article 252 du Code de commerce, sont des dispositions d'ordre public auxquelles il est interdit de déroger.

Nous avons donné (n° 48) le texte de l'article 252 du Code de commerce, dont le 5e § consacre le droit à la conduite des marins débarqués en cours de voyage par suite de rupture imputable aux armateurs, capitaines et affréteurs. Il est nécessaire de reproduire ici *in extenso* l'arrêté du 5 germinal an XII.

» ARRÊTÉ RELATIF A LA CONDUITE ACCORDÉE AUX GENS DE MER NAVI-
» GUANT POUR LE COMMERCE »

» Paris, le 5 germinal an XII.

» Art. 1er. Les gens de mer naviguant pour le commerce » auront droit à une conduite pour se rendre dans leurs » quartiers, s'ils sont congédiés par les armateurs, capitai- » nes, maîtres ou patrons, dans les pays étrangers ou dans » les ports de la République autres que ceux où les navires » auront été armés, soit pour raison du désarmement des- » dits navires, soit pour d'autres causes non procédant du » fait ni de la volonté desdits marins.

» 2. La conduite sera pareillement payée auxdits gens » de mer qui seront débarqués pendant le cours des voya- » ges, par ordre des commissaires des relations commer- » ciales et autres agents établis par le gouvernement dans » les pays étrangers, ou des officiers d'administration pré- » posés à l'inscription maritime dans les ports de la Répu- » blique, pour faire cesser les troubles que leur présence » aurait occasionnés ou pourrait faire naître dans les navi- » res, ou pour d'autres causes particulières qui auraient fait » juger ce débarquement absolument nécessaire.

» Suivant les motifs qui y auront donné lieu et dont il » devra être fait mention sur le rôle d'équipage, l'ordre de » débarquement statuera si la conduite sera déduite sur les » gages des marins, ou si elle sera payée en sus au compte » des armateurs et chargeurs.

» Art. 3. Les capitaines, maîtres ou patrons qui laisse- » ront dans les hôpitaux des gens de mer qui auront été » débarqués malades, seront tenus de pourvoir aux frais » des maladies contractées pendant le voyage, et à la dé- » pense nécessaire pour mettre lesdits gens de mer en état

» de se rendre dans leurs foyers, ou pour fournir, en cas » de mort, à leur sépulture ; ils déposeront, pour cet effet, » une somme suffisante, ou donneront une caution solvable » qui fera sa soumission au bureau de l'inscription mari- » time ou dans la chancellerie des commissaires des rela- » tions commerciales, de satisfaire auxdites charges.

» Art. 4. Lorsque les gens de mer, congédiés dans les » pays étrangers ou dans les ports de la République, pour- » ront être renvoyés par mer dans leurs quartiers, ils devront » être expédiés de préférence par cette voie, et elle devra » toujours être employée autant qu'il sera possible ; il ne » leur sera point payé de conduite, s'ils peuvent gagner » des salaires dans les navires où ils seront embarqués ; » mais s'ils y sont reçus seulement comme passagers, les » capitaines des navires d'où ils auront été débarqués se- » ront tenus de payer les frais de leur subsistance et de » leur passage, au prix dont ils conviendront avec les ca- » pitaines qui les recevront.

» Art. 5. Si les navires sur lesquels passeront lesdits » gens de mer ne reviennent point dans les ports de l'ar- » mement des bâtiments d'où ils auront été débarqués, » mais seulement dans les ports qui en seront à portée, les- » dits gens de mer recevront, indépendamment des frais » de leur passage par mer, la conduite nécessaire pour se » rendre dans leurs foyers, à proportion du chemin qu'ils » auront à faire par terre, depuis le lieu où ils devront être » débarqués, conformément à ce qui est fixé par l'arti- » cle 8 ci-après.

» Art. 6. Les officiers d'administration préposés à l'in- » scription maritime, et les commissaires des relations com- » merciales dans les pays étrangers, tiendront exactement » la main à l'exécution des dispositions portées par les arti-

» cles précédents, concernant le renvoi des marins par mer, » et feront mention, sur les rôles d'équipage des bâtiments » sur lesquels ils passeront, des conditions de leur embar- » quement.

» Art. 7. En cas de naufrage des navires, le produit des » débris, agrès et apparaux, et le fret sur les marchandises » sauvées, étant spécialement affectés aux gages des équi- » pages et aux frais de leur retour, les officiers-mariniers, » matelots et autres gens de mer seront traités, pour raison » de la conduite dont ils auront besoin pour retourner chez » eux, conformément aux dispositions du présent arrêté, » tant qu'il y aura des fonds provenant desdits navires; ce » qui sera exactement vérifié par les officiers ou fonction- » naires publics qui auront fait procéder au sauvetage et » réglé le compte du produit des effets sauvés.

» Art. 8. La conduite sera réglée à proportion du chemin » que les gens de mer auront à faire, lorsqu'ils seront obli- » gés de se rendre par terre chez eux; et il leur sera payé, » tant pour conduite que pour leur tenir lieu de logement » en route et port de hardes, savoir :

	Par myriamètre ou 2 lieues.	
» Aux capitaines au long cours et au grand ca- » botage.	3f	»c
» Aux capitaines en second, lieutenants, su- » brécargues, chirurgiens et écrivains.	2	»
» Aux maîtres de navire du petit cabotage, et » premiers maîtres dans les navires au long cours.	1	50
» Aux officiers-mariniers, pilotes-côtiers et » maîtres ouvriers.	»	80
» Aux matelots et ouvriers marins.	»	60
» Aux volontaires, novices, mousses, coqs, » surnuméraires.	»	50

» Art. 9. Les officiers-mariniers ou matelots qui demanderont leur congé pendant le cours du voyage, ne pourront l'obtenir, à moins que, d'après les motifs sur lesquels ces demandes seront fondées, les officiers d'administration préposés à l'inscription maritime dans les ports de la République, ou les commissaires et autres agents des relations commerciales en pays étrangers, ne jugent indispensable de l'accorder; mais, dans ce cas, dont il sera fait mention sur le rôle d'équipage, il ne sera point alloué de conduite aux marins qui auront été ainsi congédiés; il pourra seulement leur être payé, à compte des gages qui leur seront dus, une somme suffisante pour se rendre chez eux.

» Art. 10. Tous marins qu'un armateur aura engagés dans un autre quartier que celui du port d'armement de son navire, auront droit à une conduite qui devra être payée suivant le tarif fixé par l'article 8 du présent arrêté, à moins que l'armateur n'ait fait avec les marins, et en les engageant, des conventions qui le dispensent de payer cette conduite.

» Art. 11. Le ministre de la marine et des colonies est chargé de l'exécution du présent arrêté, qui sera inséré au *Bulletin des Lois*. »

Difficultés à résoudre.

93. La teneur de l'article 1er de cet arrêté, dans lequel les expressions « dans leurs quartiers » et « dans les ports » autres que ceux où les navires auront été armés » diffèrent quant aux mots et sont au fond identiques, a donné lieu aux difficultés ci-après :

1° Lorsque les gens de mer sont débarqués, par suite de désarmement ou pour d'autres motifs dont ils ne doivent pas répondre, dans un autre port que celui où les navires ont été armés, la conduite leur est-elle due pour se rendre dans leurs quartiers ou pour se rendre dans le port d'armement du bâtiment?

2° Lorsque le débarquement a lieu dans le port d'armement, que faut-il décider à l'égard des marins qui, ayant été embarqués dans ce port, sont inscrits dans d'autres quartiers?

3° Que faut-il décider, dans le même cas, à l'égard des gens de mer engagés en cours de voyage et qui sont pareillement inscrits dans d'autres quartiers?

4° La conduite peut-elle être due en cas de rupture de voyage, ou de congédiement sans cause valable, avant le départ du bâtiment?

Premier cas.—En remontant à l'origine de la conduite, dont l'objet est de ramener les gens de mer au quartier de leur inscription, qui est aussi le lieu de leur domicile, tant au point de vue de la police de l'inscription maritime que dans l'intérêt de leurs familles, qu'une trop longue absence pourrait leur faire oublier, on en conclut nécessairement que le but du législateur ne peut être atteint qu'en les rapatriant dans leurs quartiers, et non pas dans le port d'armement de leurs bâtiments. Notre article ne présente d'ailleurs, sous ce rapport, aucune équivoque : de même que l'article 16, titre XIV, de l'ordonnance du 31 octobre 1784, ci-après reproduit, il prescrit textuellement de renvoyer dans *leurs quartiers* les marins débarqués des navires marchands, et l'arrêté du 3 septembre 1849, dont on trouvera le texte à la fin de ce chapitre, ne parle également que du retour des gens de mer dans *leurs quartiers*.

Ainsi, l'on voit déjà que, lorsque le marin débarque ailleurs que dans le port d'armement de son bâtiment, ce n'est pas ce port qui doit être pris pour but de la conduite, mais bien son quartier d'inscription.

Quant au texte de l'article 1er de l'arrêté de l'an XII, qui, d'après les explications ci-dessus, attache évidemment le même sens aux expressions *quartiers* et *ports d'armement*, il n'est que la conséquence de la similitude de cet article avec l'article 1er de l'ordonnance du 1er août 1743, laquelle appartenait à une époque où les gens de mer s'embarquaient rarement ailleurs que dans leurs quartiers ; de sorte que l'on peut dire que les mots « dans les ports de la Républi- » que autres que ceux où les navires auront été armés, » ne se trouvent dans notre article que pour tenir lieu de ceux-ci : « dans les ports de la République autres que ceux » où seront situés ces quartiers. »

Deuxième cas. — En considérant que l'arrêté de l'an XII, comme l'ordonnance du 1er août 1743, comme tous les actes qui ont été rendus sur la matière, a eu pour but de faciliter aux gens de mer les moyens de revenir dans leurs quartiers ; que l'article 7, tit. XI, de l'ordonnance du 31 octobre 1784 leur en fait une obligation formelle (1), on trouverait, à l'aide de la remarque qui précède, la solution de cette deuxième question dans l'article 1er de l'arrêté : car les intentions du législateur ne seraient pas remplies si, dans tous les cas, il n'était pas accordé de conduite au matelot inscrit dans un autre quartier que celui de son port de débarquement. Mais cette solution résulte aussi de l'ar-

(1) « Tous ceux qui auront obtenu des permissions de s'absenter de leurs » quartiers, de naviguer sur les bâtiments du commerce, ou de s'embarquer » sur les navires étrangers, seront tenus de rentrer dans lesdits quartiers » à l'expiration du terme porté par ces congés, à moins qu'ils n'aient été re- » tenus par force majeure, ce dont ils justifieront. »

ticle 10, qui, en allouant la conduite aux marins engagé dans un autre quartier que celui du port d'armement, n permet pas de la leur refuser lorsque, réciproquement, il retournent dans leurs quartiers après avoir été débarqué dans le port où ils s'étaient engagés. Et nous n'avons pas craindre de controverse à ce sujet, non seulement parc que telles ont bien été les vues du législateur, mais encor parce que, du moment que nous avons établi que la conduite est due au matelot pour se rendre dans son quartier et non pas au port d'armement du navire à bord duquel i s'était embarqué, elle trouve sa compensation dans les ca nombreux où, le bâtiment désarmant dans un autre por que son port d'armement, le marin appartient au quartie du port de désarmement et ne reçoit, dès lors, comme i sera dit ci-après, aucune conduite, quel que soit le lieu o il ait été engagé. Il y a même lieu de remarquer que si, lorsque les gens de mer se rendent, à l'effet de s'embarquer, dans un autre quartier que celui auquel ils appartiennent, l'article 10 a permis qu'ils pussent, pour ce trajet renoncer à la conduite, et que si le décret-loi du 4 mar 1852 n'a mentionné que les articles 1, 5 et 8 de l'arrêté d l'an XII comme dispositions auxquelles il est interdit de déroger, cette faculté ne s'étend pas à la réciproque, c'est-à-dire au retour du marin dans son quartier d'inscription parce que, dans ce cas, la conduite est *d'ordre public,* l'État ayant tout intérêt à ce que le marin y revienne le plu fréquemment possible.

Ainsi, lorsque les matelots débarqués dans le port où il s'étaient engagés, sont inscrits dans d'autres quartiers, l conduite leur est due pour se rendre dans ces quartiers s'ils y retournent de leur propre mouvement ou s'il y lieu de les y renvoyer.

Troisième cas. — Si l'expression « ports autres que » ceux où les navires auront été armés » doit être remplacée par celle-ci : « ports autres que ceux où seront si- » tués ces quartiers, » dans l'article 1er de l'arrêté du 5 germinal an XII, c'est bien pour le cas qui nous occupe, puisque, prenant cet article à la lettre, on serait amené à refuser la conduite *au matelot inscrit à Dunkerque, embarqué à Calcutta sur un navire qui désarmerait à Marseille, lorsque ce navire aurait été armé dans ce dernier port!*

Nous venons de voir que, pour se rendre compte de l'expression dont il s'agit, il faut se reporter à l'ordonnance du 1er août 1743, et se rappeler que, le plus souvent, à cette époque, les ports d'armement des bâtiments étaient aussi les ports des quartiers d'inscription des équipages, ce qui explique la confusion. (Voy. n° 35). Il est évident, en effet, que, dans l'esprit de l'arrêté, surtout dans notre exemple, l'expression doit être traduite par celle-ci : « dans les ports autres que ceux où les gens de mer seront inscrits. »

Ainsi, toutes les fois que les matelots sont embarqués en cours de voyage, il importe peu, pour qu'ils aient droit à la conduite, qu'ils débarquent ou ne débarquent pas dans le port d'armement du bâtiment. Il suffit qu'ils ne soient pas inscrits dans le port de débarquement; et l'armateur serait d'autant moins fondé à contester cette interprétation, qu'en suivant l'ordre des faits, il devrait les ramener dans le lieu où il les aurait engagés, ce qui lui occasionnerait des dépenses autrement considérables que le rapatriement au quartier d'inscription.

Quatrième cas. — Les articles 252, 257 et 270 du Code de commerce, examinés n°s 48 et 60, ne parlent de la conduite que dans l'hypothèse où la rupture et le congédiement sans cause valable ont lieu en cours de voyage; mais la solution que nous avons donnée pour le second cas permet de réparer cette omission, puisqu'il résulte, tant de l'article 1er que de l'article 10 de l'arrêté de l'an XII, que la conduite est due au marin qui retourne dans son quartier après débarquement dans le port où il s'était embarqué.

Ainsi, même avant le départ du bâtiment, les matelots ont droit à la conduite pour se rendre dans leurs quartiers, lorsqu'en cas de rupture ou de congédiement sans cause valable, ils sont inscrits ailleurs que dans le port d'embarquement.

Questions relatives aux cas où les matelots sont rapatriés par mer, soit comme passagers, soit avec salaires.

96. Il est recommandé, tant par la moderne que par l'ancienne législation (art. 4 de l'arrêté du 5 germinal an XII, art 252 du Code de commerce, et art. 16, tit. XIV, de l'ordonnance du 31 octobre 1784 (1), aux officiers du com-

(1) « Enjoint expressément, S. M., aux commissaires des classes des ports » du royaume et des colonies, ainsi qu'aux consuls et vice-consuls de » France dans les ports étrangers, *de faire rentrer le plus promptement » possible dans leurs quartiers* les gens de mer qui auront été débarqués » des navires marchands, laissés malades dans les hôpitaux, ou qui fai- » saient partie des équipages des navires désarmés ou condamnés, ainsi que » les déserteurs; et ils feront embarquer lesdits gens de mer en remplace- » ment sur les navires marchands qui auront besoin d'hommes, ou qui se- » ront destinés pour les ports des quartiers desdits gens de mer ou les ports » voisins. Ne pourront, les capitaines desdits navires, refuser de recevoir » ceux qui leur seront ainsi donnés par les commissaires et les consuls, les- » quels règleront les salaires desdits matelots, en sorte que, dans aucun » cas, ces salaires ne puissent excéder ceux qu'ils avaient sur les navires » desquels ils auront déserté, ou dont ils auront été débarqués ou congé- » diés, et il en sera fait note sur les rôles d'équipage, S. M. interdisant,

missariat de la marine et aux autorités consulaires, de renvoyer de préférence par la voie de mer les marins qui, par suite des circonstances, doivent être rapatriés par leurs soins, et de les placer, autant que possible, de manière à ce qu'ils gagnent des salaires à bord des navires sur lesquels ils effectuent leur retour. Ces dispositions, dont les capitaines et armateurs peuvent toujours exciper (art 252 du Code de commerce) lorsqu'ils pourvoient eux-mêmes au rapatriement des gens de mer, soulèvent deux nouvelles difficultés :

1° Dans le premier cas, si le matelot peut en même temps être rapatrié par mer et par terre, la voie de mer doit-elle toujours être préférée ; de telle sorte qu'un homme du quartier de Dunkerque qui débarquerait à Cette, par exemple, puisse être placé dans l'alternative ou de perdre sa conduite ou de profiter du passage qui lui est offert?

2° Dans le second cas, si le matelot embarqué avec salaires ne revient pas directement dans son quartier, la conduite à laquelle il aura droit pour s'y rendre sera-t-elle à la charge de l'armateur du bâtiment sur lequel il était primitivement embarqué, ou à celle de l'armateur du navire à bord duquel il s'est engagé pour effectuer son retour?

Premier cas. — En disposant que la voie de mer devrait être préférée pour renvoyer les marins dans leurs quartiers, le législateur n'a pu avoir l'intention de les réduire à l'inaction pendant plus de temps qu'il n'en faudrait pour effectuer leur retour ; et par conséquent la préférence recommandée par l'article 5 de l'arrêté du 5 germinal

» dans ce cas seulement, aux matelots, la liberté de faire des conventions
» avec les capitaines et maîtres, relativement à leurs salaires, et déclarant
» nulles toutes lesdites conventions contraires aux notes du rôle d'équi-
» page. »

an XII est toujours subordonnée à la condition que le trajet par mer ne sera pas présumé devoir durer plus longtemps que le trajet par terre. Toutefois, cette remarque ne s'applique qu'aux voyages à faire dans l'intérieur de la France, et non pas à ceux qui devraient être entrepris sur une terre étrangère ; car il faut des circonstances tout à fait exceptionnelles, et dans lesquelles ne rentre pas le cas que nous examinons, pour qu'un marin français puisse aller à l'étranger sans en avoir obtenu l'autorisation du ministre de la marine.

Deuxième cas. — Ici, la question est décidée par le troisième cas, examiné au n° 95, dans lequel nous avons établi que les matelots engagés en cours de voyage avaient droit à la conduite pour se rendre dans leurs quartiers, même lorsque le navire désarmait dans son port d'armement, et que l'armateur serait d'autant moins fondé à la leur refuser, qu'il pourrait, à la rigueur, être tenu de les ramener au lieu où il les aurait engagés. Le droit des marins à la conduite pour se rendre dans leurs quartiers est, en effet, une suite tacite de leur engagement, qui, en l'absence de toute distinction de la loi, ne peut s'appliquer qu'au bâtiment à bord duquel le matelot se trouve embarqué au moment où son droit est ouvert, et nous n'hésitons pas dès lors à dire que, dans le cas présent, la conduite est à la charge du dernier armateur.

L'article 16, tit. XVI de l'ordonnance du 31 octobre 1784, dont nous venons de reproduire le texte, porte que les gens de mer rapatriés avec salaires sur les bâtiments du commerce, ne doivent pas recevoir une solde plus élevée que celle qu'ils avaient à bord du bâtiment sur lequel ils étaient primitivement embarqués ; mais cette disposition, qui ne se retrouve pas dans l'arrêté du 5 germinal an XII, a été implicitement abrogée par cet arrêté, et c'est à tort que la circulaire aux autorités consulaires, du 31 août 1848, l'a considérée comme étant encore en vigueur. Il faut se rappeler, en effet, que l'ordonnance de 1784 appartient à une époque où le renvoi en France des marins délaissés était toujours une chose difficile, en ce qu'il n'était pas réglé comme il l'a été depuis par l'ordonnance du 12 mai 1836, qui sera ci-après examinée ; et l'on conçoit que, par suite, il était nécessaire de faciliter leur embarquement par la défense de faire des conditions qui auraient été repoussées. Mais il n'en est plus de même aujourd'hui : chaque homme à rapatrier trouve sa place sur les bâtiments qui retournent en France, et dès lors il n'y a plus à se préoccuper d'une disposition qui n'a plus de raison d'être. Pourquoi refuser au marin, déjà maltraité par le naufrage, ou autrement, la faculté d'élever le prix de ses services suivant les circonstances favorables dans lesquelles il peut se trouver ? L'armateur ne profite-t-il pas des circonstances opposées pour les abaisser ?

La conduite n'est due qu'autant que le marin se rend dans son quartier.

97. Il arrive fréquemment qu'un matelot, débarqué avec droit à la conduite, se rembarque dans le port même de débarquement au lieu de se rendre dans son quartier.

Dans ce cas, il est évident que la conduite ne doit pas lui être payée, car elle n'est due, et la loi n'a pu la déclarer d'ordre public, qu'à la condition qu'il se retirerait dans son quartier.

Mais il faut prévoir le cas où, en passant la revue de désarmement, le matelot s'abstiendrait de déclarer que son intention est de se rembarquer sur les lieux ;

Celui où il s'y rembarquerait sans s'être présenté dans son quartier, bien qu'il eût l'intention de s'y rendre en acceptant la conduite;

Enfin, celui où, après avoir reçu la conduite, il s'embarquerait dans un autre port sans avoir paru dans son quartier.

Nous n'hésitons pas à dire que, dans tous ces cas, il doit rembourser la conduite à l'armateur du navire au compte duquel il l'a reçue. Toutefois, en ce qui touche le troisième, il nous paraît nécessaire de distinguer s'il s'est embarqué dans un port plus éloigné de son quartier que le port de débarquement, ou s'il s'est embarqué dans un port plus rapproché, afin d'atténuer le remboursement, dans cette dernière hypothèse, de la somme afférente au trajet qu'il aurait effectué vers son quartier.

Nous ajouterons que, pour suivre exactement ces sortes de remboursements, il est indispensable de mentionner toujours la conduite payée sur les permis ou ordres de retour délivrés aux marins à leur débarquement.

Les frais de retour sont dus aux marins débarqués de gré à gré; les armateurs en répondent, quel que soit le motif du débarquement.

98. D'après l'arrêté du 5 germinal an XII, l'armateur est affranchi du payement des frais de retour des marins dans leurs quartiers :

1° Lorsqu'ils sont débarqués d'office pour des causes dont la responsabilité doit peser sur eux (art. 2);

2° Lorsqu'ils sont débarqués, sur leur demande, avant l'expiration de leur engagement (art. 9);

3° Enfin, lorsqu'il a été stipulé que le trajet à faire de leurs quartiers au port d'armement n'y ouvrirait aucun droit (art. 10).

Que faut-il décider à l'égard des débarquements qui ont lieu sans allégation de motifs, par suite de consentement mutuel du capitaine et du marin, et que nous avons examinés n° 56, sous la dénomination de débarquements de gré à gré ?

L'arrêté du 5 germinal an XII, en consacrant le droit des marins à être rapatriés dans leurs quartiers, n'a apporté à ce droit que les deux exceptions mentionnées dans les articles 2 et 9 ; et, d'un autre côté, en ne leur permettant d'y renoncer que pour le trajet à faire de leurs quartiers aux ports d'armement (art. 10), il a de même restreint à cette seule circonstance le cas où, sans faute qui leur soit imputable, les frais de voyage resteraient à leur charge.

Les matelots débarqués de gré à gré ont donc droit à leur rapatriement aux frais de l'armateur ; et l'autorité chargée de statuer sur leur débarquement ne doit l'accorder qu'autant que le capitaine se soumet à y pourvoir, d'autant plus que, s'il en était autrement, elle prêterait les mains à des transactions qui pourraient avoir pour résultat, soit d'absorber en frais de rapatriement des gages que la loi a voulu conserver intacts aux gens de mer, soit même, dans certaines circonstances, d'en grever le budget de l'État.

Le refus des commissaires et consuls d'adhérer à ce que les frais de rapatriement fussent, dans ce cas, à la charge des matelots, aurait d'ailleurs pour conséquence d'obliger les parties à s'expliquer, ce qui permettrait de décider en pleine connaissance de cause, et de faire rentrer, s'il y avait lieu, le débarquement dans l'une des positions prévues.

Il importe de remarquer encore que les frais de rapatriement, même lorsque la cause du débarquement les laisse à la charge des matelots, telle que la désertion, la maladie non contractée au service du navire, l'incapacité, etc., n'en doivent pas moins être avancés par l'armateur, sauf son recours; ce qui résulte :

1° De l'obligation faite aux capitaines de représenter leurs équipages à leur retour. (Voy. n° 94);

2° De l'article 1384 du Code Napoléon, qui rend les commettants responsables du dommage causé par leurs préposés dans les fonctions auxquelles ils les ont employés.

En cas de naufrage, les frais de rapatriement sont imputés sur le fret et sur le produit des débris du navire, indépendamment de la nature de l'engagement.

99. On avait prétendu que, par suite de l'article 260 du Code de commerce, portant qu'en cas de naufrage les matelots engagés au fret ne sont payés qu'à proportion du fret réalisé, il n'y avait pas lieu d'imputer les frais de retour des gens de mer ainsi engagés sur le produit des débris du bâtiment, et que cet article, lorsqu'il y avait insuffisance du fret, laissait à la charge de l'État les dépenses de rapatriement des marins naufragés.

Une dépêche du ministre de la marine, du 13 octobre 1854, a fait justice de cette opinion en établissant qu'il n'y a sur ce point aucun rapport entre l'article 260 du Code de commerce et l'article 7 de l'arrêté du 5 germinal an XII, qui a spécialement affecté *le produit des débris des bâtiments naufragés et le fret des marchandises sauvées* au rapatriement des équipages, sans aucune distinction entre telle ou telle espèce d'engagement.

La dépêche fait aussi remarquer avec raison que le rapatriement des marins étant d'ordre public et toujours à la charge de l'armateur, sauf recours contre eux dans les exceptions prévues par l'arrêté de l'an XII, cette interprétation se trouve encore raffermie par le décret-loi du 4 mars 1852, que nous avons eu maintes fois occasion de citer dans ce traité.

Ainsi, ce n'est qu'après l'entier épuisement du fret et du produit des débris du navire, aussi bien dans les armements à la part que dans les autres sortes d'engagements, qu'il y a lieu de laisser à la charge du Trésor public les frais d'entretien, de rapatriement et de conduite des équipages des bâtiments naufragés.

L'ordonnance du 12 mai 1836 ne s'applique qu'aux marins provenant de bâtiments naufragés ou déclarés innavigables par suite de force majeure, et aux marins délaissés.

100. En principe, les capitaines et armateurs doivent pourvoir par eux-mêmes au rapatriement et à la conduite des marins débarqués de leurs bâtiments. Toutefois, d'après une ordonnance du 12 mai 1836, dont il importe de reproduire ici le texte, cette obligation incombe, dans certains cas, aux commissaires de l'inscription maritime et aux consuls.

» ORDONNANCE RELATIVE AU RAPATRIEMENT DES HOMMES DE MER NAUFRAGÉS OU DÉLAISSÉS EN PAYS ÉTRANGER (1).

» Paris, le 12 mai 1836.

» Art. 1er. Dans le cas de sinistre, le soin de diriger ou » de protéger les opérations du sauvetage, et de donner ou » de faire donner des secours aux équipages naufragés, est » confié à l'autorité maritime ou à l'autorité consulaire.

» Les marins naufragés ou délaissés en pays étrangers

(1) Les frais de conduite des équipages des bâtiments naufragés près des côtes ou sur les côtes de France sont réglés conformément à l'article 5 de cette ordonnance. (Dépêche du 28 mars 1837).

» continueront d'être rapatriés d'après les ordres des con-
» suls, agissant, lorsqu'il y aura lieu, de concert avec les
» commandants de nos bâtiments de guerre.

» 2. Si le retour des marins provenant des navires du
» commerce a lieu par terre, les frais de conduite conti-
» nueront à être réglés conformément à l'arrêté du 5 ger-
» minal an XII, articles 7 et 8.

» 3. Quelle que soit la provenance des marins, si leur
» retour s'effectue sur les navires du commerce français,
» et qu'ils ne puissent pas être embarqués comme rempla-
» çants, il sera payé par jour, après l'arrivée dans un port
» de France ou dans une colonie française, savoir :

» Pour les capitaines commandant au long cours, lorsqu'ils proviendront d'un navire ayant fait, soit la pêche de la baleine, soit la grande navigation dans les mers de l'Inde, au delà des caps Horn et de Bonne-Espérance, et aux Antilles.	3f	»c
» Pour les mêmes, provenant de la navigation d'Europe.	2	50
» Pour les seconds capitaines, lieutenants et chirurgiens, provenant, soit de la pêche de la baleine, soit de la grande navigation dans les mers de l'Inde, au delà des caps Horn et de Bonne-Espérance, et aux Antilles.	2	»
» Pour les mêmes et les maîtres au petit cabotage provenant de la navigation d'Europe. .	1	50
» Pour tous autres marins de l'équipage (1). .	1	»

» 4. Si le retour s'opère sur les bâtiments de la marine

(1). Ces sortes de dépenses donnant lieu à la perception de 5 p. 100 en faveur de la caisse des invalides, sont abondées d'une somme proportionnelle à la retenue. (Voir, à titre de renseignement, une circulaire du 11 mars 1852).

» royale, le passage ne donnera lieu à aucune demande de
» remboursement.

» Les capitaines provenant de toute navigation au long
» cours seront admis à la table de l'état-major ; et les se-
» conds capitaines, lieutenants, maîtres au petit cabotage,
» chirurgiens, à la table des élèves ou à celle des premiers
» maîtres.

» 5. Si les capitaines, officiers ou marins rapatriés ne
» trouvent pas d'emploi immédiat dans le port où ils auront
» été débarqués, et s'ils demandent à retourner dans leurs
» quartiers d'immatriculation, il leur sera payé, à titre de
» frais de conduite, savoir :

» Au capitaine provenant d'un navire expédié au long
» cours, par myriamètre. . . . . 3f »c

» Au second capitaine, au lieutenant et au chi-
» rurgien, provenant de la même navigation. . . 2 »

» Au capitaine provenant d'un navire armé
» pour le cabotage. 1 50

» Aux maîtres d'équipage et aux autres hom-
» mes de la maistrance. . . . . » 80

» Aux matelots, novices et autres (1). . . . . » 60

» Le payement de cette allocation aura lieu, moitié lors
» du départ, le troisième quart à moitié route, si la partie
» déclare en avoir besoin, et le complément ou le dernier
» quart à l'arrivée à destination.

» 6. Toutes les dispositions contraires à celles qui précè-
» dent sont et demeurent abrogées. »

Quelle étendue faut-il donner à cette ordonnance ? Les
frais de passage à bord des bâtiments du commerce des

(1) Ce tarif est modifié, pour le cas où les frais de rapatriement sont acquittés par le Trésor public, par l'arrêté du 3 septembre 1849, reproduit à la fin du chapitre.

marins à rapatrier doivent-ils être acquittés suivant le tarif établi par l'article 3, quelle que soit la provenance de ces marins ? Ou bien les consuls et autres autorités n'ont-ils le droit d'embarquer dans ces conditions que les gens de mer *naufragés* ou *délaissés?* Telles sont les questions qu'il importe d'examiner.

L'ordonnance ayant été rendue sur l'avis des Chambres de commerce des principales places maritimes (voir les considérants), et le ministre de la marine, dans la communication qu'il a préalablement faite à ces Chambres (dépêche du 6 janvier 1836), n'ayant eu en vue que les marins naufragés, en s'attachant, comme l'ordonnance elle-même, à démontrer que le droit de taxer le passage de ces marins dérive du droit général de réquisition qui appartient aux fonctionnaires de la marine en matière de naufrage, cette remarque seule suffit à nous convaincre qu'elle doit être exécutée dans les termes du 2e § de l'article 2, c'est-à-dire qu'elle ne s'applique qu'aux marins *naufragés* ou *délaissés*.

A la vérité, l'expression « quelle que soit la provenance » des marins, » par laquelle commence l'article 3, semble contrarier cette opinion ; mais il résulte de la dépêche précitée, du 6 janvier 1836, que cet article a remplacé l'article 36 de l'ordonnance du 29 octobre 1833 ; et comme ce dernier article, qui commençait par les mêmes mots, n'avait aucun égard à la navigation dont provenaient les marins rapatriés, c'est-à-dire à leur provenance, quant à la taxe du passage (1), tandis qu'il en est autrement de l'article 3 de l'ordonnance du 12 mai 1836, qui les comprend sous

(1) « Quelle que soit la provenance des marins, si le retour a lieu par » terre, les frais de conduite seront réglés conformément à l'arrêté du 5 germinal an XII (26 mars 1804), articles 7 et 8. S'il s'effectue sur des navires » du commerce français et que les hommes ne puissent pas être embarqués

deux catégories distinctes, ceux qui proviennent *de la navigation au long cours* et ceux qui proviennent *du cabotage*, il y a lieu d'en conclure que l'expression dont il s'agit ne s'appliquait, dans l'ordonnance de 1833, qu'à la navigation à laquelle avaient été employés les marins rapatriés, et non pas à la cause du rapatriement; qu'elle ne se trouve dans celle de 1836 que par suite d'une inadvertance résultant du remplacement d'une législation par une autre, et finalement qu'elle n'a pas eu pour objet de modifier le 2e § de l'article 1er et le titre de l'ordonnance, qui ne parlent que des marins naufragés ou délaissés.

En admettant d'ailleurs que cette explication laissât à désirer, il faudrait bien reconnaître que l'expression « quelle » que soit la provenance, etc., » en présence du titre et de l'article 1er, § 2, de l'ordonnance de 1836, n'aurait de rapport qu'aux deux positions qui y sont énoncées, *marins naufragés*, et *marins délaissés* (c'est-à-dire placés par suite des circonstances dans une position telle qu'il ne se trouve personne sur les lieux pour pourvoir à leur rapatriement) (1), entre lesquels l'article 3 n'aurait pas voulu établir de différence.

» comme remplaçants, il sera payé au navire, après l'arrivée dans un port de » France ou dans une colonie française, savoir :

» Un franc trente centimes par jour, pour chaque capitaine, et un franc » pour les autres personnes de l'équipage.

» En ce qui touche les marins naufragés ou délaissés, si le retour a lieu » sur des bâtiments de l'État, le passage sera gratuit. »

(1) On voit, en effet, par les articles 3 et 4 de l'arrêté du 5 germinal an XII, reproduit n° 91, que l'armement doit pourvoir, en thèse générale, par ses propres moyens au rapatriement des marins débarqués, et que par conséquent l'expression *délaissés* ne peut s'appliquer qu'à ceux qui, par suite des événements, se trouvent privés de cette garantie, c'est-à-dire dont le renvoi en France tombe à la charge de l'État, soit définitivement, soit à titre d'avance recouvrable sur les armateurs.

Ainsi, les dispositions de l'ordonnance du 12 mai 1836, qui a abrogé, par son article 6, tous les actes antérieurs concernant la matière qu'elle a traitée, ne s'appliquent qu'aux marins naufragés ou délaissés, et ce n'est que pour les gens de mer compris dans l'une ou l'autre de ces deux positions que les autorités compétentes peuvent taxer le prix du passage conformément à l'article 3.

On verra d'ailleurs, par les documents insérés à la suite de ce chapitre, que le département de la marine ne donne pas d'autre interprétation à l'ordonnance dont il s'agit (1) ; et nous insistons d'autant plus à cet égard que les autorités consulaires ou autres ne peuvent rapatrier dans les conditions de l'ordonnance du 12 mai 1836, sur les bâtiments du commerce, que deux hommes par 100 tonneaux de jauge (circulaire du 17 octobre 1837) (2), restriction qui, dans certains cas, pourrait retarder outre mesure le départ des marins et leur causer un grand préjudice.

Quoi qu'il en soit, les capitaines n'en sont pas moins tenus d'obéir aux réquisitions qui leur sont adressées, tout en réservant la question d'indemnité pour les cas où les

(1) Si nous nous abstenons de mentionner ici une dépêche du 8 octobre 1838, qui, s'attachant à la lettre de l'expression « quelle que soit la provenance des marins » sans en rechercher l'origine, semblait entendre que l'article 3 de l'ordonnance du 12 mai 1386, où se trouve cette phrase, s'appliquait à tous les marins à rapatrier, sans distinction de provenance, c'est que, dans l'espèce, il s'agissait de réprimer un acte d'insubordination commis par un capitaine à l'égard de l'autorité consulaire. Ce capitaine avait, en effet, refusé de recevoir à son bord un de ses collègues dont le navire avait été vendu pour cause d'innavigabilité ; et en faisant une distinction qu'il ne lui appartenait pas de faire, en refusant d'obéir à un ordre qui d'ailleurs couvrait sa responsabilité, il avait encouru une sévère admonition.

(2) Voir les ordonnances des 14 février 1686, 15 avril 1689 (liv. VIII, tit. 1er, art. 28), 15 juillet 1698, 9 avril 1701, 25 juillet 1719 et 5 mars 1781 (tit. 5, art. 32).

règlements ne les obligeraient pas à rapatrier, au taux déterminé par l'ordonnance, les marins embarqués comme passagers sur leurs bâtiments. L'autorité maritime ou consulaire, agissant dans l'exercice de ses fonctions, ne leur doit aucune justification de ses actes; et ils s'attireraient une sévérité méritée (1) en refusant de recevoir les marins qui leur seraient donnés en vertu d'une réquisition au moyen de laquelle ils peuvent toujours réclamer auprès du ministre contre le préjudice dont ils auraient à se plaindre.

Nous nous hâtons d'ajouter aussi que nous ne contestons pas le principe de la mutualité par suite de laquelle, sans avoir égard aux motifs du congédiement, le rapatriement s'effectuerait, dans tous les cas, d'après les dispositions de l'ordonnance du 12 mai 1836. Mais il était nécessaire d'établir qu'elle n'est pas écrite dans cette ordonnance et que, dans l'état actuel de la législation, le passage, à bord des bâtiments de commerce, des gens de mer à rapatrier, doit être l'objet de conventions particulières toutes les fois qu'il ne s'agit pas d'individus naufragés ou délaissés, ou tout au plus de marins provenant de bâtiments condamnés par suite d'innavigabilité résultant de force majeure. (Voy. n° 53).

En révisant l'ordonnance de 1836, il y aurait au surplus à régler le sort des marins qui, ne pouvant pas être rapatriés aussitôt après leur congédiement, ne trouveraient pas à s'engager sur les lieux, et qui, par suite de la restriction qu'il convient d'apporter aux réquisitions de ce genre (deux hommes par 100 tonneaux), seraient exposés à attendre longtemps à terre leur tour d'embarquement.

(1) Aux termes des ordonnances des 11 février 1686 et 15 juillet 1698, « les capitaines et maîtres de navires sont tenus, sous peine d'une amende » de 500 francs, de recevoir à leur bord les matelots français qui leur sont » donnés par les consuls. »

Règles à suivre pour le payement des frais de rapatriement des marins en cas de naufrage. Intervention des autorités maritimes ou consulaires.

101. Il n'y a pas à se préoccuper du caractère de l'arrêté du 5 germinal an XII, qui a force de loi comme n'étant que la reproduction de l'ordonnance du 1er août 1743, laquelle n'a jamais été rapportée. Or, il importe de ne pas perdre de vue :

1° Que l'article 7 de cet arrêté a formellement reconnu que le produit du navire et le fret sur les marchandises sauvées sont spécialement affectés, en cas de naufrage, aux gages et frais de retour de l'équipage ;

2° Que, par conséquent, les autorités maritimes ou consulaires ne doivent se dessaisir de la gestion des sauvetages, en faveur des intéressés, qu'après que ceux-ci ont souscrit l'engagement de pourvoir au rapatriement des marins naufragés. (Voy. n° 71).

3° Que l'on ne doit pas entendre par fret sur les marchandises sauvées seulement le fret de celles qui sont recueillies du naufrage, de telle sorte que si ce fret était insuffisant pour payer les frais de rapatriement, ces frais tomberaient à la charge de l'État, mais bien tous les frets réalisés depuis l'armement, comme lorsqu'il s'agit du payement des loyers dus à l'équipage. (Voy. nos 20 et 53 .(1).

Ainsi, dans les cas de naufrage, et *à fortiori* d'innavigabilité, l'armateur ne peut se libérer de l'obligation de payer les frais de retour des marins dans leurs quartiers que par l'abandon du navire et de tous les frets réalisés pendant

(1) « Les frais de retour de l'équipage, en cas de naufrage en pays étranger, sont à la charge de l'armateur. L'emprunt à la grosse contracté par le capitaine pour assurer ce retour est donc obligatoire pour l'armateur » (Arrêt de la Cour d'appel de Rouen, du 29 décembre 1831). »

la campagne ; et s'il négligeait de la remplir, le ministère de la marine aurait contre lui une action pour répéter le montant des frais de cette nature avancés par les autorités maritimes ou consulaires.

La Cour de cassation, visant les articles 16, tit. XIV, de l'ordonnance du 31 octobre 1784, 3 de l'arrêté du 5 germinal an XII, 433 du Code de commerce, 2262 du Code Napoléon, et statuant au point de vue général de l'intervention des agents du gouvernement pour le rapatriement des marins, a jugé, en effet, le 2 juin 1829 (1) :

Que l'administration de la marine est principalement et directement obligée de venir au secours des marins débarqués et d'opérer leur retour en France.

Que lorsqu'elle a rempli cette obligation principale et directe, qui est à sa charge, elle a une action pour répéter des armateurs les sommes dont elle a été tenue de faire l'avance pour ces objets ;

Que cette action n'a pas son principe dans la subrogation aux droits des matelots ; qu'elle dérive de l'obligation principale qui est imposée à l'administration et du droit que la loi lui donne de contraindre les capitaines, maîtres et patrons à déposer les sommes nécessaires et à donner caution ;

Que ces principes s'appliquent, à plus forte raison, aux demandes de l'administration qui ont pour objet la réparation d'un dommage résultant d'un délit dont les armateurs sont responsables, d'après les dispositions de l'article 1382 du Code Napoléon ;

Enfin, qu'on ne saurait appliquer à cette action la prescription d'un an, dont sont passibles les gages et loyers de l'équipage ; qu'il n'y a, dans l'espèce, d'autre prescription que celle de trente ans.

(1) *Journal du Palais.*

En Angleterre, les avances faites par l'État aux marins délaissés, pour subsistances, vêtements, rapatriement ou frais de sépulture, sont aussi poursuivies contre les capitaines et armateurs de leurs bâtiments respectifs de la même manière que les dettes de la Couronne, d'après les comptes fournis par les fonctionnaires, ou autres personnes. qui ont été chargés d'y pourvoir (2).

(2) And be it enacted, that if any person shall be discharged, or wilfully and wrongfully left behind or abandoned, at any place beyond seas, in or out of Her Majesty's dominions, by any master, mate, or other officer, contrary to the provisions of this act, and shall become distressed, and be relieved under the provisions of an act passed in the eleventh year of the reign of his late Majesty Kind George the Fourth, for amending and consolidating the laws relating to the pay of the royal navy, or any act hereafter to be passed for that purpose, or if any person shall, as principal or agent, engage any subject of Her Majesty to serve in any vessel belonging to any foreign power, or to the subject of any foreign state and such lastmentioned person shall become distressed and be relieved as aforesaid, then, in addition to the wages due from such master or owner or person making such engagement and the penalties to which such master may be liable, Her Majesty shall be entitled to sue such master or the owner of the ship, or any person who shall have made such engagement as aforesaid, at the discretion of the commissioners, for executing the office of lord High admiral of the United Kingdom, for all the charges and expenses which shall have been incurred in or for the subsistance, necessary clothing, and conveyance home or burial (should he die abroad or before reaching home), of any such seaman or person relieved as aforesaid, as money paid to the use of such master or owner or other person, who shall have made such engagement as aforesaid, and recover the same, together with full costs of the suit, in the same manner as other debts due to Her Majesty are recoverable; and in any proceeding for that purpose proof of the account furnished to the said commissioners by any such functionaries, or by such two merchants, or one merchant, according to the case, as provided by the said act of the eleventh year of king George the Fourth, shall, together with the proof of payment, by the said commissioners, or by the paymaster-general, of the charges incurred on account of any such person, be sufficient evidence that such person was relieved and conveyed home or buried at her Majesty's expense;

Contradictions entre le tarif des frais de route de l'arrêté de l'an XII et celui de l'ordonnance de 1836.

102. Aux termes de l'article 2 de l'ordonnance du 12 mai 1836, les marins rapatriés, dont le retour s'effectue entièrement par terre, sont traités pour leur conduite conformément à l'article 8 de l'arrêté du 5 germinal an XII. Or, cet article alloue :

Aux capitaines au long cours et au grand cabotage. . . . . par myriamètre.	3f	»c
Aux capitaines en second, lieutenants, subrécargues, chirurgiens et écrivains.	2	»
Aux maîtres de navire du petit cabotage et premiers maîtres dans les navires au long cours.	1	50
Aux officiers-mariniers, pilotes-côtiers et maîtres-ouvriers.	»	80
Aux matelots et ouvriers marins.	»	60
Aux volontaires, novices, mousses, coqs, surnuméraires.	»	50

D'un autre côté, lorsque ce retour est effectué en partie par mer et en partie par terre, l'article 5 de l'ordonnance du 12 mai 1836 alloue :

Au capitaine provenant d'un navire expédié au long cours.	3	»
Au second capitaine, au lieutenant et au chirurgien, provenant de la même navigation. . . .	2	»
Au capitaine provenant d'un navire armé pour le cabotage.	1	50

and the court in which any proceeding for the recovery of the said money shall be instituted is hereby authorised to issue a commission or commissions for the examination of witnesses, and the depositions taken under such commission or commissions shall be used as evidence. *(Merchant Seamen's Act.)*

Aux maitres d'équipage et aux autres hommes de la maistrance. . . . . »f 80c

Aux matelots, novices et autres. . . . . » 60

Bien des contradictions ressortent de la comparaison de ces deux articles. Il en résulte en effet :

1° Que si le retour des marins s'effectue *entièrement par terre,* le capitaine d'un navire expédié au grand cabotage reçoit 3 fr. par myriamètre, tandis que si le retour s'effectue *en partie par mer et en partie par terre,* il ne reçoit que 1 fr. 50 c.;

2° Que, dans le premier cas, les seconds capitaines, lieutenants et chirurgiens reçoivent 2 francs par myriamètre, lorsqu'ils proviennent d'un navire expédié au grand cabotage, tandis que, dans le second, ils n'ont droit à cette allocation que lorsqu'ils proviennent de la navigation au long cours ;

3° Que, dans le premier cas, le maitre d'équipage reçoit 1 fr. 50 c. lorsqu'il provient de la navigation au long cours, tandis que, dans le second, il ne reçoit que 0 fr. 80 c.

4° Que, dans le premier cas, les mousses et les novices ne reçoivent que 0 fr. 50 c. par myriam., tandis que, dans le second, ils reçoivent 0 fr. 60 c.

5° Que si l'article 8 de l'arrêté du 5 germinal an XII n'a pas parlé des seconds des navires naviguant au petit cabotage, il permet de les considérer comme *officiers-mariniers,* et que pareillement l'ordonnance du 12 mai 1836 permet de les comprendre dans les hommes de la maistrance, mais qu'il y a, dans cette ordonnance, une véritable lacune en ce qui concerne les seconds des navires armés au grand cabotage.

La différence entre le tarif de l'an XII et celui de 1836 provient en majeure partie de ce qu'antérieurement à 1827 le grand cabotage occupait dans la navigation un rang plus élevé que le petit ; aussi avons-nous cherché, sans pouvoir nous en rendre compte, les motifs pour lesquels l'ordonnance, après la fusion de ces navigations, avait maintenu le tarif de l'an XII pour le cas où le voyage s'effectuerait entièrement par terre, et nous sommes retombé dans un plus grand doute encore à cet égard en lisant l'arrêté du 3 septembre 1849, reproduit à la fin de ce chapitre.

En effet, il est dit dans le rapport qui précède cet arrêté, que, sur quelques points, l'administration de la marine, appelée à faire payer des frais de conduite, tantôt pour le compte du Trésor public, lorsque ces frais restent à sa charge, tantôt pour le compte des armateurs, lorsqu'ils sont de nature à être remboursés, les frappait de la retenue de 3 p. 100 en faveur de la caisse des invalides, selon le vœu des règlements ;

Que, sur d'autres points, dans le but de ne pas diminuer les allocations de l'article 5 de l'ordonnance du 12 mai 1836, on ne déduisait les 3 p. 100 du décompte du marin qu'après avoir bonifié ce décompte d'une somme proportionnelle à la retenue ;

Que, dans le premier cas, les marins étaient moins bien traités lorsqu'ils recevaient leur conduite du Trésor public, que lorsqu'elle leur était comptée directement par l'armateur, celui-ci n'ayant aucune retenue à exercer ;

Enfin que, dans le second cas, les fixations réglementaires étaient illégalement dépassées.

Et afin de faire disparaître tous ces inconvénients, l'arrêté précité, du 3 septembre 1849, a bonifié de 3 p. 100 le tarif de l'article 5 de l'ordonnance du 12 mai 1836, pour le cas où il est pourvu, par les soins de l'administration des ports, au payement des frais de conduite des marins rapatriés.

En ne disposant qu'au point de vue de l'article 5 de cette ordonnance, et en se taisant sur l'article 2, qui renvoie à l'arrêté du 5 germinal an XII, lorsque le retour des marins s'effectue entièrement par terre, l'arrêté de 1849 a-t-il implicitement abrogé l'article 2 précité, et par suite le tarif de l'an XII? S'il en est ainsi, l'abrogation est-elle, comme l'ordonnance du 12 mai 1836 elle-même, particulière aux marins naufragés ou délaissés, ou bien générale à tous les marins renvoyés dans leurs quartiers?

La solution de ces questions ne peut qu'être abandonnée à la prudence des autorités, en attendant que l'uniformité soit rétablie.

Secours à donner aux marins rapatriés.

103. L'article 35 de l'ordonnance du 29 octobre 1833, sur le service des consulats, dispose que, dans tous les cas où le consul devra assurer le rapatriement des marins, il pourvoira à *leurs besoins les plus urgents*, tant en subsistance que vêtements, chaussures et autres objets indispensables, sauf le recours de droit à exercer ultérieurement dans l'intérêt de l'État. Une circulaire du 2 décembre 1834 a étendu ces dispositions bienfaisantes aux ports de France et conséquemment aux colonies; mais il importe de se bien pénétrer de l'expression « besoins les plus urgents, » afin de ne pas faire supporter au Trésor ou aux armateurs des dépenses exagérées, et de suivre à cet égard les instructions qui sont reproduites à la fin du chapitre.

Position particulière des gens de mer sur les bâtiments qui les rapatrient.

104. Lorsque les gens de mer à rapatrier ne trouvent pas à s'engager sur les lieux, et qu'ils sont embarqués aux conditions déterminées par l'ordonnance du 12 mai 1836,

les traversées qu'ils font dans cette position n'entrent pas dans la supputation de leur navigation, car on les considère comme passagers. Cependant, le prix du passage est si modique, que les capitaines qui les reçoivent se croient autorisés à faire faire aux matelots le même service que s'ils étaient embarqués à salaires; et nous pensons, en conséquence, qu'en consacrant le principe en vertu duquel les marins rapatriés seraient tenus de travailler à bord des bâtiments sur lesquels ils seraient embarqués en vertu de l'ordonnance du 12 mai 1836, il conviendrait de comprendre la navigation effectuée dans ces conditions dans le temps de services donnant droit à la demi-solde.

Nous terminerons ce chapitre par des extraits de circulaires ministérielles et autres documents qui s'y rapportent, et dont il importe de se bien pénétrer.

Ordonnance du 22 juillet 1837, sur les passages aux frais de l'État à bord des bâtiments du commerce.

1. L'ordonnance du 9 janvier 1818, portant fixation du prix des passages aux frais de l'État sur les bâtiments du commerce, est et demeure abrogée.

2. Les autorités maritimes des ports traiteront des prix et conditions desdits passages, d'après les ordres du ministre de la marine.

Instructions du 31 août 1848, sur le service des consuls en pays étranger (*Bulletin officiel de la Marine*, page 270). — Rapatrier les marins sans aucun retard, et, à moins d'impossibilité, par des bâtiments français. — Économie à observer dans les dépenses de leur rapatriement.

Les ordonnances font une obligation aux consuls de rapatrier le plus promptement possible les marins qui, par suite des circonstances de la navigation, se trouvent délaissés en pays étrangers

Autant que faire se peut, le rapatriement doit être effectué par la voie de mer, sur des navires français, ou, à défaut, sur des navires étrangers.

Lorsque, à défaut de navires français, le renvoi est effectué par navire étranger, le consul doit régler le plus économiquement possible, avec le capitaine dudit navire, le prix du passage, et ce prix doit être l'objet d'un contrat fait double, dont l'un est remis au capitaine, et l'autre reste déposé dans la chancellerie. A son arrivée en France ou dans une colonie française, le capitaine est payé du prix de transport par les soins de l'administration du port où il aborde. (Circulaire du 13 avril 1832 et ordonnance du 29 octobre 1833, art 37).

Enfin, s'il ne se présentait pas d'occasion de mer assez prochaine, et si les localités permettent d'expédier les marins par terre, le consul leur délivre une feuille de route et leur paye, tant pour conduite que pour indemnité de port de hardes et de logement en route, l'indemnité réglée par l'ordonnance du 12 mai 1836.

Les consuls ont également à pourvoir aux besoins les plus urgents des marins, tant en subsistances que vêtements, chaussures et autres objets indispensables; mais ils doivent user de la plus sévère économie, et adresser l'état de ces dépenses, dûment justifiées, au département de la marine, qui en rembourse le montant aux fondés de pouvoir des consuls, sauf le recours, s'il y a lieu, contre qui de doit, dans l'intérêt de l'État.

Tous les frais de rapatriement et d'entretien de l'équipage d'un navire désarmé à l'étranger sont à la charge de l'armement.

Circulaire du 31 mars 1849, sur la comptabilité des agents diplomatiques et consulaires. (*Bulletin officiel de la Marine*, page 201). — Recommandations concernant la comptabilité des frais de rapatriement. — Restrictions à apporter aux dépenses d'entretien et de retour des capitaines qui prolongent leur séjour sur les lieux où ils ont fait naufrage. — Le tarif de l'article 3 de l'ordonnance du 12 mai 1836 n'est pas applicable aux marins du commerce à rapatrier en sus de la limite de deux hommes par 100 tonneaux, ni à ceux qui proviennent des bâtiments de l'État. Les conditions du passage sont alors déterminées par des conventions particulières. — Économies à observer dans les frais de rapatriement.

Je passe maintenant à la partie de ces dépenses dans lesquelles ils (les consuls) ont le plus habituellement à intervenir; je veux parler des frais de rapatriement des hommes de mer naufragés ou délaissés en pays étrangers.

Il serait superflu de revenir sur les prescriptions récemment rappelées à ce sujet dans la circulaire de mon prédécesseur, en date du 31 août 1848.

Toutefois, en insistant de nouveau sur ces prescriptions réglementaires, j'ajouterai ici quelques recommandations et éclaircissements que leur exécution m'a paru comporter.

Les liquidations de sauvetage des navires naufragés affectant des intérêts mixtes, et la comptabilité, ainsi que le contentieux des naufrages, étant dans les attributions de la direction des invalides, il importe que les comptes à dresser en cette matière, suivant le modèle annexé à ladite circulaire, page 19, me soient toujours transmis sous le timbre de cette direction; mais, comme les comptes spéciaux peuvent se solder simultanément par un excédant de recettes au profit des ayants droit à la cargaison, et par un excédant de dépenses à la charge du Trésor public, dont vous auriez été amené à faire l'avance, il suffira de mentionner, dans votre comptabilité *Marine*, le chiffre de ce dernier excédant, avec la date de l'envoi distinct des pièces y relatives, lesquelles seront rattachées, après vérification, à l'ordonnance de remboursement à délivrer conformément au mode énoncé plus haut.

Dans quelques cas de sinistres, des capitaines ont prolongé, postérieurement au renvoi en France de l'équipage, leur séjour en pays étranger, pour y suivre, soit leurs propres affaires, soit celles des armateurs, chargeurs ou assureurs.

Il est évident que celles des dépenses qu'occasionneraient ces capitaines en pareille occurrence, ne sauraient être légalement portées au compte de mon département, à moins qu'il n'existât des produits où elles fussent ultérieurement imputables.

Sauf cette restriction, vous devez donc cesser d'y subvenir, du moment où des occasions s'offrant de les rapatrier, en temps opportun, par des navires nationaux, ils refuseraient d'en profiter.

Si leur retour s'effectuait plus tard à bord d'un navire étranger, la différence, entre le prix de ce passage et le montant de celui qui serait à payer selon l'ordonnance du 12 mai 1836, tomberait, dès lors, à leur charge personnelle ou à celle de l'armement.

Vous auriez soin d'en donner avis à l'administration du port de débarquement, afin de la mettre en mesure de faire rembourser cette différence par qui de droit.

Aux termes de la circulaire du 17 octobre 1837, les capitaines des bâtiments du commerce français sont obligés de recevoir à leur bord, à raison de deux hommes par 100 tonneaux, les marins disgraciés à rapatrier, et la dépense qui en résulte est acquittée d'après les allocations fixées par la même ordonnance.

Il peut arriver, toutefois, que les agents appelés à appliquer les dispositions se trouvent dans la nécessité d'embarquer sur lesdits navires un nombre de marins excédant la proportion prescrite. La règle veut expressément, en ce cas, que le prix du passage de ceux-ci soit préalablement débattu et arrêté avec le capitaine. Ce soin ne doit jamais être laissé à l'administration du port, qui demeure seulement chargée de pourvoir au payement, soit sur l'apostille régulièrement portée au rôle d'équipage, soit sur la production d'une convention en due forme.

Il est entendu que ce moyen ne doit être adopté qu'à défaut de toute occasion prochaine de rapatriement suivant le mode tracé par la circulaire du 17 octobre 1837 et l'ordonnance ci-dessus mentionnée.

S'il s'agit de rapatrier des officiers et officiers-mariniers ou matelots provenant de bâtiments de la République, le prix de leur passage devra être également l'objet d'une stipulation préalable entre l'agent français et le capitaine du navire, qui sera payé, comme dans ce cas exceptionnel, à l'arrivée à destination.

Néanmoins, à l'égard de ces derniers, l'agent devra, toutes les fois qu'il en aura la possibilité, les embarquer, à titre de remplaçants, sur les navires qui opèreront directement leur retour en France, en mentionnant leur position, comme marins de l'État, au rôle d'équipage.

Le Trésor public et les armateurs ayant souvent à supporter, en définitive, les dépenses auxquelles ont donné lieu les marins du commerce naufragés ou délaissés, je répète que la plus stricte économie doit être apportée dans ces dépenses, et notamment dans les fournitures d'objets d'habillement, qui ont excédé parfois les besoins réels, et ont constitué de véritables abus.

Sans doute, les agents de l'extérieur doivent regarder comme une obligation d'accorder aux gens de mer dénués de ressources l'assistance qu'exige leur position; mais ce serait outre-passer ce devoir, au détriment du double intérêt de l'État et des armements, que d'étendre ces secours au-delà de ce qui est absolument indispensable.

Arrêté modifiant les dispositions de l'ordonnance du 12 mai 1836, touchant les bases de la liquidation des frais de conduite à allouer aux marins du commerce *naufragés* ou *délaissés*. (*Bulletin officiel de la Marine*, 2e semestre, page 517.

ARRÊTÉ.

Paris, le 3 septembre 1849.

AU NOM DU PEUPLE FRANÇAIS.

Le Président de la République,

Vu l'ordonnance du 12 mai 1836, relative au rapatriement

des hommes de mer naufragés ou délaissés en pays étranger;

Vu le rapport du ministre de la marine, en date de ce jour,

Arrête :

ARTICLE PREMIER.

Dans le cas où il sera pourvu par l'administration des ports au payement des frais de conduite des marins provenant des bâtiments du commerce, pour leur donner les moyens de retourner dans *leurs quartiers*, la liquidation s'en opèrera conformément aux bases ci-après, savoir :

Capitaine provenant d'un navire expédié au long cours, par myriam.	3f 093
Second capitaine, lieutenant et chirurgien provenant de la même navigation.	2 062
Capitaine provenant d'un navire armé pour le cabotage.	1 546
Maîtres d'équipage et autres hommes de la maistrance.	0 825
Matelots, novices et autres.	0 619

Le payement de ces frais aura lieu sous la déduction de la prestation de 3 p. 100 au profit de la caisse des invalides de la marine.

ART. 2.

Les frais de même nature directement payables par les armateurs, continueront à être acquittés par eux, sans retenue, suivant le tarif compris dans l'article 5 de l'ordonnance ci-dessus visée, savoir :

Capitaine provenant d'un navire expédié au long cours, par myriam.	3f »
Second capitaine, lieutenant et chirurgien provenant de la même navigation.	2 »
Capitaine provenant d'un navire armé pour le cabotage.	1 50
Maîtres d'équipage et autres hommes de la maistrance.	» 80
Matelots, novices et autres.	» 60

Circulaire du 21 novembre 1850, prescrivant de délivrer des feuilles de route aux marins rapatriés. (*Bulletin officiel de la Marine*, page 342).

Par une circulaire du 8 septembre 1849, timbrée secrétariat-général et comptabilité (*Bulletin officiel de la Marine*, page 583), mon prédécesseur vous a transmis des instructions relatives au payement des frais de rapatriement et de conduite des marins naufragés ou délaissés en pays étrangers.

J'ai remarqué que les autorités maritimes ne procédaient point d'une manière uniforme à l'égard de ces marins à qui, aux termes de l'article 5 de l'ordonnance du 12 mai 1836, des frais de conduite sont accordés à leur arrivée en France pour retourner dans leurs quartiers respectifs.

Ainsi, certains commissaires délivrent à ces hommes des feuilles de route (modèle n° 6, prescrit par la circulaire du 14 mai 1847, n° 95), et d'autres de simples ordres de retour (modèle n° 29, Inscription maritime).

Le nota qui figure en tête de ce dernier imprimé suffit pour indiquer qu'il ne saurait être employé pour des marins rapatriés, dont les frais de conduite sont, il est vrai, payés souvent par l'armateur, mais souvent aussi supportés par l'État, qui en fait presque toujours l'avance.

Il est à remarquer, d'ailleurs, que les marins porteurs d'ordres de retour se voient fréquemment privés du bénéfice de la réduction de place consentie par les compagnies de chemin de fer et de transport par bateaux aux hommes munis de feuilles de route.

D'après ces considérations, je vous invite à délivrer à l'avenir des feuilles de route aux marins rapatriés qui rejoignent leurs quartiers d'inscription.

Circulaire du 15 juillet 1851 (*Bulletin officiel de la Marine*, page 29). — La conduite est due aux marins rapatriés, pour se rendre dans leurs quartiers, même lorsqu'ils reviennent dans le port d'armement du navire d'où ils provenaient.

Le nommé Foignet (Gabriel-Julien), novice, inscrit à Paris, n° 80, provenant du trois-mâts naufragé l'*Élisa*, et rapatrié sur le navire l'*Adèle*, s'est présenté dans mes bureaux porteur d'une feuille de route sur laquelle vous aviez consigné l'apostille suivante : « N'a pas droit à la conduite. »

Des explications vous ont été demandées à ce sujet, et vous avez répondu que, ce jeune marin ayant été ramené au port d'armement de l'*Élisa*, vous aviez cru devoir lui appliquer les prescriptions de l'article 252 du Code de commerce ; qu'il vous avait semblé, en outre, que les conduites payées aux marins placés dans la position du nommé Foignet leur servent rarement à regagner leurs quartiers et constituent des dépenses fort onéreuses pour l'État, par suite des excédants de dépenses que présentent fréquemment les liquidations de sauvetage.

Tout en appréciant vos intentions, je dois vous faire remarquer que l'article 252 du Code de commerce ne se rapporte qu'à l'engagement des gens de mer employés par le commerce, et qu'il ne peut, dès lors, être invoqué contre un marin rapatrié, surtout en présence des prescriptions formelles de l'article 5 de l'ordonnance du 12 mai 1836, qui a prévu si explicitement le cas où ce marin demande à retourner dans son quartier.

Il ne faut pas perdre de vue que, dans ce cas, le payement de la conduite n'est que la conséquence du rapatriement : si donc on a cru devoir mettre la dépense principale au compte de l'État, il en doit être de même de l'accessoire, sauf, bien entendu, remboursement au Trésor, si les avances dont il s'agit peuvent être reprises plus tard sur les produits du navire.

J'appelle d'ailleurs votre attention sur les considérations énoncées dans la circulaire du 21 novembre 1850 (*Bulletin officiel*, n° 34, page 342), laquelle a prescrit de délivrer aux marins rapatriés des feuilles de route, modèle n° 6, et ce, afin qu'ils n'éprouvent aucune difficulté pour le payement de leurs conduites.

J'ai donné, en conséquence, les ordres nécessaires pour que l'indemnité de route fût payée au nommé Foignet, et je vous invite à opérer, à l'avenir, conformément aux observations qui précèdent.

Circulaire aux autorités consulaires, du 19 février 1852. (*Bulletin officiel de la Marine*, page 151). — Économie à observer dans les frais de rapatriement. — Responsabilité pécuniaire des autorités chargées d'y pourvoir.

Le rapatriement des marins naufragés dans les contrées lointaines doit aussi, de ma part, être le sujet d'une recommandation spéciale.

Il arrive fréquemment que des capitaines négligent, dans un but tout personnel, de profiter de l'embarquement qui leur est assigné sur un navire en retour direct; puis, à peine le bâtiment est-il sous voiles, qu'ils demandent à être rapatriés par la voie des États-Unis ou de l'Angleterre. En cédant désormais à de semblables obsessions, les consuls s'exposeraient à voir rejeter de leurs comptes l'excédant des frais résultant de ces passages de faveur, l'ordonnance du 12 mai 1836 ayant, d'ailleurs, pourvu largement aux besoins des marins du commerce disgraciés, dont le grand nombre devient une charge onéreuse pour le Trésor public. Ce n'est donc qu'en l'absence de bâtiments français que les équipages naufragés doivent être rapatriés sur des navires étrangers, et il convient d'y apporter toujours la plus stricte économie. La même recommandation s'applique également aux frais de nourriture et d'entretien des marins.

Circulaire du 30 décembre 1852. (*Bulletin officiel de la Marine*, page 971). — Les frais de rapatriement auxquels donnent lieu les marins naufragés, lorsqu'il n'y a aucun produit afférent au navire, sont, ainsi que ceux qui concernent les déserteurs, à la charge de l'État. — Lorsqu'ils peuvent être imputés sur l'actif des liquidations de sauvetage, s'il s'agit des marins naufragés, ou qu'ils s'appliquent à des individus débarqués pour cause de maladie, insubordination, etc., ils doivent être répétés contre les armateurs ou ayants cause. — Informations à donner en conséquence aux ports chargés des liquidations de sauvetage ou du décomptage des rôles des navires d'où provenaient les marins rapatriés.

Les dépenses auxquelles donne lieu le rapatriement des marins du commerce, naufragés, déserteurs ou délaissés en pays étrangers, se divisent en deux catégories :

1° Les dépenses effectuées par les soins des agents diplomatiques et consulaires;

2° Celles qui résultent des sommes acquittées par l'administration des ports, tant pour frais de passage et de conduite, conformément aux articles 3 et 5 de l'ordonnance du 12 mai 1836, que pour frais de passage stipulés d'avance par lesdits agents avec les capitaines des navires étrangers, et payables à l'arrivée au port de débarquement. (Ordonnance du 29 octobre 1833, art. 37, et circulaire du 31 août 1848).

Parmi ces dépenses, les unes doivent rester définitivement à la charge de l'État : ce sont les dépenses qu'occasionnent les marins naufragés, lorsqu'il n'a été recueilli après le sinistre aucun produit de sauvetage, et les déserteurs, dont les salaires sont légalement acquis, indépendamment des peines portées contre eux, moitié à la caisse des invalides de la marine, moitié aux armateurs, à titre de remplacement (1). Les autres sont susceptibles d'être recouvrées dans l'intérêt du Trésor public : ce sont celles qui se rapportent aux marins provenant de navires naufragés dont la liquidation de sauvetage présente un produit net où il est impossible de les imputer en totalité ou en partie, et aux marins provenant de navires vendus pour cause d'innavigabilité, laissés malades ou débarqués, pour actes d'insubordination, en pays étrangers (2).

Afin de mettre les ports d'armement en mesure d'en exercer la répétition, l'administration centrale a le soin de leur donner avis, soit sous le timbre *invalides*, soit sous le timbre *comptabilité générale*, de la partie desdites dépenses comprises dans les comptes qu'adressent au département les agents français à l'extérieur.

Mais il paraît, d'après les représentations qui m'ont été faites à cet égard, que les sommes payées en France pour frais de passage et de conduite ne leur sont pas toujours signalées ; d'où il

(1) Loi du 13 mai 1791 (art. 6) ; règlements des 17 juillet 1816 et 31 octobre 1840.

(2) Ordonnance du 29 octobre 1833 (art. 35) ; arrêté du 5 germinal an XII (art. 2 et 3) ; circulaire du 30 novembre 1819 et des 19 mai et 31 août 1848.

suit que le Trésor ne rentre parfois qu'incomplètement dans les avances qui sont de nature à lui être remboursées.

Dans le but d'obvier à un pareil inconvénient, je recommande de la manière la plus formelle que, désormais, il soit donné connaissance des payements de l'espèce, avec une stricte exactitude, aux ports chargés des liquidations de sauvetage ou du décomptage du rôle des navires d'où proviendront les marins rapatriés.

Circulaire aux autorités consulaires, du 28 avril 1853. (*Bulletin officiel de la Marine*, page 337). — Économie à apporter dans les dépenses de rapatriement (nourriture, vêtements, etc.).— Responsabilité pécuniaire des autorités chargées d'y pourvoir.

En imposant aux agents diplomatiques et consulaires l'obligation de secourir et de rapatrier les marins français naufragés ou délaissés en pays étrangers, les règlements leur ont en même temps prescrit de se renfermer, quant aux avances que nécessite de leur part l'accomplissement de cette obligation, dans les limites d'une stricte et rigoureuse économie.

J'ai remarqué cependant, dans leurs comptes, que quelques agents pourvoient, avec une sorte de prodigalité, aux frais de subsistances ou d'auberge de ces marins, et surtout aux fournitures d'effets d'habillement qui leur sont faites; ils excèdent ainsi les besoins réels et indispensables, les seuls auxquels ils sont tenus de satisfaire.

Il en résulte, dans la plupart des cas, s'il s'agit de marins naufragés, que, ne pouvant être couverts par les produits de sauvetage qu'absorbent presque toujours les dépenses privilégiées, ces divers frais tombent à la charge du Trésor public, qui s'en trouve dès lors grevé outre mesure; de leur côté, lorsque, par suite des liquidations, ils doivent leur incomber, les armements ont à souffrir aussi d'une pareille exagération.

Mais c'est plus particulièrement à l'égard des capitaines et officiers que la prescription ci-dessus rappelée est mise en oubli. Il est souvent arrivé, en effet, que, dispendieusement traités sous le rapport de la nourriture et du logement jusqu'au moment de leur renvoi en France, on leur a fait délivrer des trousseaux complets en linge, chaussures, vêtements, etc.

Bien qu'il y ait lieu de faire à ce sujet, entre eux et les simples matelots, une distinction consacrée en principe, il est vrai, par l'ordonnance du 12 mai 1836, en ce qui concerne le rapatriement proprement dit, qu'elle ne peut avoir pour conséquence d'autoriser les agents français à l'extérieur à admettre des prétentions qui transforment en dépenses exorbitantes et abusives des avances auxquelles le caractère essentiel de secours est attribué par les règlements.

C'est évidemment en méconnaître l'esprit et le vœu.

Je recommande donc, de la manière la plus expresse, de restreindre désormais à ce qui sera jugé d'une nécessité urgente et absolue les divers frais qu'exigent la subsistance et l'entretien des marins dont il s'agit, quel qu'ait été leur titre ou leur emploi à bord des navires d'où ils proviendront. Si, nonobstant cette recommandation, les comptes desdits agents présentaient encore des dépenses de cette nature qui sortissent des bornes raisonnables et justes qui doivent leur être assignées, je me verrais dans l'obligation de les laisser à leur charge.

Par les motifs qui précèdent, j'ajoute ici une seconde recommandation, celle de profiter autant que possible, pour le renvoi en France de ces marins, de la voie qui paraîtra la moins onéreuse.

EXTRAIT DE L'ARRÊTÉ

Du 14 octobre 1848,

SUR

LA COMPOSITION DES DIVERSES RATIONS

DANS LE DÉPARTEMENT DE LA MARINE.

RATION DE CAMPAGNE.

La ration à la mer, dite *de campagne*, sera composée pour chaque homme embarqué, quelle que soit sa quotité à bord, de la manière suivante; savoir :

NATURE DES DENRÉES.	QUANTITÉS PAR RATION.	DIVISION PAR REPAS.			OBSERVATIONS.
		DÉJEUNERS.	DINERS.	SOUPERS.	
Biscuit	550 grammes.	183 1/3	183 1/3	183 1/3	
ou					
Pain frais (A)	750 *idem*	250	250	250	
Eau-de-vie, rhum ou tafia (B)	6 centilitr.	6	»	»	
Vin de campagne	46 *idem*	»	23	23	
Café	20 grammes.	20	»	»	
Sucre	25 *idem*	25	»	»	
(C)					
Bœuf salé (D)	250 *idem*	»	250	»	Les dimanche, lundi, mardi, mercredi, jeudi et samedi.
ou					
Lard salé	225 *idem*	»	225	»	
avec					
Légumes secs	60 *idem*	»	60	»	
ou avec					
Riz	30 *idem*	»	30	»	
Fromage	120 *idem*	»	120	»	Le vendredi.
Légumes secs (E)	120 *idem*	»	»	120	
ou					
Riz	60 *idem*	»	»	60	
ASSAISONNEMENTS.					
Choucroute	20 grammes par repas en légumes ou en riz.				
ou					
Achards	75 decigrammes par repas en légumes ou en riz.				
ou					
Oseille confite	10 grammes par repas en légumes ou en riz.				
Beurre pour panade	15 grammes.				
Huile d'olive	8 ——— par repas en légumes et en riz.				
Graine de moutarde	——— 2 pour chaque dîner en salaisons.				
Poivre ou piment	15 centigrammes pour chaque déjeûner en panade. 15 ——— pour chaque dîner en salaisons.				
Sel	24 grammes.				
Vinaigre	5 millilitres pour chaque repas en légumes ou en riz. 5 ——— tant pour aciduler l'eau des charniers que pour la préparation de la moutarde et l'aspersion du bâtiment.				
COMBUSTIBLE.					
Bois à brûler et charbon de terre	(Voir le tableau ci-après).				

(A) Provenant de farine d'armement (550 grammes de farine pour 750 de pain). On ajoutera aux quantités de biscuit et de farine, pour la composition des rations à embarquer, 10 p. 0/0 destinés à subvenir aux déchets de garde et de distribution de ces denrées.

(B) Les mousses ne reçoivent ni eau-de-vie, ni vin, ni bière, ni cidre; mais lorsqu'en cours de voyage ils atteignent leur seizième année, il doit leur être délivré une ration complète de boisson. (Décision du 17 novembre 1845, notifiée par circulaire imprimée, du 24 du même mois.) Il sera également embarqué en sus des quantités de boissons nécessaires un supplément de 12 p. 0/0 destiné à faire face aux déchets et coulages ordinaires pendant la durée de la campagne.

(C) L'Administration pourra, pour des campagnes à faire dans les régions froides, et sur la demande des commandants, substituer au déjeûner en café un déjeûner composé d'une panade faite avec une portion du biscuit revenant pour le déjeûner et avec le beurre, le sel et le poivre déterminés ci-dessus à l'article *Assaisonnements*.

(D) Lorsque, dans les relâches en pays étrangers ou dans les colonies françaises, il sera fourni de la viande fraîche au lieu de salaisons, la quantité de bœuf frais et la somme à allouer pour achats de légumes verts seront les mêmes que celles qui sont fixées pour la ration de journalier. Si l'allocation de 16 mill. et demi pour légumes verts était reconnue insuffisante, elle pourrait être augmentée sur la proposition d'une commission nommée par le commandant, et dont le chirurgien-major fera partie; mais dans aucun cas l'allocation ne devra excéder en totalité 26 mill. par ration de viande fraîche.

(E) Quand il y aura lieu de substituer du fromage aux légumes secs en campagne, ce comestible sera délivré à raison de 90 grammes. — La fève sèche ne doit être délivrée, par rapport aux autres légumes, que dans la proportion d'un sixième. (Circulaire du 8 août 1850.)

TABLEAU

DE DISTRIBUTION DES RATIONS ET DES REPAS, D'APRÈS LA DURÉE DES CAMPAGNES ORDONNÉES.

INDICATION DES RATIONS ET DES REPAS.		QUANTITÉS par RATION ou PAR REPAS.	DISTRIBUTION DES RATIONS ET DES REPAS.							
			1 mois, 30 jours.	2 mois, 60 jours.	3 mois, 90 jours.	4 mois, 120 jours.	5 mois, 150 jours.	6 mois, 180 jours.	7 mois, 210 jours.	8 mois, 240 jours.
Pain	Biscuit	550 grammes	20	40	60	80	100	120	140	160
	Farine d'armement	550 *idem*	10	20	30	40	50	60	70	80
			30	60	90	120	150	180	210	240
Boissons	Eau-de-vie, rhum et tafia	6 centilitres	30	60	90	120	150	180	210	240
	Vin de campagne	46 *idem*	30	60	90	120	150	180	210	240
Déjeuners	Café Sucre	20 grammes 25 *idem*	30	60	90	120	150	180	210	240
Dîners	Bœuf salé	250 grammes	8	16	24	24	24	26	30	34
	Lard salé	225 *idem*	17	35	53	79	105	128	150	172
	Fromage	120 *idem*	5	9	13	17	21	26	30	34
			30	60	90	120	150	180	210	240
Soupers	Légumes secs	120 grammes	25	50	75	100	125	150	175	200
	Riz	60 *idem*	5	10	15	20	25	30	35	40
			30	60	90	120	150	180	210	240

OBSERVATIONS ESSENTIELLES.

Les bâtiments destinés pour les Antilles recevront, en France, du café et du sucre pour 60 jours ; ceux destinés pour le Brésil et les mers du Sud, pour 90 jours ; et ceux pour l'île de la Réunion et les Indes orientales, pour 120 jours.

Pour toutes les autres destinations, ils recevront la totalité des denrées allouées pour les déjeûners, suivant les fixations du tableau ci-dessus.

Si, à la demande des commandants, il était délivré des déjeûners en panade au lieu de déjeûners en café, la quantité de café et de sucre à embarquer serait réduite en proportion.

TARIF

DES QUANTITÉS DE COMBUSTIBLE A DÉLIVRER POUR LE SERVICE DES SUBSISTANCES (1).

(Journalier et Campagne).

DÉSIGNATION DES BATIMENTS OU ÉTABLISSEMENTS.		QUANTITÉS à délivrer par mois — Bois.	QUANTITÉS à délivrer par mois — Charbon de terre.
Vaisseaux.	de 1er rang	5,400	5,200
	de 2e rang	5,000	4,700
	de 3e rang	4,400	4,200
	de 4e rang	4,000	3,800
Frégates.	de 1er rang	3,200	3,100
	de 2e rang	3,000	2,800
	de 3e rang	2,200	2,100
Corvettes.	de 28 à 30 canons	1,800	1,700
	de 24 canons	1,600	1,550
Corvettes de charge		1,600	1,550
Bâtiments ayant....	100 hommes et plus	1,000	1,050
	de 70 à 99 hommes	800	800
	de 50 à 69 hommes	700	700
	de 30 à 49 hommes	600	600
	de 10 à 20 hommes	500	500
	au-dessous de 10 hom., par 100 rations	100	100
Pour les troupes et autres passagers embarqués sur les bâtiments de l'État, pour le service du journalier des bâtiments, lorsque leur équipage sera au-dessous des deux tiers de l'effectif réglementaire, et pour celui des casernes à terre, pour 100 hommes par mois		800	800

NOTA. Lorsqu'on délivrera du charbon de terre en remplacement de bois, il sera accordé en charbon un tiers des quantités de bois déterminées au présent tarif.

Paris, le 24 janvier 1853.

Le Ministre Secrétaire d'État de la marine et des colonies,

Signé : TH. DUCOS.

(1) Ce tarif est destiné à remplacer le n. 5, compris dans l'arrêté du 14 octobre 1818, sur la composition des rations qui se délivrent dans le département de la marine.

FOURNITURES EXTRAORDINAIRES ET HORS DU SERVICE EN RATIONS.

Indépendamment des distributions applicables à la ration ordinaire du marin, dont le détail précède, il est d'autres consommations qui se font habituellement à bord des bâtiments à la mer, et qui, variant selon les climats où ils se trouvent, sont, en raison de leur éventualité, considérées comme des fournitures extraordinaires.

Les proportions de ces dernières consommations seront réglées de la manière suivante :

1° Il sera délivré aux équipages des bâtiments en mission à Terre-Neuve ou naviguant dans les mers boréales et australes, c'est-à-dire au delà du 50e degré de latitude N. et S., un supplément de biscuit, qui est fixé à 60 grammes par homme et par jour.

2° Les bâtiments devant former la station de Terre-Neuve recevront de la mélasse destinée à faire, avec les bourgeons du sapin du Nord, la boisson habituelle du marin désignée à bord sous le nom de *sapinette*. Cette fourniture, qui exigera un ordre spécial de l'administration de la marine dans les ports d'armement ou de départ des navires, sera calculée à raison de 30 grammes de mélasse par homme et par jour, et pour la durée présumée du séjour des bâtiments dans les parages du banc de Terre-Neuve.

3° Les équipages des bâtiments en station dans les colonies françaises d'Amérique, ou naviguant entre les deux tropiques, recevront, indépendamment de leur ration ordinaire, les articles suivants, qui seront mêlés à l'eau des charniers :

Eau-de-vie, tafia ou rhum. . .	25 millilitres	par homme et par jour.
Sucre cassonade.	10 grammes	
Vinaigre.	2 centilitres	

Les deux centilitres de vinaigre seront remplacés par un demi-citron ou par la moitié d'une orange amère, lorsque les bâtiments pourront se procurer de ces fruits; et attendu la facilité d'en obtenir dans les Antilles, et de se pourvoir aussi de sucre et de tafia, il ne sera fait aux bâtiments ayant cette destination aucune fourniture de ce genre avant leur départ de France (à moins d'un ordre spécial).

Les bâtiments destinés pour les Indes orientales et l'île de la Réunion recevront les mêmes articles pour cinquante jours, durée présumée de leur séjour entre les tropiques pendant leur traversée.

Quant à ceux destinés pour le Sénégal et la côte d'Afrique, il leur en sera délivré pour la moitié de la durée présumée de la campagne, ordonnée d'après les vivres embarqués.

4° Enfin, dans les climats tempérés, l'eau des charniers sera acidulée dans la proportion convenable, au moyen du vinaigre embarqué à cet effet; mais, comme cet acide se trouve compris dans l'approvisionnement en vivres de campagne des bâtiments, tel qu'il est fixé ci-dessus, cette dernière consommation ne donnera lieu à aucune livraison spéciale des magasins, ni à aucune justification de dépenses extraordinaires.

Quant aux distributions supplémentaires de biscuit, à la fourniture de la mélasse et à celle des denrées composant les boissons alcoolisées, elles seront justifiées par des états de fournitunes extraordinaires.

Les commandants pourront, avec le concours des seconds et des commis d'administration, accorder aux hommes pour lesquels la ration réglementaire n'est pas suffisante les suppléments de pain ou de biscuit qui seront déterminés par l'officier de santé en chef.

Ils pourront également ordonner, lorsqu'il y aura lieu, la distribution des doubles rations qui s'accordent aux équipages à l'occasion de travaux extraordinaires et forcés ou de réjouissances publiques; toutefois, l'ordre donné pour une double ration en boisson ne devra s'appliquer qu'à la quantité revenant pour un repas seulement, c'est-à-dire 6 centilitres d'eau-de-vie ou 23 centilitres de vin.

Il est accordé aux mécaniciens et aux chauffeurs, et aux hommes affectés aux soutes (circulaire du 11 novembre 1853), à bord des bâtiments à vapeur de l'État, les jours où les machines fonctionnent, une seconde ration de biscuit (soit 550 grammes), ou de pain frais (soit 750 grammes), et de vin de campagne ou de vin de journalier (soit 69 centilitres).

Toutes les consommations et fournitures extraordinaires rappelées ci-dessus devront d'ailleurs être régulièrement justifiées et constatées selon les formes prescrites par les règlements sur la comptabilité des bords.

TABLE ANALYTIQUE
DES
MATIÈRES.

Les chiffres indiquent les pages du volume auxquelles il faut se reporter.

A

C

E

F

G

H

I J

L

N

O

P

S

T

U

V

ERRATA.

Page 36 (notes), loi spéciale du 3 mai 1856, lisez : 26 *avril.*

Page 113 (notes), après : mais il y a été pourvu, ajoutez : *quant au transport des émigrants.*

Page 231, lignes 3 et 4, au lieu des mots : avances, lisez : *fournitures.*

TABLE

DES TITRES DE L'OUVRAGE.

Bordeaux. — Imp. de J. Delmas, rue Ste-Catherine, 139.

LIVRES DE FONDS

DE LA LIBRAIRIE DE P. CHAUMAS.

Guide des Candidats au Grade de Maitre au Cabotage, par Huc, in-8° . . . 5f. »

Culture (la) des Vignes, la Vinification et les Vins dans le Médoc, par A. D'Armailhacq, 1 vol. in-8°, figures, 561 pages, 1855. . . 6 »

Traité sur les Vins du Médoc et les autres Vins rouges et blancs du département de la Gironde, par W. Franck, 3e édition, revue, augmentée, et accompagnée de 26 vues de châteaux des principaux domaines de la Gironde, d'une carte du département de la Gironde, dressée en 1853, 1 vol. in-8°. . . . . 6 »

Histoire de Bordeaux, par Bernadau, avec figures, 1 vol. in-8° . . 10 »

Histoire des Juifs de Bordeaux, par Etchevery, in-8°. 1 25

Le Viographe bordelais, ou Revue historique des monuments de Bordeaux tant anciens que modernes, et des rues, places et autres voies publiques de cette ville, qui rappellent des événements mémorables, singuliers et peu connus relatifs à l'histoire et aux traditions locales, avec figures et le plan de la ville, par Bernadau. 1 vol. in-8°. . . . . 5 »

Portefeuille de Louis, description générale du Grand-Théâtre, 1 vol. in-8°, orné de 14 planches. . . . . 8 »

Statistique du département de la Gironde, par Jouannet, avec la carte du département, 3 vol. in-4° . . . . 24 »

Supplément a la statistique du département de la Gironde. — 1847 — 1 vol. in-4°, avec figures 7 50

Guide de l'Étranger a Bordeaux (5e édition), 1 vol. in-18, avec figures et plan de la ville (1856). . . . . 2 »

Guide de l'Étranger a La Teste, avec figures (3e édition). . . . . » 75

Études sur les Landes, par le baron d'Haussez, 1 vol. in-8°. . . . 5 »

Cours de Thèmes français-espagnols, par Borraz, 1 vol. in 8°. . . . 3 »

Cours d'Exercices de Grammaire latine sur la Grammaire latine de Lhomond, par Mostolat, 2e édition, in-12 (1856) 2 25

Guide (nouveau) de la conversation espagnole et française, 1 vol. in-18. . . . . 1 »

Manuel des Poids et Mesures pour le département de la Gironde, par M. Gras, archiviste du département, 1 vol. in-8. . . . . . . 2 50

Des Engrais artificiels, traduit de l'allemand, 1 vol. in-8°. . . . . 1 »

Médecin (le) de mer, par Moulinié, 1 vol. in-8°. . . . . 3 »

Manuel du Marin, par Manoury et Drouet, 1 vol. in-8°. . . . . . . 2 »

Recherches sur l'alimentation des Bestiaux, et spécialement des vaches laitières, traduit de l'anglais, 1 vol. in-8°. 1 50

Grands Vins de Bordeaux (les), poème par Biarnès, in-8°, figures. . 6 »

Questions sur la Dot, par Tessier, in-8°. . . . . 3 »

Guide pratique d'Agriculture des Propriétaires, des Fermiers, par Maurial, élève de Grignon, in-12. . . . . 1 50

Bordeaux. — Imp. de J. Delmas, rue Sainte-Catherine, 139.

www.ingramcontent.com/pod-product-compliance
Lightning Source LLC
Chambersburg PA
CBHW061111220326
41599CB00024B/3992

* 9 7 8 2 0 1 3 7 3 8 3 7 8 *